新 型 城 镇 化 与 可 持 续 发 展

农业转移人口市民化意愿及其影响因素分析

家 庭 生 命 周 期 视 角

A STUDY ON THE DETERMINANTS OF
RURAL MIGRANT WORKER CITIZENIZATION:
The Perspective of Family Life Cycle

车蕾　杜海峰◎著

社会科学文献出版社
SOCIAL SCIENCES ACADEMIC PRESS (CHINA)

本书受到以下项目的资助：
国家社科基金重点项目（21AGL028）资助
国家社科基金重点项目（19ARK005）资助

改革开放 40 余年，中国城镇化历经长足发展，取得举世瞩目的成就。现阶段我国宏观与微观环境正在发生深刻的变化，客观上要走出一条具有中国特色的城镇化发展道路，这其中的核心与关键是推动农业转移人口高质量市民化。随着人口迁移数量与结构变化，农业转移人口家庭作为迁移决策的主体，正经历着从迁移到落户的转变：家庭禀赋驱动力不断增强，流动过程为其经济与社会地位的提升提供了可能，落户成本因素与城镇户籍福利保障因素共同发挥作用。然而，随着农业转移人口家庭生命周期的演化，其家庭市民化决策也产生了节律性变化，进一步增加了农业转移人口有序有效市民化政策施行的难度。已有研究既缺乏对农业转移人口家庭市民化中禀赋驱动、流动赋权与制度阻碍因素的系统分析，又忽视了家庭生命周期异质性扩大的现实。这既是关乎社会经济增长与资源配置的重大社会问题，也是关乎政府如何定位与设计新型城镇化战略并促进家庭发展的公共管理问题。

笔者所在课题组前期依托西安交通大学人口与发展研究所，在社会复杂问题、乡村基层治理、城镇化与可持续发展研究领域，与斯坦福大学、华盛顿大学、加州大学尔湾分校、曼彻斯特大学、维多利亚大学、美国圣塔菲研究所等国外知名大学与研究机构建立了交流与合作关系。自 2004 年以来，课题组一直致力于对以农民工为代表的弱势群体与社会可持续发展、农民工市民化、农民工社会服务管理、乡村振兴与发展等城镇化相关问题的研究，并在政府的支持和帮助下，相关课题的研究成果在部分省区进行了扩散与干预实践。经过 10 余年的沉淀与发展，课题组形成了 60 余人组成的稳定研究团队，其中教授 15 名、副教授 11 名、助理教授 1 名、讲师 5 名、研究员 2 名、副研究员 2 名、特聘研究员 1 名、博士研究生 13

名、硕士研究生 15 名，在省、县实际部门工作的公共管理者 7 名。团队由相关学科研究领域的学者和入选各类国家人才计划的青年骨干及国际知名专家组成，成员分属人口学、社会学、公共管理、管理科学与工程等学科；课题组成员参与了有关国家人口发展战略、省区人口发展战略的研究，为解决国家重大战略与社会可持续发展问题向各级政府部门提供了决策参考和政策建议。课题组在用多学科交叉方法解决社会问题方面也有长期的积累，可以满足本课题对方法创新的需要；课题组教师成员基本都有主持国际级项目的经验，部分成员是国家重大项目的首席专家。基于前期工作的积累，在国家社会科学基金重大项目（项目编号：15ZDA048）、国家社会科学基金重点项目（项目编号：19ARK005；21AGL028）、陕西省社科界面向理论与现实问题重大项目（项目编号：16ZDA05）、陕西新型城镇化建设重点研究项目（项目编号：20CZ-36）等项目的联合资助下，团队自 2012年起多次深入工厂、农村社区、移民社区、乡镇学校，以及西安市、深圳市、平顶山市、汉中市等的百余村镇，开展 10 余次大规模抽样调查，调查对象超过 6 万人，形成了推进以人为核心高质量新型城镇化、实现农业转移人口有序有效市民化研究的一手"大数据库"。

中国城镇化格局存在大城市过度膨胀与小城镇相对衰落并存、东部经济核心区高度集聚与中西部城镇化滞后形成鲜明对照、城市内部新二元结构日益凸显等问题。为了应对长久以来城乡发展不平衡、农村发展不充分的问题，我国于 2014 年出台了新型城镇化规划，于 2018 年印发《乡村振兴战略规划（2018—2022 年）》，2021 年中央一号文件更是明确提出要促进大中小城市和小城镇协调发展以促进城乡融合发展。第七次全国人口普查显示，我国人口生育率持续低迷，老龄化程度加深，流动人口规模空前增大；当前经济在新冠肺炎疫情防控常态化下亦面临需求收缩、供给结构性错位、预期转弱等多重压力。在"十四五"规划开局之年，要实现以人为核心的新型城镇化目标，激发城市活力，畅通国内大循环，培育新增的稳健中产阶层，不仅需要农业转移人口及其家庭流入城市，而且要促使他们融入城市，安居乐业。笔者在本书中从农业转移人口居留、落户两个重要阶段入手，使用课题组于 2018 年收集的"全国百村外出务工人员调查"微观数据与 197 个地级市的城市统计数据，全面描述了农业转移人口家庭生命周期与市民化意愿现状，检验了农业转移人口城市定居意愿与落户意愿间的关系，分别采用 Binary Logit 模型与 Multi Logit 模型系统分析了农业转移人口定居意愿类型与模式的多维影响因素，分别采用 Probit 模型、广义分层线性模型与两阶段模型系统分析了农业转移人口城市落户意愿与时间期望的多维影响因素，以及家庭生命周期异质性影响，并采用 IV-Probit 模型与 2SLS 模型解决了农业转移人口城市定居意愿与落户意愿之间由于互为因果可能形成的内生性问题，最终提出以家庭为单位提振农业转移人口家庭市民化意愿的政策建议。

本书共包含七章内容。第一章绪论简述了本书总体设计及研究背景，提出研究问题，明确研究概念，对研究目标进行了简要论述。第二章通过梳理相关理论与实证研究成果，明确进一步研究空间。第三章整合人口迁移意愿解释理论，提出农业转移人口市民化分析一般性解释框架，并在中国城乡人口流动事实与市民化两阶段特征的现实基础上，结合农业转移人口家庭生命周期变迁现状，构建了农业转移人口市民化意愿具体研究框架。第四章至第六章应用调研数据与统计数据，对我国农业转移人口家庭生命周期的时序分布变化与结构形态演化状况，以及由此带来的农业转移人口家庭市民化意愿周期性波动进行了现状分析。同时，对农业转移人口定居意愿类型与模式、落户意愿类型与时间预期的发生机制进行了探索。第七章为结论、政策建议和展望，对本书主要研究结论进行归纳，并结合目前户籍制度改革和流动人口管理服务政策现状，提出具有针对性的政策建议。

本书是课题组全体师生共同劳动的结晶。笔者特别感谢靳小怡教授、杜巍副教授、王洋教授等给予的全方位支持，也感谢华盛顿大学陈金永教授长期给予的帮助和指导，感谢参与"全国百村外出务工人员调查"的西安交通大学、河南农业大学、山西师范大学、西北农林科技大学、湖南师范大学、华中科技大学的教师及百余名在读大学生调研员。此外，特别感谢西安交通大学公共政策与管理学院李树茁教授，他是课题组研究方向的开启者。

由于笔者水平有限，书中不妥之处在所难免，恳请读者批评指正。

2022 年 1 月

于西安交通大学

目 录
CONTENTS

| CONTENTS |

第一节　新型城镇化进程中的农业转移人口市民化

一　农业转移人口市民化的社会背景

城镇化发展是我国现代化的必由之路，新型城镇化的可持续发展需要关注农业转移人口及其家庭有序有效市民化的问题。

20 世纪末以来，城镇化发展在我国获得了特殊的价值正当性，并被赋予了驱动经济发展、改变社会形态、提供现代化生活方式的重要期望。城镇化内嵌于新中国发展的每个环节，并推动居民生活、城乡建设、对外贸易、国家稳定和国际地位等多方面的良性发展。作为中国国际竞争力提升的重要推进器，未来我国城镇化发展仍需稳步推进。进入 21 世纪，我国城镇化率年均增速维持在 1.3%左右，相当于同期世界平均水平的 2.6 倍，城镇化率年均增速每提升一个百分点代表着巨大规模的人口进入城市。有研究预测，中国城镇化率将在未来 10 年内达到 71%，城镇人口较 2020 年增加约 1.3 亿人，其中半数以上的城镇人口将来自乡城迁移的农业转移人口家庭[1]。城镇化作为一种人口与资源的配置方式，从供给的角度影响着经济增长速度，城镇化促进了要素向高生产率部门转移，降低了生产资料在不同部门之间的匹配成本，并通过规模集聚效应提高了劳动力在各经济部门之间进行交换与学习的可能；从需求的角度影响着经济结构的调整，在需求层面，城镇化水平的提升必然会孕育大量的中产消费群体，更新的生活理念与模式会改善居民消费与投资结构，从而加速产业优化升级与转型，针对基础设施与服务的投资会无差别地提升各收入群体的生活品质，从而缩小居民间的收入差距。因此，城镇化在一定程度上提高了劳动生产率，扩大了社会内需体量，关注城镇化发展质量仍然是国民经济发展水平提升的必要举措。

过去 40 余年，我国经历了世界历史上规模最大的城镇化发展，在开启全面建设社会主义现代化国家新征程之际，如何走好城镇化发展的下半程，成为事关我国现代化建设质量的重要发展议题。《中华人民共和国国民经济和社会发展第十四个五年规划和 2035 年远景目标纲要》将"完善新型城镇化战略，提升城镇化发展质量"作为"十四五"时期全面建设社会主义现代化国家的重要内容。《国家新型城镇化规划（2014—2020年）》的正式出台标志着中国城镇化的重大转型[2]，2015 年，中国的城镇化率达到 56.1%，我国的城镇化发展不仅进入了"提质增效"的关键阶段，而且转向了"以人为核心"的新发展时期。不同于国际社会的城镇化发展经验，我国的新型城镇化发展模式更贴合目前的社会经济现实状况。由于大量的农业转移人口无法融入城市社会，在户籍制度和城乡二元经济结构的影响下，他们对现代化生活的期许被抑制了；由于往返于城乡间，其消费和生活方式现代化需求也未被满足，宏观上导致了常住人口城镇化率与户籍人口城镇化率的差距（下文简称"两率差"）明显。因此，新时期我国新型城镇化的提质增效发展不仅要使国家（地区）城镇的常住人口占该国家（地区）总人口的比重提升，而且包含了缩小"两率差"这一特殊含义。

第七次全国人口普查数据显示，全国人户分离人口达到 4.93 亿人，占全国总人口的 34.90%，其中流动人口 3.76 亿人，占全国总人口的 26.62%。人口流动更加活跃，绝对规模陡增，相对凝固性减弱，这些都意味着"流动中国"时代的到来[3]。尽管我国城镇化发展速度快且人口迁移总量也越来越大，但人口迁移后的社会与经济发展仍未达到预期水平。随着经济水平的提升，区域间的通勤时间被现代化交通工具缩短，人口跨行政边界流动即时可行，迁移仿佛变成了持续、循环的双向行为。但常住人口城镇化率与户籍人口城镇化率之间的差异始终反映着城乡产业结构、就业结构、福利结构对农村户籍人口的结构性排斥。农村户籍人口持续、循环的迁移行为形成了数目庞大的农业转移人口群体，并成为"两率差"的重要成因。国务院发展研究中心联合世界银行发布的研究报告指出，中国新型城镇化进程最主要的瓶颈就是大量农村居民失去生产资料和进城务工人员生活质量较低[4]。《2021年新型城镇化和城乡融合发展重点任务》中指出，促进农业转移人口有序有效融入城市以协同推进户籍制度改革和城镇基本公共服务常住人口全覆盖等措施，深入实施以人为核心的新型城镇化战略。因此，如何评估并提升"乡—城"流动人口迁移质量，成为以缩减"两率差"为抓手的"以人为核心"城镇化的首要任务。如何回应农业转移人口对美好生活的向往与追求，加强农村劳动力在城镇"安居乐业"的可能性，成为稳步推进健康城镇化、以整体性福利增进为目的的"以人为核心"城镇化的关键议题。

人口大规模流动加重了农业转移人口家庭本身的脆弱性，也强化了农业转移人口对家庭的依赖。

改革开放以来，家庭压力增加和功能弱化已经成为不可回避的社会问题。现代化进程中家庭规模收缩和人口快速大规模流动对家庭结构和功能造成巨大的冲击。我国人口迁移活跃度高，家庭内部碎片化流动和多元拆分式生产倾向明显[5]，农业转移人口成为社会中脆弱性较高的群体。在向城市流动过程中，农业转移人口往往采用青壮年劳动力先行、子代优先、亲代追随的"接力"迁移模式，家人的分离是造成家庭脆弱的关键原因，部分学者认为"不完全的迁移"是家庭实现迁移效用最大化的重要方式[6]，但这真的是一条"双赢"之路吗？

快速却不平衡的城镇化发展对农业转移人口传统和谐的家庭关系带来了挑战。子女往往居于家庭利益关系序列的首位，但分离的家庭对子女发展造成了潜在的影响：一方面，在调研中发现，留守儿童在焦虑、孤独、问题行为等消极心理发展方面的得分更高；另一方面，他们在自尊、幸福感、社会适应和生活满意度等积极心理发展方面的得分明显更低，甚至被贴上了"问题儿童"的固化标签。夫妻关系是家庭内部维持稳定与可持续发展的核心，农业转移人口群体的婚姻家庭特征已经深深打上了工业化与现代化的烙印：跨域婚姻、早育早婚、事实婚姻多样化、闪婚闪离等新婚恋模式频现；离婚、婚外恋情、逃婚、临时夫妻等婚变现象日益增多，人口迁移成为中国婚姻家庭变迁的重要组成，夫妻关系在人口流动加速的背景下呈现高度脆弱性[7]。长期以来，在传统文化的影响下中国的家庭结构稳定性较高，其中重要的原因就是赡养上一辈是家庭的传统功能与责任。步入老龄化社会后，我国养老保障制度健全与水平提升减轻了家庭养老负担，但微观上中年子女赡养老人压力巨大的认知并未同步减轻，其中原因在于家庭原有的"哺育"与"反哺"的代际交换关系因流动而趋于失稳。

大量研究表明，家庭完整性对于农业转移人口融入社会、稳定居住、入户选择都有积极影响，但现实中，家庭的迁移是谨慎的、阶段性的。近年来，农业转移人口从以个人为主的"候鸟式迁移"向以家庭为主的"整体式迁移"转变的趋势日益明显[8]，并且形成了多人先行、分批流动、举家迁居等多样化迁移模式。农业转移人口需要保持农村与城市"两个家"的现实境况印证了宏观上中国家庭户均人口下降的现象。当多个家庭成员生活在城市时，意味着农业转移人口家庭城市定居水平的提高，代表着"以人为核心"的城镇化进入了特殊阶段。市民化意愿也成为农业转移人口家庭发展与需求的体现，这并非个体所面临的问题，而是家庭面临的共同问题。

新型城镇化背景下的市民化进程具有特殊性与复杂性。农业转移人口市民化进程滞后于非农化进程，农业转移人口市民化意愿普遍较低，完成市民化身份转变的人较少。

新型城镇化背景下的农业转移人口市民化问题具有一定特殊性。西方发达国家城镇化始于18世纪的第一次工业革命，大量农村人口进入城市，传统农民数量减少和城市居民人数增加往往呈现一体两面的变化，我国农业转移人口市民化进程远滞后于非农化进程，其市民化意愿仍未被满足。《中国统计年鉴》（2020）数据显示，农村居民可支配收入与现金可支配收入在经营净收入中的占比已分别下降为35.97%与35.33%，而在工资性收入中的占比已分别上升至41.09%与42.80%，农村居民收入结构普遍呈现非农化。全国农村固定观察点数据显示，农村居民非农收入占比超过八成的比例超过六成，可以说传统"土地情结"对于人口外流已经不再具有刚性约束力，土地保障功能随着城镇化发展式微，若以非农收入占比作为衡量市民化水平的标准，超过半数的农村人口已经参与到市民化变革中。传统意义上的"农民"正在走向终结，但城乡人口的空间再分布与身份再定位[9]过程并未随之完结，农业转移人口的市民化意愿仍无法被满足。

新型城镇化背景下的农业转移人口市民化问题具有一定复杂性。户籍制度改革虽使市民化门槛不断降低，但并未起到应有的效果。户籍人口城镇化率和常住人口城镇化率的差距在"新户改"出台后的几年内有明显的缩小，但自 2017 年开始又再次扩大，其背后的原因与农业转移人口的市民化意愿较低紧密相关[10]。首要原因在于农业转移人口的市民化意愿并未随着非农化水平而升高，而是与城市特征和户籍制度设计紧密相关。尽管采用了来自不同时间、不同总体和不同群体的样本数据，已有研究普遍认为提振农业转移人口的市民化意愿是未来农业转移人口的市民化发展的基本走向。流动人口城乡融合和区域平衡的包容性发展虽然有效缩小了城乡和区域差距，但也减弱了农村和落后地区的劳动力迁移意愿[11]。2017 年全国流动人口动态监测数据显示，有意获得流入地城镇户籍的流动人口占总体的 39.01%，人数仅为长期居留流入地群体的一半，农业转移人口（农村户籍的流动人口）城市定居与落户意愿均低于其他流动人口。进入人口流动新时代，农业转移人口发展所需和实际政策供给之间的差距将会扩大[12]。

首先，农业转移人口的市民身份转变意愿较低不仅因为其尚未达到城市落户条件，还在于当下户籍制度并不是限制农民工家庭流动全部成本因素。《国务院办公厅关于印发推动 1 亿非户籍人口在城市落户方案的通知》等文件先后规定，常住人口 300 万以下的 II 型大城市不得设置任何落户门槛，常住人口 300 万以上的 I 型大城市全面取消包括举家迁徙的农民工、新生代农民工在内的重点人群落户限制，特大超大城市郊区也被鼓励全面放开落户条件，所有大中城市均不允许采用积分落户制，少数特大超大城市的积分落户政策被要求以社保缴纳年限与居住年限为主要积分渠道。因此，目前户籍制度改革采取了"抓大放小"的政策路径，中小城镇户籍管制已经不是乡城流动人口落户的重要制度性限制，大城市的落户条件仍十分严格，流向大城市的人口仍面临着不可忽视的户籍制度阻碍。异质性的城镇户籍改革思路与目前农业转移人口的主要流动状况，仍呈现背道而驰的状态。

其次，农业转移人口市民化意愿较低的复杂性还体现在城镇户籍的福利保障与市场化程度较高的社会福利因素逐渐与户籍制度脱钩，农业转移人口市民化意愿不仅与社会福利获得相关，而且与市场因素相关。随着住房改革制度的完善，各城市房价水平及增长速度演化出人口迁移的新筛选机制。非个体性的市场结构因素成为城乡居民间差距拉大和社会排斥加大的主要原因[13]。在流动人口中，农业转移人口更倾向"用脚投票"来实现公共服务供给与需求间的平衡[14]。

最后，现实中"落户潮"的出现并不代表农业转移人口实现户籍转换已成为普遍现象或其市民化意愿已得到满足，大量农业转移人口正经历着"城市向他们迁移"的过程。这主要表现在地方政府通过撤县设区的方式大幅增加城市常住人口。从全国范围来看，通过县改市、县改区、市改区、乡改镇、乡改街、镇改街、兵团设市等方式，2010~2015 年，我国市辖区数从 853 个增加到 921 个，建制镇数量从 19410 个增加到 20515 个，街道从 6923 个增加到 9575 个。从典型案例来看，2016 年 11 月国务院批复《陕西省人民政府关于西安市部分行政区划调整的请示》，同意户县撤县设区，成为西安第十一区——鄠邑区。2017 年末统计中 8 个村级单位代码由乡村变为城镇。大致推算，假设村庄平均人口为 2000 人，因此调整城乡划分代码后城镇人口增长 16000 人可使鄠邑区城镇化率提高 2.73 个百分点，对当年西安市城镇化率提高幅度的贡献率大致为 18.12%。通过撤县设区大幅增加城市常住人口的情况在全国各地均有上演，并且成为部分市级地方政府夺回"大城市荣耀"的重要政策设计[15]。据估计，2014~2017 年行政区划变更使全国城镇常住人口增加 4500 万人，预计 2030 年我国新增 2 亿城镇常住人口中约 50%来自乡城迁移的农业转移人口，另外的部分来自城镇人口自然增长与行政区划的变动。因此，部分农村户籍人口并不是主动迁移到城市的，而是"城市向他们迁移"，但他们的消费潜力、社会经济地位、生活方式现代化等方面都未得到同等提升[16]。这类"被动的市民化"和"被动调整型"撤县设区组成了市民化水平逐渐上升表象背后的"推手"[17]，未来发挥城镇化发展潜力仍需重点关注农业转移人口真实市民化意愿变化及满足状况。

在"流动中国"语境下，农业转移人口市民化涉及迁移问题，也涉及落户成本因素与城镇户籍福利保障因素共同作用的问题。从我国农业转移人口市民化问题的特殊性与复杂性中可以看到，市民化政策应当回应真实的市民化需求，因此意愿研究应当成为政策完善和实证分析关注的要点。新型城镇化与家庭可持续发展需求相叠加体现在不同市民化维度内，并形成了丰富的市民化图景，也成为促进农业转移人口市民化、提升城镇化高质量发展、维护社会和谐稳定的关键现实背景。关注以家庭为单位的农业转移人口的市民化意愿，对公共管理部门在新时期谋划中国特色高质量城镇化的愿景、思路与路径提出了更高的挑战。

二 理论背景

市民化作为城镇化的动力，既是人口参与社会变革的核心机制，又是城乡社会变迁有效性的重要标志。一方面，城镇化进程中家庭功能因家庭结构的变化而不断变化，家庭发展的意愿既表现在家庭协调经济与家庭福利的可持续关系方面，也表现在家庭"扶老携幼"的能力、权利和义务关系方面。从外部看，家庭在城镇化进程中表现为放大了的个体，满足利用生计资本实现生计可持续的基本假设；从内部看，家庭又如同缩小了的国家，其中既包含权力、宗法、伦理、等级等因素，又被血缘、姻亲和禁忌划分了明确的边界[18]。因此，家庭作为一种利益共同体，其结构及功能应当在市民化意愿研究中具有丰富的理论旨趣，实证研究应当对农业转移人口在家庭生命周期内权利与义务关系的"锚定"和合理性差异进行论证与解读。另一方面，市民化是一个渐进复杂的过程，不存在一蹴而就的可能。有学者认为，市民化进程中，户籍身份的改变并不必然代表农业转移人口市民化的完成，有了当地户籍而不能享受所在地基本公共服务，就不是市民化；而没有所在地户籍，却可以享受均等化的公共服务，即可被称为完成了市民化[19]。但存在未获得户籍即可享受均等公共服务的可能吗？居住证积分制被学者认为是户籍制度改革的又一个"补丁"，是借鉴发达国家和地区技术移民、投资移民办法的产物，本质上仍是以效率优先原则解决流动人口管理问题的方法，对于关键公共服务供给（例如异地高考）而言，可能会存在"口惠而实不至"的风险[20]。因此，有学者认为现阶段市民化应当采取二维路径，即一部分群体通过户籍转变实现市民化，另一部分群体通过居住积分制度逐步享受全方位的基本公共服务并最终实现其市民化[19]。有学者认为突破户籍制度的边界，双向嵌入才是社会融合的根本途径，目前户籍制度改革具有一定的"有效维持不平等"性质，这使得农业转移人口自身发展空间更显逼仄，并未有效实现"以人为核心"的新型城镇化发展[21]。

在人口流动过程中，流动人口的原有社会身份被打破，社会网络经历重塑、社会福利等待重新嵌入的过程，农业转移人口通过市民化意愿的表达和选择推动城乡二元结构的建立与溶解，是区别于常规生计选择并与发展更为紧密的意愿表达与愿景驱动。学者普遍认为意愿具有较高的行为预测能力[22]，然而在特定情况下，这一逻辑关系可能会失效或扭曲：农业转移人口普遍具有较高的参保意愿但实际参保率较低；落户行为源于落户意愿，实际上已发生的城市购房行为成为农业转移人口顺利落户的关键因素[13]。农业转移人口的市民化是典型的非完全主观行为，农业转移人口市民化意愿、能力与机遇等突变因子出现且其意愿与行为在最终达成一致的过程中，存在不受行为主体控制的外部环境增益与干扰[23]。Böhning 等学者认为移民从意愿产生到行为实现主要经历发生、定居、生存、发展四个阶段，最终通过制度性身份转换实现其应有的合法权利和身份地位[24]。新型城镇化进程中的市民化状况丰富了对行为与意愿间"意愿主导，行为螺旋靠近，意愿梯度变动"关系的解读：在迁移发生阶段，受城乡劳动力市场收入回报差异的影响，农业转移人口进入不同类型的城市谋求生计发展，但由于城乡二元劳动力市场分割与户籍歧视的影响，农业转移人口多从事收入较低、保障水平较低的职业，较难获得升迁机会。因此一部分农业转移人口通过农地流转、城镇购房、携眷迁移、循环迁移等行为尝试满足家庭于城市定居与生存的发展需求，但上述行为不能作为其市民化意愿尽然得到满足的标志，仅是农业转移人口在意愿与行为一致的前提下产生的一系列的行为调整。另一部分农业转移人口在城市积累了一定务工经验与社会资本后，出于对自身状况和发展前景的理性认知，选择长久定居城市或转换户籍，这是市民化意愿梯度变动的体现，也是意愿产生与行为实现之间的逐步统一。综上所述，农业转移人口市民化路线是由意愿与行为互相缠绕的过程，其中意愿是行为产生的本源，意愿体现了原始意愿和调适意图的综合效用，因此既可以借助意愿推导行为产生的原因，又可以通过调节行为以寻找其他因素从而对主观意愿进行改造，并最终通过需求满足和行为引导的方式双向驱动农业转移人口市民化意愿与行为达成一致。

市民化意愿相关研究属于人口迁移与流动研究，通常以宏观人口迁移趋势和规律判断为主，研究对象主要涵盖广义上的流动人口。在西方社会情景中，迁移往往是单向、一次性和"地理—社会"空间一致的，而在中国特有的城乡二元社会经济体制中，迁移往往并不代表市民身份的获得，迁移意愿并不代表迁移行为的产生。这就决定了传统西方研究理论在解释新时期中国特色的市民化意愿分化时具有一定的局限性。

在对市民化意愿影响因素的观察中，国内学者强调个人与家庭能力累积在市民化意愿形成中的正面效果和作用机制。如有学者认为个体属性与经济属性在一定程度上代表了劳动力市场对价能力和城市生活成本的支付水平，包括年龄、性别、婚育状况、教育程度、收入、职业类型、流动时长等属性在内的影响因素决定了农业转移人口能否实现经济层面的向城融合[11]。各地推行的居住证积分落户政策是在标准化前提下，以个人能力与贡献作为信号，进行区别化公共服务供给的代表[20]。另有学者则更为关切社会特征因素对市民化意愿的"拉引"，这其中包含内生于个体属性的系列变量，例如外出动机、幸福感、社会融入、相对剥夺感等[25]，也包含了外生于个体与家庭单元的社会因素，例如在制度分析视角下，地方政府的行为，尤其对弱势群体的关注与回应会正向调节收入等内生变量对其市民化意愿的提升效应[26]。在空间政治经济学视野下，学者们以空间选择性为理论假设，对城市土地、空间、规模与结构与市民化意愿间的复杂关系建立分析框架[27]。在城市经济学视角下，学者们认为公共服务供给和税收资本化水平成为农业转移人口选择市民化地点时的关键逻辑，即使剔除户籍制度的阻碍与劳动力市场的需求，公共服务影响农业转移人口迁移定居的作用依旧稳健[14]。多数研究关注时空视角，随着户籍制度改革的市民化进程，学者们对其进行了宏观理论推演和模型仿真，但很少有学者将宏观社会经济发展与微观个体发展选择进行关联，从而构造系统的理论框架解释新型城镇化过程中以家庭为单位的市民化意愿很有必要。

在研究情景上，尽管以往研究从中国社会情境出发并进行了大量理论与实证分析，但在城镇化过程中，不仅个体的生存、生活与工作场域发生了较大变化，家庭也在流动中获得了发展的可能或遭受了福利的损失，家庭成为成本与收益计算的重要单位。在研究内容上，以往研究较多关注迁移行为后果分析，对于个体能动性在预期收益与成本影响下的迁移意愿观察较少，而被忽视的意愿研究相较于后果研究可以更好地助力政策改革，也能更好地反映家庭发展的方向。只有明确了农业转移人口作为市民化重点群体的意愿特征，公共政策制定才能做到有的放矢。在研究视角上，以往新古典迁移经济学、社会学、制度经济学、地理学等理论应用研究中，解释变量基本涵盖了来自流动人口自身、外部环境和移民网络，但影响因素间存在互斥、包含、背反和依附单位不明等缺陷，并忽视了一些关键变量在家庭层面的特殊含义。因此，本书认为有必要从中国社会情境与农业转移人口家庭特征出发，梳理现有国内外理论研究，建立适用于新型城镇化进程的农业转移人口家庭市民化意愿的多元分析框架，以全面解析农业转移人口家庭特征及对市民化的影响，进而丰富中国农业转移人口市民化研究。

第二节　基本概念界定

一　家庭生命周期

家庭生命周期是指家庭作为生育单位，通过家庭结构的改变和家庭生命事件的发生，家庭形成由产生到收缩以至消亡的全过程[28]，以此阐释家庭和社会同步发展的规律[29]。1903 年，社会改革家 Rowntree 在观察英国约克郡的贫困现象时首次提出了家庭生命周期的概念[30]，其后西方学者将其归为人口统计的细分工具，划分依据包含成员组成、年龄、婚育等家庭特征，以对家庭收支、家庭需求和发展压力等现象做出有效解释。作为复合概念，西方学者对家庭生命周期的探讨主要基于 Glick 提出的形成、扩展、稳定、收缩、空巢和解体六个基础阶段[31]，并将各个阶段状态作为解释社会现象的自变量进行分析。我国家庭规模较大，婚姻关系更为稳定，代际关系更为密切且主干家庭占比较大[32]。农业转移人口家庭作为城镇化进程的重要参与者，家庭成员流动是其重要的家庭特征。农业转移人口家庭受流动影响有分而不散的特征，打破了社会学对"家庭/家户"界定以共居或共爨的标准[33]，流动也打破了原有牢固的父系家族制度带来的男娶女嫁在婚后居住距离上的性别差异，即流动使农业转移人口家庭的代际关系从单系偏重向双系并重转变。因此本书基于传统家庭生命周期研究，在中国传统家庭生命周期划分基础上，关注主干家庭和均已婚的两代人家庭中家庭成员分离和重聚的生命事件，充分考量家庭成员异地分居这一家庭结构特征，从而梳理出形成期、分离期、稳定期、萎缩期四类家庭生命周期结构。

二 农业转移人口

农业转移人口是随着改革开放、人口迁移与流动和城镇化进程而产生的具有时代烙印和中国特色的群体，该群体和中国的城乡二元体制紧密相关，并不能简单等同于西方研究中的"Migrants""Floating Population"等概念。当前学界关于农业转移人口的概念界定尚未形成共识，在多数研究中农业转移人口仍作为农民工的替代概念使用[34]。概念的模糊性、内涵与外延的空泛性导致学界对农业转移人口基本特征和市民化水平评价莫衷一是[35]。国际城镇化发展理论和发展经验证实，推进农业转移人口市民化是解决我国"三农"问题、实现乡村振兴和城乡协调发展的根本出路。因此，剖析农业转移人口概念内涵与外延有助于弥合学界现有的研究分歧，以适应现代化经济社会发展及科学制定相关政策。

党的十八届三中全会以来，学界与社会媒体对农民工等群体的社会生存与发展问题尤为重视，对其生存能力和发展意愿的解析成为对人口城乡流动背后发展不平衡、不充分问题探究的具体视角。对以往研究中核心概念加以分解，可以看到其中隐含着三个主要的群体概念，即"农业转移人口"、"市民化"和"市民"。

2012年，党的十八大报告中用"农业转移人口"正式替代了"农民工"称谓，仅几字之别却折射了新的制度包容性和以人为核心的发展本质。严格意义上的"农业转移人口"主要指"从第一产业的农业部门向第二、第三产业部门转移的农业人口"。在以人为核心的新型城镇化背景下，农业转移人口主要包括两类：第一类是指未改变农村户籍身份，但已进入第二、第三产业部门，从事非农劳动与生产，每年在较为固定的城镇工作、生活超过 6 个月的"农村户籍的城镇常住人口及其家庭成员"；第二类是指户籍已在城镇并在城市工作或生活的，由于城市向外扩张中的"村改居"或整村搬迁、户籍制度改革从而获得城镇户籍的一部分城镇居民。同时，本书认为在乡村振兴背景下，"农业转移人口"应当包含第三类人群，即在乡镇、县城等地从事兼业生产的农村居民，虽然其并未远距离迁移，但已脱离了第一产业劳动，生活方式逐步向现代化过渡并逐渐积累了城镇定居的能力，这一群体既是"乡村振兴"的人力资源储备，又是县域治理与现代化的主要参与者，因此应将其纳入广义的"农业转移人口"概念范围。

前两类人群为目前农业转移人口研究的主体，也是本书探讨市民化进程的重点关注人群，他们是"两率差"形成、维持并于高位波动的主要成因载体。本书将其定义为狭义上的"农业转移人口"。本书后续部分（除有关文献综述）未注明时，农业转移人口均指第一类人群及其未参与劳动的家庭成员。由于户籍身份转换存在门槛，制度安排存在滞后性，城市公共服务具有排他性，因此农业转移人口虽然在城市生产生活，但仍被视为"农村人"，并在劳动就业、社会保障、公共服务等方面与原有城市居民存在差别，其生活方式、生产方式和思维模式已经或正在转变为城镇居民。学界将后者统称为"农转非"居民，其包含"选择性"和"政策性"两类，多数"农转非"居民在短期内需要适应城市文化以真正融入城市。

第三类人群主要包含农村居民中积极在城镇进行非农性生产以回应"乡村振兴"发展需求的群体。由于空间转移存在难度和制约，因此他们在就近的城镇进行现代化发展。

如表 1-1 所示，相较于"农民工"的称谓，广义的"农业转移人口"涵盖了更大范围内的流动人口，狭义概念的"农业转移人口"也将流动人口的概念扩展到农民工及随迁家庭成员范围，也更好地对应了形成"两率差"的主要组成群体。考虑本书研究问题依附于家庭单元，因此本书后续讨论将沿用狭义概念范围内的农业转移人口概念，即农业转移人口个体及家庭成员。

表 1-1　农业转移人口概念范围及类别

	生产方式	生活方式	户籍身份	市民化进程
农村居民	未脱离农业生产	逐步适应现代化	未获得城镇户籍	潜在市民化
"农民工"及其家庭成员（狭义市民化群体）	已脱离农业生产	已适应现代化	未获得城镇户籍获得居住证等身份证明	正在市民化
"农转非"居民	已脱离农业生产	已适应现代化	已获得城镇户籍	已完成市民化

三　农业转移人口市民化

人口流动已成为当代中国现代化的重要特征，流动人口是市民化的主体。第七次全国人口普查数据显示，2010~2020年全国流动人口增长量超过80%，这其中包括城城流动（非农户籍人口向其他城市流动）、农村户籍人口向城市流动（本书中提出的农业转移人口群体）、乡乡流动（农村户籍人口在不同乡村地区的流动）以及极少数的城乡流动人口（非农户籍人口的乡村流动）。既然人口的迁移与流动在中国已经成为一个不可阻挡的发展趋势，那么为何本书要特别关注农业转移人口的市民化问题？主要有以下三个方面的原因。

第一，农业转移人口陷入"半城镇化"状态的主要原因在于户籍制度的歧视性影响，这是农业转移人口的流动和定居与城城流动人口最大的不同。在城镇生活的流动人口中，除了农村户籍的农业转移人口，还有一类是外来的拥有城镇户籍的流动人口，这两类人群的市民化意愿与路径有较大差别。对于农业转移人口及其家庭来说，户籍的转换和稳定居住于城市里，不仅改善了其所能享受的经济福利水平，而且是一个涉及其生产方式与生活方式现代化的转变过程。目前农地政策改革中强调不能以农村"三权"退出作为农户户籍转换的前提，但在实际乡村治理过程中，当一户农村居民将户籍外迁时，其土地权利和诸多集体成员的权利都将随之弱化直至消失。因此相对于城城流动人口，农业转移人口在进行市民化决策时面临着更高的、更特殊的沉没成本。更重要的是，在对市民化意愿进行区分时，农业转移人口的进城定居与落户是截然不同的生计决策，若对城市流动人口不加以区分，就会得到较为矛盾的市民化结论。

第二，在对农业转移人口外出流动原因分析时可以看出，其决策不能脱离对于家庭生存与发展需求的考量，这是其进行非农生产方式转变的内生动力，也是农业转移人口与城乡流动人口最大的不同。

第三，农业转移人口对于不同户籍类型及所蕴含的公共服务价值的比较是其市民化的动机，这是农业转移人口与乡乡流动人口最大的不同。

同时，国家城镇化发展方针中反复强调"把符合条件的农业转移人口逐步在城镇就业落户作为推进城镇化的重要任务"，在户籍制度改革的进程中也可以看出政策取向的微调在一定程度上也反映了公众认知与政策窗口对于现实发展状况的适应。考虑目前各个城市落户条件中稳定居住的核心地位，农业转移人口也只有定居后才能实现生产方式、价值观、行为方式和生活方式的现代化转变，常住城市成为农业转移人口市民化过程中更为重要的环节。

"市民化"概念源于社会学、人口学对于人口迁移与社会适应的观察，之后被政治学、经济学、地理学等学科广泛应用，其中经典内涵是指农民的城镇化与人口的城市化。与西方研究中"农村人口城镇化"（Urbanization of Rural Population）和"农业剩余劳动力非农化"（Deagriculturalization of Surplus Agricultural Laborers）不同的是，由于城乡二元户籍制度的限制，我国的市民化内涵更为丰富，具有"阶段性"和"选择性"的双重特征。"阶段性"指市民化实质包含前后相继的数个阶段："两阶段论"认为市民化包含原居住地迁出和现居住地迁入两阶段[36]；"三阶段论"认为市民身份的获得包含农民、农业转移人口、城镇市民三个阶段[37]；"四阶段论"认为完整的市民化应该包含政治身份和社会身份的统一，因此将市民化分为农民、农民工、城市居民、城市市民四个相互衔接的过程[38]。"选择性"是指并非所有的农业转移人口离开流出地后都能最终成为市民，这一选择结果是政策选择、市场选择、社会选择和家庭选择的共同产物。

本书主要采用"三阶段论"对于市民化的论述，认为农业转移人口市民化包含农村户籍居民向城镇流动以实现地理空间转移，完成了第一阶段向第二阶段的转换，同时包含其在城镇定居后由城镇常住居民向城镇户籍人口转变以实现制度身份转移，最终获得城镇户籍与福利，完成第二阶段向第三阶段的转换。前者是后者发生的基础，后者是市民化质变过程的体现。

四　农业转移人口市民化意愿

在人口迁移的相关研究中，学界通常使用迁移意愿（Migration Intention）、定居意愿（Settlement Intention），也使用含义更广的迁移决策（Migration Decisions）等概念概述人口迁移过程中的行为决策。与其他国家相比，中国市民化进程受到户籍等相关政策的强有力影响，在市民化政策逐渐宽松的背景下，农业转移人口的市民化意愿研究也逐渐细化为城市定居意愿与落户意愿两种类别，并大多以"市民化意愿"的说法一言以蔽之，并存在"居留""长期居留""永久性迁移""落户"等概念混用的情况。从类型来看，农业转移人口市民化意愿应当包含不同市民化过程中的主观决策，从内容来看，农业转移人口市民化意愿应当既包含意愿内容也包含意愿强度。基于前文对市民化阶段性梳理和本节对于市民化意愿与行为的剖析，本书将农业转移人口市民化意愿划分为两个相互联结，内有递进关系的过程，其中"定居意愿"主要指农业转移人口是否定居城镇或农村，是否长久定居于务工地，包含城乡层级与属地信息两方面，其中"落户意愿"通过是否更换为城镇户籍身份作为农业转移人口市民化主要意愿的表达，包含落户属性偏好和落户时间预期两方面。

以往学者也较多关注市民化行为及其后果，但市民化行为与意愿研究存在天然的分野。首先，农业转移人口市民化源于市民化意愿，市民化本质上仍是典型的非完全主观决策的过程：在市民化意愿、能力与机遇等突变因子出现时，其在意愿与行为最终达成一致的过程中，农业转移人口市民化存在不受行为主体控制的外部环境增益与干扰。现实中，一部分农业转移人口通过农地流转、城镇购房、携眷迁移、循环迁移等行为尝试满足家庭于城市定居与生存的发展需求。依据前文对市民化概念与内涵的剖析，农业转移人口市民化最终需要实现城镇户籍身份与福利的获得，因此上述行为不能作为市民化意愿尽然得到满足的标志，而仅是在意愿与行为一致的前提下农业转移人口做出的系列调节行为。其次，由于系列调节行为广泛存在，且不能将其简单归化为市民化已经完成的标志，因此对农业转移人口市民化真实意愿的剖析成为未来我国高质量城镇化发展的关键。

目前学界对于农业转移人口市民化意愿的概念基本取得共识，认为农业转移人口市民化意愿是出于个体或家庭对于市民化收益与成本的偏好、考虑到成为城镇居民的限制条件与预期收益后的意愿表达，包括期望城市层级[39]，获得户口的属性[37]、属地[9]、时间[36]等方面。最后，农业转移人口市民化意愿的丰富内涵一方面体现了原始驱动和后续调适行为的综合效用，另一方面纳入了市民化过程中的系列调节行为，以明确其对后续市民化意愿的"助推"作用，并最终通过对农业转移人口市民化需求的满足和系列调节行为的引导，实现有序有效市民化。

家庭市民化意愿与市民化意愿也存在相应的区别与联系：家庭市民化意愿指家庭户主所做出的决策及意愿，本书讨论中假定问卷答者是在综合考虑了家庭情况的前提下完成问卷填写，同时通过询问个体可以在一定程度上反映家庭发展倾向。一方面，家庭在传统文化中具有重要社会含义，个体发展意愿的表达与家庭单位息息相关；另一方面，本书样本数据由家庭主要劳动力所提供，其在家庭中具有较强的生计资本配置权与话语权，其市民化意愿可以代表家庭成员未来发展方向。所以文中市民化意愿与家庭市民化意愿虽有混用，但其内涵具有一致性。

此外，针对研究过程中涉及的其他未尽的概念，笔者也在此做简要说明。流动被认为是农村劳动力获得城市现代性的过程[40]，是农村家庭进一步赋权的契机，"流而未迁"是这一赋权过程中不可忽视的重要特征[41]。鉴于此，针对"流而未迁"这一特性，本书认为市民化过程中微观个体的"向外流动—逐步迁徙—整体化迁移"是包含过程与结果的复杂体系。为了后续表达的准确性，本书将关于结果一端的市民化环节统一称为"迁移"，例如"迁移意愿"，将关于过程一端的市民化环节统一称为"流动"，例如"流动特征""流动模式""流动范围"。

第三节　研究目标

在多学科交叉和多理论、方法综合探讨的基础上，沿着"人口流动与迁移的现实图景→农业转移人口市民化意愿的理论分析框架→农业转移人口市民化意愿现状分析→农业转移人口定居意愿及其影响因素→农业转移人口落户意愿及其影响因素→政策建议"这一问题分析与政策回应路径，本书将市民化问题置于多学科综合分析框架中，以宏观趋势与微观影响因素相结合为研究手段，为农业转移人口市民化这一复杂的社会现实问题提供方法与分析保障，并根据研究对象特点与研究内容设计，引入了家庭生命周期这一主要论述视角，引入了定居意愿与落户意愿（"定居—落户"）两阶段市民化意愿分析视角，引入了"禀赋驱动—流动赋权—制度阻碍"的市民化意愿发生机制。

首先，引入家庭生命周期这一主要论述视角以丰富对农业转移人口家庭的观察。家庭生命周期是指家庭作为生育单位，具有产生、发展、收缩以至消亡的生命过程[28]。随着家庭生命周期的不断演进，家庭的供养系数、代际关系、抵御风险能力和生产生活任务都会发生阶段性的转变[42]，因此，不同维度的市民化影响因素在不同生命周期的农业转移人口家庭中对定居及落户意愿产生的影响存在差异。引入家庭生命周期研究视角是对人口流动变迁现实的反映。已有研究通常基于代次、性别、婚育特征等人口学特征介入市民化研究，从中剖析例如社会经济地位、社会融合程度、社会保障参与等因素对于农业转移人口流动性质的解释[43]。传统迁移理论中将迁移主体单位假定为由经济理性驱动的个体而非家庭，因此在研究中越发呈现出"容量不足"与"解释失灵"的问题[44]。随着城镇化的发展和农业转移人口务工历程的演进，近年来，农业转移人口"携家带口"迁移的现象越发普遍[45]，且在流入地长期化、稳定化的居留与工作成为主要模式[46]，这可能对农业转移人口的市民化特征产生新的影响，因此有进行深入研究的学术必要。将家庭生命周期作为一种基于家庭生计资本做出的预期收益最大化的决策视角，可以明确市民化决策过程中的选择主体性，可以细化城镇化进程对于家庭结构和功能冲击的观察，可以得到更为丰富和贴合实际的研究结论。

其次，引入"定居—落户"两阶段市民化意愿分析视角以准确剖析市民化意愿形成机理。有序有效推进农业转移人口的市民化进程从根本上暗示两个相对单独的家庭决策过程：永久居住于城市里；获得当地的城市户口。在中国的政策语境中，这两个决策并不彼此一致。在目前的制度设计中，农业转移人口户籍身份转换才意味着公共服务可以实现均等化，因此如何促使农业转移人口主动通过禀赋积累和流动赋权实现市民化是一项重要的政策需求。在实证研究过程中，社会学与人口学研究往往采用"居留""长期定居""行为迁移""户籍转换"等概念来考量市民化意愿的分化，本书将明确区分"定居—落户"两阶段的市民化意愿及其特殊的影响因素，并对不同市民化进程中的不同阶段决策的影响因素进行比较，准确构建中国特色城镇化进程中的市民化概念内涵。

最后，探讨"禀赋驱动—流动赋权—制度阻碍"的市民化意愿发生机制，准确刻画不同市民化内涵中农业转移人口家庭意愿形成的内在机理。农业转移人口在非农劳动参与和现代化生活方式革新的过程中，为了实现完全的市民化需要经历"本地居留"和"落户城镇"两个决策阶段。根据以往研究的证据，农业转移人口市民化的主要动力是收入提升、风险降低与福利改善，预期经济收入的提升是影响其定居意愿的主要因素，定居决策主要由"能力"所决定[47]，风险降低和福利改善与否是其选择是否落户城镇的主要原因，落户决策主要由"需求"决定。在实证研究过程中，社会学与人口学研究往往采用"居留""长期定居""行为迁移""户籍转换"等概念来考量市民化意愿的分化，本书研究目的为明确区分"定居—落户"两阶段的市民化意愿及其本土化的影响因素，并对不同市民化进程中的不同阶段决策的影响因素进行比较，准确刻画不同市民化内涵中农业转移人口家庭意愿形成的内在机理。

第四节　本书内容与研究框架

目前针对农业转移人口市民化的研究日益丰富，但由于研究对象出现了新趋势，研究背景的复杂化和社会情境、政策的改变，相关研究在理论、方法和实证验证部分仍存在进一步深化的空间。本书在总结新型城镇化背景、人口家庭化迁移现实情境和半城镇化基本规律的基础上，从人口迁移理论研究、国外人口迁移研究、国内市民化影响因素研究三部分进行文献整理与归纳；在现有研究基础比较和评述基础上，明晰已有研究不足之处，指明本书的研究空间与创新点，明确本书的具体研究路径。

如图 1-1 所示，本书结合推拉理论、可持续生计框架、新迁移经济学与家庭生命周期理论，探讨农业转移人口市民化意愿的内涵和概念维度；

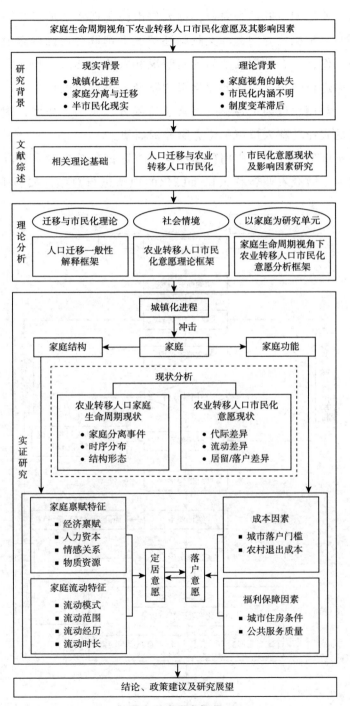

图 1-1　研究框架

选取合适影响框架，并结合农业转移人口市民化现实情境对其进行适用性分析；同时，根据研究问题和文献综述情况，选取合适的调查设计，开展数据收集工作；结合数据反映的现实情况和农业转移人口现实背景，对基础研究框架进行修正，明确差异化影响路径，进行市民化主要影响因素与路径辨析，对概念框架中各影响因素进行细分、归纳、拓展，构建包含维度与变量的农业转移人口市民化意愿分析框架。

在分析框架指导下，应用科学抽样调查数据，分别对宏观流动人口家庭生命周期与微观农业转移人口市民化的现状进行总结，如图 1-2 所示，

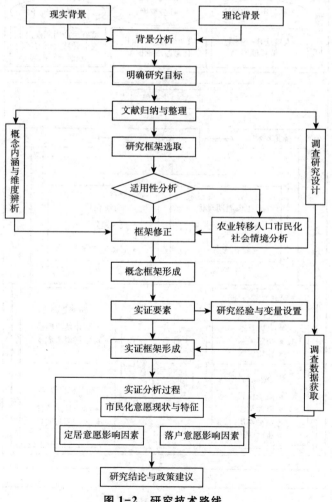

图 1-2 研究技术路线

从家庭禀赋特征和家庭流动特征对市民化不同阶段的影响因素进行实证分析，并通过家庭生命周期视角解读实证分析过程中的多维差别；最后对影响因素分析中发现的规律、结果进行总结，根据主要发现及结论提出政策建议以及未来研究方向。

从时间维度上来看，改革开放以来，农业转移人口从不被认可到重获重视的历程伴随着"中国速度""中国奇迹"的发生同时被记入史册。农业转移人口作为第一产业向第二、第三产业转移的劳动力人群为中国的经济发展与城市建设做出了重要的贡献。但农业转移人口及其家庭与其他城市居民相比仍存在多方面的发展"劣势"，同时社会政策作为显性的制度安排仍存在"经济上接纳、公共服务上排斥"的现象。近年来，公共服务均等化在各类政策中被贯彻落实，城市地域内的市民权利和外来人口权利的差距在一定程度上得到了弥合，呈现出城乡一体化发展的态势。但"福利的属地化"仍使得农业转移人口可及的公共服务十分有限。可以说本地居民和外地居民之间的差异正在被弥合，但农业转移人口及其家庭在获取城市公民社会权利时仍是带有"条件性"的，户籍制度改革还有一定的空间。

从研究范围上看，以往研究较少将视野转向处于转型发展过渡期的城市视角，落户门槛的设置就是观察城市发展路径选择的政策视窗，而农业转移人口的市民化意愿的产生是微观层面个体与家庭能动性与宏观层面政策设计之间的均衡。以往研究对于市民化进程表面叙事中的个体性实践和宏观政策张力缺乏联合分析。保证公民（市民）的社会权利是实现现代社会发展的必备因素，也是优化社会分层结构的必要措施。同时，多位学者指出以人为核心的新型城镇化过程中的市民化进程就是农业转移人口获得城市居民身份和权利的过程，其中制度保障和社会权利的补足是其重要的内容[48]，因此本书不但关注了农业转移人口迁移决策的产生过程，还关注其作为制度需求方面对不同政策供给的行动选择。

依据研究框架，本书共分为7章。

第一章是对本书总体设计的论述。介绍研究背景，提出研究问题，明确研究概念，提炼研究目标；进行研究整体设计，确定核心思路与研究所使用的实证数据与方法。

第二章通过梳理相关理论与实证研究成果，明确本书进一步研究空间。

第三章描述本书研究框架。首先，整合人口迁移意愿解释理论，提出农业转移人口市民化分析一般性分析框架；其次，结合中国城乡人口流动事实与市民化两阶段特征，构建农业转移人口市民化意愿的理论框架；最后结合农业转移人口家庭生命周期变迁现状，提出家庭生命周期视角下农业转移人口市民化意愿的理论分析框架与实证检验模型。依据研究框架对所进行的实证研究情况进行了介绍。

第四章为现状分析。一是分析我国农业转移人口家庭生命周期的时序分布变化与结构形态演化状况；二是分析代际、流动空间与户主职业类型带来的市民化意愿差异；三是分析农业转移人口定居意愿与落户意愿之间的相关性。

第五章为农业转移人口定居意愿影响因素研究。在理论指导下，首先，分析农业转移人口家庭禀赋、流动特征与定居意愿之间的关系，以及是否同时影响了定居意愿类型与模式。其次，在不同家庭生命周期样本中分析了农业转移人口家庭禀赋、流动特征与定居意愿之间的关系，以及是否存在群体差异。最后，对结果进行解释与讨论，并提出相关政策建议。

第六章为农业转移人口落户意愿影响因素分析。在理论指导下，首先，分析农业转移人口家庭定居意愿、城镇落户成本与相关福利保障因素之间的关系，以及是否同时影响了落户意愿类型与时间预期。其次，在不同家庭生命周期子样本中分析了农业转移人口落户意愿的影响因素，以及影响因素是否存在群体差异。再次，考虑农业转移人口定居意愿与落户意愿可能存在由于互为因果导致的内生性，因此采用 IV-Probit 模型与 2SLS 模型得到无偏估计结果。最后，对结果进行解释与讨论，并提出相关政策建议。

第七章为结论、政策建议和展望。归纳了本书主要研究结论，指出本书主要贡献；结合目前户籍制度改革和流动人口管理服务政策现状，提出具有针对性的政策建议；最后指出本书的局限性和未来研究方向。

第五节　数据来源与研究方法

一　数据来源简介

本书的抽样调查数据来自西安交通大学"新型城镇化与可持续发展"课题组于 2018 年进行的"全国百村外出务工人员调查",调查了 11 个常住人口城镇化率未达到 60% 的省份,其中各省份内部依托在读大学生返乡时机进行了分层随机抽样。同时,研究中还使用了户籍改革政策文本来反映户籍制度安排对于农业转移人口落户意愿的影响,其中政策文本包括国家层面户籍政策文件和与"全国百村外出务工人员调查"中流入地进行数据匹配后的流入地城镇户籍改革政策文本,通过逐级提炼信息构造一个政策数据库,以方便后续对落户制度安排和个体选择之间的关系进行深入分析。最后,研究中还使用了《城市统计年鉴》《中国区域经济统计年鉴(2014)》《中国国土资源统计年鉴(2015)》等官方统计数据。最终形成了微观调研数据、政策文本数据和宏观统计数据相耦合的综合性数据库。

由于地理区域差异和地方经济发展水平不同,总体上我国人口分布比 GDP 在空间上更离散,而且人口的重心偏北,经济密度偏南。若采用各地区样本量基本相同的系统抽样法会放大经济发达地区人口特性。因此我们选取了调查时点尚未达到 60% 城镇化率发展目标的省份,通过随机抽样方法获取了 500 余村落的春节回乡人群的基本信息。大多数流动人口的数据采集都属于流入地抽样,即通过获取流入地流动人口基本分布,设计抽样框或者受访对象。如中国家庭收入调查(China Household Income Program,CHIP)、卫健委组织实施的流动人口动态监测调查(China Migrants Dynamic Survey,CMDS)等。虽然流入地调查方便快捷,并且可以在低成本的前提下获取足够多的样本量,但对于流动人口的抽样代表性而言存在一定缺陷。首先,大多数流入地调查的抽样对象都是在流入地居住一定时间的家庭户,这样数据总体会缺失流动居住、短期暂住、集体居住和工棚等非正式居住的流动人口,存在一定的样本选择性问题,导致研究结果可信度下降。其次,由于居住在城市的流动人口往往都不会采用户籍登记,所以多数流入地调查都依赖于研究者自建抽样框（例如清华大学与社会科学院与2006年开展的关于建筑业农村流动人口的生产、生活及权益保障调查）。其余多采用地图抽样法完成抽样框的建立，但多针对全部人口而不是流动人口，例如中国家庭追踪调查（China Family Panel Studies，CFPS）、中国综合社会调查（Chinese General Social Survey，CGSS）与中国劳动力动态调查（China Labor-force Dynamic Survey，CLDS）均采用了地图选址法进行终端抽样。但由于流动人口往往居住在城市的边缘地带，越是强调地图选址法的总体代表性，就越凸显了对流动人口代表性的不足[49]，导致研究价值受损。再次，对于截面样本，综合问卷的追踪式调查可以在理论、实践上回答很多社会问题的因果关系，从而为解释和探索社会现象提供明显的优势。但流入地调查中流动人口由于自身居住条件的限制和生计发展的需求，往往经常变动空间位置，从而导致样本追踪失败。最后，流入地调查存在较高的系统性偏差。因为城市往往是流动人口调查的主场域，很多调查在实际操作中将城市作为唯一的流入地。而实际中，农业转移人口在流动时往往会选择"乡村—城镇—城市"的路径或返乡再次外出的循环路径，甚至是乡乡的平级流动路径。这些多元的流动方式都符合"人户分离6个月"的流动人口界定标准，但往往被流入地调查所忽视，导致不能全面反映现实情况。

与流入地抽样调查对应，流出地调查法也逐渐被各类调查所应用。1995年起，国家统计局农村社会经济调查司、农村调查总队等机构就逐步开展了农村调查，主要关注与农村发展和农村劳动力流动状况[50,51]，其过程主要分为三步，抽取村委会，抽取样本家户，通过家人代答收集家庭户内全部流出人口信息，每一步都采取随机原则。首先，本次调查在春节期间进行，多数流动人口选择返乡探亲，通过提升问卷代答可信度和访员应答率从而提高了数据整体的代表性。同时，调查中不仅可以关注流动到城市的农业转移人口，流动到就近县城、乡镇进行短距离务工个体也被纳入样本抽样框内。在乡村振兴背景下，短距离流动人口是不可忽视的一部分乡村振兴主体。在农村流动人口的流出地进行的农村流动人口调查，在调查农村外出成员的同时，还能够调查到两类返乡人口：一是曾经流出但现在已经返乡安居的人口，二是临时返乡仍将流入城市的人口。也就是说，流出地调查数据不仅可以观察到在流入地生存下来的样本，同时还能观察到外出"失败"而返乡的人口，从而较为妥善地解决了样本选择性问题。最后，流出地调查方便组织进行追踪调查。农村居民地理位置改变的可能性较小，除非流动人口将全家迁入城市，否则都可以通过家庭成员代答获取流动人口的家庭状况。

因此，本书依据《中国统计年鉴 2018》选取了 2017 年年末城镇人口比重低于 60% 的低城镇化水平区域，最终确定了 11 个调查省份。样本区域基本覆盖了我国西北地区、中部地区、西北地区、华北地区、西南地区，人口流入全国 33 个省份（见图 1-3），能够代表我国人口流出大省的务工人员的基本情况，保证了数据的代表性。

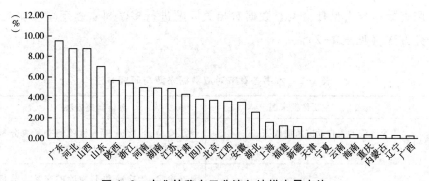

图 1-3 农业转移人口分流入地样本量占比

调查经过抽样设计、访员培训、调查执行、问卷回收与审核、问卷录入、逻辑检验与数据清洗等一系列过程控制，保证了数据的可信度。在抽样方法上，考虑农业转移人口具有较强的流动性，难以进行流入地随机抽样，而流出地随机抽样虽然可以保证抽样的随机性，但由于人口外流较难得到家庭整体信息，本次调查主要在春节返乡过年期间进行样本采样，在省级单位进行样本配额，在村镇一级进行随机抽样。同时严格控制样本的性别、年龄、婚姻状况等，使其具有相对合理的分布，尽可能提高样本的代表性；在调查前，课题组核心成员开展访员招募与培训工作，共进行不少于 10 次的访员线下培训会议；在调查执行及后续回收审核中，课题组全体成员承担调查指导员、数据审核员与电话复访员等身份，尽量控制文件发放与回收质量；在问卷录入中，以5%比例等距抽样进行双工检验，并对数据库逻辑一致性进行检查清洗。调查控制贯穿调查过程始终，有效保证了调查数据的较高质量。

综上，调查地选取的典型性、抽样过程严谨性、数据时效性共同保证了本书所用调查数据在农业转移人口市民化问题研究中的良好代表性，可以投入研究并产出具有现实意义的结论，为有效推进新型城镇化进程提供思路与佐证。

二 研究方法

由于研究对象与研究问题的复杂性，因此本书结合了管理学、社会学、人口学、统计学的多学科方法，以定量研究为主，定性研究为辅，整合调查数据与大型社会调查数据对相关问题进行多学科、多手段相交叉的研究方法（见表1-2）。

表1-2 本书各章节对应数据来源与研究方法

章节	主要数据来源	具体研究方法
第四章	全国流动人口动态监测数据 调查数据	卡方检验、t检验和F检验的交叉表分析；OLS回归模型、Logit回归模型
第五章	调查数据	卡方检验、t检验和F检验的交叉表分析；Binary Logit回归模型、Multi Logit回归模型
第六章	调查数据与宏观数据结合，宏观数据包括《中国统计年鉴》《中国城市统计年鉴》《中国教育统计年鉴》等	卡方检验、t检验和F检验的交叉表分析；广义分层线性模型、两阶段模型；IV-Probit模型、2SLS模型

研究方法方面，首先，从社会现实发展中存在的现象剖析与问题探讨出发，提炼研究问题、变量概念内涵及外延、研究思路及测量指标构建与现实世界的关系等核心内容；其次，在多学科理论与实证研究经验指导下，结合我国城镇化发展、户籍改革政策制定与社会人口发展态势，从迁移两阶段理论、可持续生计框架与家庭发展理论出发，论述农业转移人口市民化内涵，构建农业转移人口市民化意愿测度方案及其影响因素分析思路；再次，结合中国城镇化发展背景，指导宏微观数据资料收集方案的形

成，结合中央及地方政府户籍制度改革实践，指导政策文本处理方案的形成，利用影响因素分析思路和论证逻辑，分别设计农业转移人口市民化意愿影响因素分析模型；最后，根据农业转移人口市民化意愿分化和地方政府政策设计方案，从多层面、多维度分析新型城镇化过程中有序推进市民化的基本状况、变化特点、推进路径和关键问题，并给出相应政策建议。具体的，利用卡方检验、t检验和F检验的交叉表分析，通过家庭生命周期、代际、流动空间、职业类型差异的比较，描述农业转移人口市民化意愿的分化状况，识别意愿的周期性变动和市民化的重点群体；利用 Binary Logit 回归模型、Multi Logit 回归模型、广义分层线性模型、两阶段模型，讨论农业转移人口市民化意愿形成的关键影响因素；利用 IV-Probit 模型、2SLS 模型，减弱农业转移人口在进行未来不同阶段的生计决策时存在的互为因果导致的内生性问题。

第二章 |
农业转移人口市民化意愿相关
研究及述评

本章梳理了与研究目标相关的推拉理论、可持续生计框架、新迁移经济学与家庭生命周期理论，评述了国内外相关研究进展，对本书研究空间进行阐释说明，并为后文的实证分析提供理论基础与经验对比。本章首先对推拉理论、可持续生计框架、新迁移经济学与家庭生命周期理论的理论内涵与相关领域内的应用进行了简要说明，为从理论层面解析人口迁移与流动的决策提供学理基础。其次，从人口迁移研究中提取出农业转移人口市民化问题的重要性与特殊性，并以城镇化发展与户籍制度改革为线索对农业转移人口市民化相关研究链条进行梳理，为理论分析框架构建和中国城镇化与市民化的现实发展情境提供了文献支撑。再次，对农业转移人口市民化意愿现状及其影响因素相关研究进行综述，为实证分析过程与主要影响机制提供了经验证据。最后，评述已有研究对本书理论分析框架构建和实证研究过程的学术参考价值，并结合已有研究不足提出本书的研究空间。

第一节　市民化意愿相关理论

农业转移人口市民化意愿研究涉及社会学、农户经济学、人文地理学等多学科，需要综合采用多学科经典理论对现实问题进行剖析、解读和总结。其中，推拉理论重点关注了"流出地—流入地"二元结构中的推力与拉力因素对市民化意愿的形塑；可持续生计框架贡献了风险社会中微观家庭的生计资本的组合多样化与有效性对生计决策的理论框架；新迁移经济学对家庭层面如何通过迁移实现收益最大化和风险最小化的均衡展开了理论讨论；家庭生命周期理论为家庭决策与发展研究中的异质性论述提供了重要的理论视角。

一　推拉理论

推拉理论（Push and Pull Theory）是分析劳动力迁移、流动的奠基性理论之一。推拉理论强调经济差异对于人口流动的主导性作用，假设人口迁移是无阻碍的并且迁移人口往往可以掌握流出地与流入地的完全信息。

Ravenstien 于 19 世纪末提出著名的"七大迁移定律"：①经济因素对于人口迁移的影响最大；②短距离迁移人口占比较大；③人口首先从城市周边的农村迁往城市，之后是距离城市较远的农村地区人口向城市迁移；④城市里也存在一定比例的居民流向农村地区，但净流向为农村向城市迁移；⑤农村地区居民的迁移频率高于城市地区，城市地区居民倾向于稳定生活；⑥迁移率受到交通状况和通信状况的影响；⑦女性在较短距离迁移的人口中占比较高，长距离则相反[52]。Herberle 在系统总结上述规律后提出"推—拉"概念，并认为人口迁移是流出地推力和流入地拉力共同作用产生的[53]，D. J. Bogue 系统化提出了推拉理论，并认为流入地与流出地均存在可以改善或破坏移民生活条件的推力因素与拉力因素[54]。Lee 将推拉理论表达为迁出地相关因素、迁入地相关因素、中间障碍因素以及个体因素系统，并认为迁出地与迁入地相关因素间差别越大则人口迁移规模越大；中间障碍因素与迁移量直接相关；人口迁移规模随着时间的推移逐渐增长[55]，由此形成了被广泛应用的推拉理论（见图 2-1）。

推拉理论为研究不同国别与社会经济发展阶段地区的人口迁移现象提供了可以对话的研究框架，其原创性在于细分了微观视角下个体进行迁移决策的理性选择因素，使用结构化视角划分了不同空间、时间等维度内的"成本—收益"过程。基于迁移前后的近期成本收益、远期成本沉没与收益获得可能的理性计算，推拉理论预测人口总会流动至迁移回报最大的地区，并且迁移率与迁移回报呈现正相关。

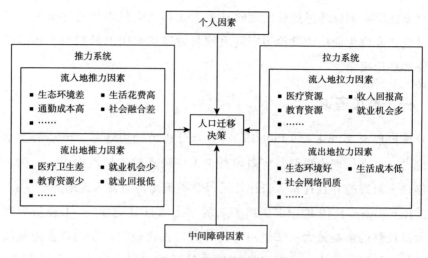

图 2-1 推拉理论基本内涵

二 可持续生计框架

目前，可持续生计框架主要指由联合国开发计划署（The United Nations Development Programme，UNDP）提出的可持续生计分析框架、关怀国际（CARE）提出的可持续生计分析框架和英国国际发展署（Department for International Development，DFID）提出的可持续生计框架，其中 DFID 提出的可持续生计框架（Sustainable Livelihoods Approach）影响最大。DFID 于 1997 年将其在发展研究所（The Institute of Development Studies，IDS）的研究成果整合到发展项目中，用一个二维平面图来展示生计构成核心要素及要素间的结构与关系，并指出消除贫困的潜在机会[56]。如图 2-2 所示，可持续生计框架由脆弱性背景、生计资本、结构和制度的转变、生计策略和生计后果五个部分组成，箭头表示这些组成部分的互相作用，但不表示因果或从属关系。脆弱性背景限制着农业转移人口运用生计资本来满足生计目标的方式，即生计策略，生计结果又反作用于资产，影响资产的性质和状况。

我国学者主要采用 DFID 框架探讨失地农民[57]、贫困农户[58]、女性个体[59]和流动人口的社会融合问题[60]，直接探讨农业转移人口家庭决策及

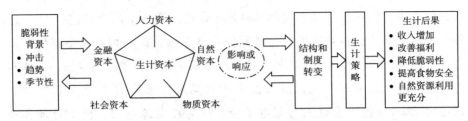

图 2-2 可持续生计框架

发展的研究相对较少。以往研究普遍认为农户进行决策的过程不是自由的,而是受到经济、社会和资产的束缚,分析、了解资产的比重与组成可以有利于从微观层面理解生计过程及其后果。在脆弱的环境中,农村家庭的发展依据其所拥有生计资本的状况,结合家庭结构等特征,形成更为合理的家庭发展策略。

与新迁移经济学类似,可持续生计框架强调关于生计活动的产生过程。可持续生计框架关注家庭何时以及如何分配各类"资本"才能实现生计的多样化以对冲各类风险,特别关注家庭如何应对才会增加生活成本和减少可用资源的"生计冲击"[61,62]。有研究者认为家庭结构,即不同年龄和性别群体成员组成的家庭资源与禀赋也影响了家庭在应对冲击时的资源分配和限制[63]。

三 新迁移经济学

20世纪80年代兴起的新迁移经济学(The New Economic of Labor Migration)放弃了新古典经济学中对于完全自发市场的假设,认为市场无法通过个体的理性自觉达到均衡与充分。同时,将社会网络的功能(如家庭或家族)以及非经济因素(如相对剥夺感的补偿)纳入了人口流动的决策过程。其原创思想在于个体的移动偏好与集体表现并不完全取决于收入或劳动生产率的差异,而是取决于家庭效用的最大化或风险最小化的原则。

"将移民理论讨论的重点从个人独立转移到相互依赖"是Oded Stark在其开创性著作中的主要论述[64]。与从个体效用最大化的角度出发,以利己主义为假设的传统迁移理论不同，新迁移经济学把家庭作为追求收益最大化的主体，预期收入最大化和风险最小化是决策产生的重要前提[65]。迁移是个体提升社会相对地位从而降低相对剥夺感、提高相对满足感的重要方式。同时，迁移的预期收入最大化与风险最小化计算单位为家庭，迁移与否和迁至何处是家庭实现风险分散和收益满足而采取的经营策略[66,67,68]。1979 年 Schultz 提出家庭人力资本学说，认为在资源有限、公平合理和外部融资困难的情况下，家庭通过对整体资源的调配单独对每一个成员的发展投资进行决策[69]，也契合了新迁移经济学将家庭作为生计决策基本单元的假设。

新迁移经济学理论认为家庭效应对于迁移决策的影响主要包含以下三种分效应，其一为"风险转移效应"，即家庭无法在流出地劳动力市场条件下规避收入、生产方面的风险，或为了让家庭成员获得稀缺社会资源，家庭会决定将一个或多个家庭成员输送到其他劳动力市场，增加生计方式多样性，从而减少对于流出地脆弱环境的依赖；其二为"经济约束效应"，即家庭面临着来自流出地的资金约束和制度供给短缺，为了解决家庭发展制约，将部分成员转移出去以获得更高的收入、资助及技术，从而实现可行能力的自由；其三为"相对贫困效应"，家庭通过比较产生的相对贫困感是促进迁移的主要因素，相对贫困感不仅来自"绝对收入"的差距，而且来自"相对失落感"。上述三种效应都表明，家庭是影响人们做出迁移决策的关键因素。

Stark 与 Lucas 在分析波茨瓦纳的移民薪资流动时发现，家庭内部的劳动力会在经济上做出牺牲以集中资源对家庭主要成员利益和下一代接受教育进行资源供给[70]。因此，新移民经济学认为这种个体效用要在一定的社会规范、信仰基础和文化环境中产生，即个体的迁移决策产生于群体规范的内化和个体理性动机的外化。追求效用最大化的新古典经济学将地区间的汇款看作家庭内"利他主义"的表现，并坚定地认为若是无法完成迁移就成了现代化路程上"失意的"回流者。而新劳动迁移理论则将回流看作是"超越了消极工资差异的响应"[71]，迁移者外出与回流都是依据家庭在社会保障、购买力和储蓄等方面需求而进行的决策。

正如新迁移经济学所主张的，迁移不仅是个人决策，而且是家庭与社会背景与情境和结构性因素促生的现象（见图 2-3）。新古典经济学对于解释中国移民的经验现象仍具有一定的局限性，其试图证实个体决策对于成本和收益是敏感的，并且认为迁移是自发的个体偏好，但现实中最为落后的地区往往不是移民的最大输出地。新迁移经济学从家庭发展角度很好地回应了新古典经济学中对于个体理性假设的不足。

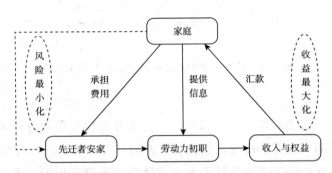

图 2-3 新迁移经济学中家庭与迁移行为之间的互动关系

四 家庭生命周期理论

家庭生命周期理论（The Theory of Family Life Cycle）源于生命周期概念的界定和拓展。家庭生命周期理论强调三个社会学概念——个体老化（Aging）、家庭生命周期和组织生命周期[72]。这一概念包括再生产（Reproduction）和世代（Generation）的含义，所以更加与群体相关联，而不是个人[73]，因此相对于生命历程理论，生命周期更适用于家庭研究。家庭生命周期理论是家庭研究领域内一个重要的理论和分析工具，自提出后就被广泛应用于社会学、人口学、经济学、文化学等多个研究领域，针对家庭结构变迁和改变家庭结构的各类生命事件的解读，通过社会关系和角色的转换来阐释社会和家庭变迁中的现实规律、对人口行为的影响效应和风险变迁及应对方式[29]（见图 2-4）。

对家庭生命周期的理论研究，经历了一个从简单到复杂的发展过程，Murphy 和 Staples 将其划分为 3 个重要的发展阶段：奠基时代、发展时代和细化时代[74]。起初，学者们依据家庭中有无孩子和孩子的年龄，粗略地将

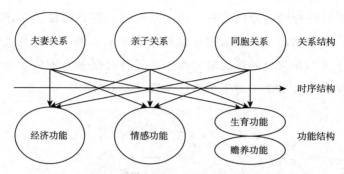

图 2-4 随时序结构变化的家庭关系与功能结构
资料来源：吴帆[29]（2012）。

其划分为 4 个主要阶段[75,76]。其次，家庭生命周期阶段划分的依据细化为家庭中孩子的出生及年龄变化情况以及夫妇双方年龄特征。例如，Glick 将其划分为首次结婚、第一个孩子出生、最后一个孩子出生、第一个孩子结婚、最后一个孩子结婚、妻子或丈夫一方去世、夫妻都去世[31]。20 世纪60 年代后，学者将划分依据进一步细化，提出了家庭生命周期 9 阶段与 10阶段理论[77]。Murphy 和 Staples 认为，传统模型无法解释目前平均家庭规模变小、晚婚和离婚率的上升带来的家庭生命周期变化，由此提出了所谓现代家庭生命周期模型[74]：年轻单身阶段、已婚年轻夫妇且没有子女阶段、年轻其他阶段、中年阶段和老年阶段。Gilly 与 Enis 认为上述的家庭生命周期模型并不能涵盖现实社会中丰富的家庭类型，而且仅以男性户主为划分家庭生命周期类型的依据有失偏颇，这造成了尽管类型划分种类丰富，但解释力并没有随之增强。因此，Gilly 和 Enis 随后将家庭生命周期在纵轴上划分为：年龄类别、家庭中是否有一个以上的成年人、家庭中是否有孩子三类[78]。以时间发展为横轴对上述类别进行细分，从而形成 13 阶段模型。

对于某一群体的家庭生命周期划分主要基于四个共同的假设：①每个家庭都经历从诞生到消亡的过程，这是生命周期最基本的规律，即"过程性"；②每一个生命过程都可以划分为边界清晰明确的不同阶段，即"可分割性"；③每一个家庭生命周期的不同阶段之间存在着关联性，即"关联性"；④每一个家庭在经历生命周期的变化，而生命周期变化又会影响家庭其他系统的变化，即"系统性"[72]。

在传统家庭生命周期划分的基础上，越来越多的学者就社会风险环境对家庭系统造成的冲击进行了讨论，将家庭生命周期理论带入了非经典、非常态的研究领域。例如随着西方"第二次人口转型"的逐渐深入，丁克、同居、离婚、未婚先育、失独等多种非主流家庭生命类型交织出现。因此家庭生命周期理论开始向时序多元化、结构功能缺损化、内涵交织复杂化方向发展，其解释力也在不断的修正中得到增强。

家庭生命周期并不简单属于"经验工具"或"概念工具"，而是作为一种理论工具介入对于家庭生活行为和意义的解读中。面对传统家庭保障功能的缺失和社会保障制度的财政压力，以及各类"空巢家庭""离散家庭"等家庭表象隐含了一系列严重的社会问题，西方福利国家转向通过家庭和社区等非正式社会保护制度来解决社会风险问题。随着现代化发展进程，家庭内部时间密集型和人力密集型的资源需求都可以在外部市场上通过购买行为和政策支持被替代，因此大部分学者认为不同生命周期中家庭功能的实现是家庭保持"向上"发展的基础，也是满足家庭成员诸多物质需要和其他家庭功能得以运转的基础[79]（见图2-5）。

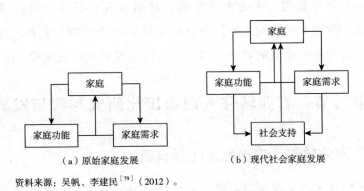

（a）原始家庭发展　　　　（b）现代社会家庭发展

资料来源：吴帆、李建民[79]（2012）。

图2-5　家庭需求、家庭功能与家庭发展间的关系

五　研究述评

本书将从家庭因素和社会因素两个层面探讨农业转移人口市民化意愿的影响因素，上述理论研究分别从不同视角对流动与迁移的发生进行了研究，但仍缺少一个系统的、融合的分析框架对中国社会中的农业转移人口市民化意愿现状、阻碍与路径进行分析。推拉理论认为迁移意愿来源于"流出地—流入地"二元结构中的推力与拉力因素。新迁移经济学理论认为迁移不是个体层面上的理性决策过程，而是家庭层面对于收益最大化和风险最小化的追求。可持续生计框架认为在风险社会中，生计决策来源于生计资本的组合多样化与有效性，了解家庭生计资本的比重与组成可以有利于从微观层面理解生计过程及其后果。家庭生命周期理论认为家庭存在异质性，家庭迁移决策可能随家庭生命周期中经济功能、社会功能等的变化而呈现异质性。虽然以上理论从不同角度对迁移现象和中国社会中的市民化过程进行了解读，但理论之间具有一定共通性。首先，以上理论都关注迁移发生的形成机制而不是后果。其次，不同理论中的具体要素具有类似或重合之处。例如，推拉理论与可持续生计框架认为个体处于理性主义离开资源与机遇"洼地"而追求迁移过程带来的收益，资本脆弱、风险冲击是生计决策的动因也是基础。新迁移经济学理论认为家庭对风险最小化的追求补充了单纯个体层面"理性人"假设的不足，而家庭生命周期理论为家庭决策与发展研究中的异质性论述提供了重要的理论视角。基于上述理论间的差异与联系，本书将其整合，将新迁移经济学、可持续生计框架、家庭生命周期理论纳入推拉理论研究框架内进行细化分析，并以此理解中国社会发展情境下的农业转移人口市民化现状及影响因素。

第二节　农业转移人口市民化研究起源与发展

一　农业转移人口市民化问题起源

农业转移人口市民化研究属于人口迁移研究范畴，起源于国外学者对过去一个多世纪人口大规模流动的观察。Massey 将人口迁移研究称为一个高度多元化、碎片化的领域，主要在四个维度上存在分歧与争论[80]。其一，时间条件，即研究迁移问题的属性要放在历史框架下进行还是研究瞬时性的迁移；其二，动因纠缠，即研究迁移行为及倾向究竟应该关注个体行动力还是结构影响；其三，分析单位困惑，即合适的研究层次和分析单位究竟应该是个人还是家庭；其四，因果循环，即关于迁移研究究竟应该关注迁移原因的形成还是迁移行为的后果[81]。人口迁移相关理论和实证研究在这四个维度上产生分歧并相互交叉，形成了分散、兼容和多元的综合研究领域。

人口迁移相关理论试图在新的社会经验和发展格局中认识人口迁移的复杂性、交互性、社会情境依赖性。整体上，人口迁移的研究与现实中更迭不断的人口流动浪潮紧密相关，并试图从根本上探究个体和社会所表现出的不可被简单理解、被生产、被模式化的"流动性"。人口迁移理论的构建，长久以来属于经济与人口研究的范畴，当代人口迁移研究也逐渐涵盖对公民身份考察的领域，其更关注迁移的阻碍及公民身份对外的排斥面向，即社会成员与非成员的边界概念与内涵。本部分将从"微观—中观—宏观"三个方面对人口迁移和城镇化进程中的市民化问题研究进行梳理与论述。

（一）微观视域内的人口迁移与市民化研究

人口迁移研究起源于国外学者对于跨地域人口流动现象的观察。Brinley Thomas 在分析 19 世纪跨大西洋人口迁移现象时发现，人口流量大小是移民输出国的"推力"和移民接收国的"拉力"两方面平衡的结果，并由此奠定了耳熟能详的"推拉理论"的基础。迁移的推拉效应含有丰富的概念体系、内涵隐喻，但并不适用于深入细致的观察迁移行为。特别在后工业时代，由于经济循环处于景气阶段时，输出国的推力依然强劲，但接收国抗拒力逐渐推倒了拉力，从而使人口迁移变成并不单依靠推拉平衡，而是靠复杂经济与非经济因素互动的结果[82,83]。

新古典经济学受到了"推拉理论"深远的影响，认为个体在追求区域劳动力供需差异时保持理性，劳动力剩余区域通过移民的形式完成边际生产率接近零的自然均衡。换言之，要达到区域之间生产率的均衡，个体为完成期望收入最大化自发进行"成本—收益"决策是人口迁移的关键。当人口的流动导致输出地工资水平升高，目的地工资水平降低而两地间工资水平接近时，人口迁移水平与劳动生产率变化的平衡点刚好反映了移民成本的高低[84,85,86]。

从古老的农业国向工业国转变开启了中国现代化社会建设的篇章，随着人口从农业领域向非农生产领域涌入，人口流动结构对于个体发展的形塑和城市格局形成的影响逐步进入学界视野。随着工业现代化与服务业升级，原有城乡分割格局逐步被打破。20 世纪 90 年代前后，我国兴起了人类历史上蔚为壮观的"民工潮"现象，城乡人口流动导致的市民化问题成为理论研究的热点。人口流动也从"限制"转向"保护"；国际金融危机引发的"民工荒"致使流入地地方政府推动了由促进个体工作向促进个体发展和市民化转变的政策转型；2013 年推行的"新型城镇化"更将推动农业转移人口市民化作为以人为核心城镇化的重点工作。但不同于国外人口迁移研究，我国农业转移人口（或称农民）的市民化并不是一帆风顺与内在同质的，该群体常被视为"边缘人"，其市民化进程受到社会网络、政策改革等不同变量的干预，体现出不同的路径与模式。

（二）中观网络视域中的人口迁移与市民化研究

人口迁移逐渐形成全世界范围内的风潮，但"推拉理论"无法解释为什么在明显有利的情况下理性个体不选择迁移。Charles Tilly 将这类迁移现象的产生归结于社会资源的整合能力，并以移民系统理论（Migration System Theory）解释逐渐增长的迁移大军[87]。迁移的先行者结合自身能力与效用，会有意无意地给予迁移后来者精神、资讯资源，从而降低随迁人群的生活成本和试错风险，从而提升了原有社会网络在接收地重生的可能[87]。这类连锁的移民现象促使移民在远距离迁移后还倾向于居住生活在一起，以保留原有文化与风俗，因此移民接收国家出现了中国城、德国小镇、小意大利城。Thomas 等人在《在美国的波兰农民》一书中提到以"传统—现代"作为"状态变项"，从传统状态发展到现代状态是必然的趋势，现在社会中存在的诸多状态都是处在两级之间的不同状态[88]。对城市和移民问题研究有着重要影响的芝加哥学派认为"城市社区"和"农村社区"存在差别，并认为人口向城市迁移是社会联系断裂解组、移民不断个人化现代化、而最后又失去自己原生文化特征和社会关系的过程[89]。

在对于城市现代性与农村传统的对立关系的解释中，大致有两种模式：其一，认为现代性与传统可以"并存"（Coexisting），通过对于社会网络和移民社区的考察，发现"无现代化的迁移"并不罕见。而第二种重要模式被称为"依附"（Dependency）与"联结"（Articulation）模式。Bourdieu 使用经济学家 Glenn Loury 提出的社会资本概念，扩展了移民系统理论的发生机制：由于社会网络中"依附"了社会资本，这使得每一个新迁移者的迁移行为受到了原本网络中不同类型节点迁移行为的影响，随着人口迁移数量的增长，社会资本与移民决策的产生相关性逐渐增强[83]。移民网络中的血缘、亲缘、业缘关系将先行者、潜在移民和非移民"联结"起来，并大大降低了整体化迁移的成本。而与迁移时长相关的社会资本与经济能力又进一步使移民在社会网络中的结构地位更为稳固[90]。Massey 等人将先驱者之于后来者的意义纳入了迁移行为的考量中，回答了输出地的经济开发非但不能减缓人口流动，反而会加快人口对外迁移现象的原因，而先驱者的汇款和生活经验是促使落后地区人口向外迁移的动力之一[83]。得益于微观个体在区域间的流动，这种"依附"与"联结"模式也表现为城市边缘地带与核心地带之间的关系。在对法国非洲劳工的研究中，Meillassoux 提出城市边缘和城市中心的真正分工是城市边缘可以为劳动力生产和再生产劳动力提供低廉的成本[91]。劳动力流入核心地带也就带来了更高的隐没价值，而劳动力一旦被核心地带所淘汰，他们可以回到农村，既降低了核心地带发展成本，也降低了社会冲突的可能。人口迁移将不同的社会形态、不同的劳动力生产环节、不同的社会阶层"联结"起来，以至于在联结模式指导下，出现了一批对"大社会下的小社会""跨越两个世界的家庭与社会"等问题的研究。

　　以往的迁移理论研究中出现了两个极端范式，一种是以新古典主义微观框架为基础的定量研究，往往以个人为分析单位；另一种是以结构功能主义的宏观视角，对某一地区或国家的社会进程进行历史或者结构的论述。虽然两者在结构描述和微观机理探讨上各有优势，但并未形成可以对话的理论构建。学界不乏试图弥合这一"鸿沟"的学者，并尝试使用更为合适的单位进行迁移研究，中观网络领域的移民研究本着弥合宏微观因素间的冲突进行了多重的理论与实践尝试。哈瑞斯等人提出，个人主义模式过于简单直白地描述了迁移行为产生过程，实际上迁移也并不完全由自己决策，很大程度上依赖于他的亲戚朋友，特别是已经迁移和工作了的亲友。迁移决策的单位也并不一定是个人，更多情况下应该是家庭、亲属网络，甚至社区。Mines 与 Massey 等人对网络、家庭、社区层面因素如何影响迁移过程的发生，以及该过程持续下去的基础做出了充分的论证[92,93]。但同时也不把家庭看作迁移过程中的中级社会单位，家庭也是家庭成员行为的产物，且内部不是一成不变的，而是被不断修改、创造和维持的[94]。

在我国的市民化问题研究中，学者们将上述的中观网络结构与社会资本概念相结合，总结出了农业转移人口所能利用的各类社会资源往往蕴含于两层关系中：一是以血缘、亲缘和地缘为纽带建立起来的社会关系网络，家庭内的先迁者、老乡、拜年网、同业者等私人关系型社会资源可以为其提供市民化过程中的便利和信息；二是各类社会组织，具有一定特定范围和特定用途，例如党派、社区组织、广场舞小组、爱好团体等，进入城市后所新建的基于契约或合同形式的次级社会关系也为农业转移人口市民化中的社会活动提供了可动员的资源。随着市民化水平的上升，农业转移人口社会资源往往由初级传统社会资源向次级现代社会关系过渡，并结合"强联系力量"和"弱社会关系"满足个体在外出务工过程中的精神与物质需要。

（三）宏观视域下的人口迁移与市民化研究

无论是微观个体视域下对于理性个人的迁移决策分析还是中观层面对于迁移网络形成与后果分析，都未考察国家的角色或政治与政策的因素。在新流动范式的影响下，国外学者对于人口迁移研究不仅对当下和过往的事实进行描述，同时也围绕着"流动正义""流动权利""流动障碍"等概念展开讨论，并主张对于迁移人群的公民身份平等化进行积极干预。Zolberg 认为迁移行为本身就包含着从一个管辖区（Jurisdiction）到另一个管辖区，甚至从一个政治体会员转为另一个政治体会员的内涵，因此移民本身就充满了政治含义[95]。虽然迁移决策实际在迁移者手中，但迁移成功与否的本质决定者是制定迁移权限的政府，也就是说接收地政府的偏好比个人偏好对于迁移行为的产生更为关键。来源地、语言水平、技能证书、经济能力和教育水平等选择性偏好皆是影响接收地政府是否降低门槛欢迎外来人口的条件[96]。"将政府/国家找回"（bring the state back in）成了多位政治学者在解读人口迁移时不约而同的呼吁[97,98,99]，政府、政策、政治之影响力应该融入古典迁移模型中，政策结果中越来越明显的政策鸿沟（Policy Gap）促进了学者们在宏观政治领域对于制度主义广泛而深入的讨论。

另外，迁移与流动也被看作平等和正义再分配的过程，而不是简单的人口居住地变迁。与前期移民研究关注旧身份的溶解和新身份的建立不同，当代迁移研究更关注迁移者多元身份如何在不同社会环境中共生，以及如何建立可持续的社会政策使公民身份的"共享"成为可能，即无论迁移者在制度和心理上归属何种生产关系与生活环境，都能得到政策与机制的保护从而可以有效地享受居住地政府所提供的公共服务与社会参与机会。

在我国城镇化进程中，户籍制度已成为我国人口迁移研究及相关制度改革中的焦点宏观因素，并常被形象地表达为"户籍墙"，农业转移人口往往进城务工被视为已经跨越"显性户籍墙"而实现户籍身份改变才被称为跨越了"隐形户籍墙"。随着经济改革和社会转型，"显性户籍墙"对于人口迁移的影响逐步减弱，而"隐形户籍墙"构成了农业转移人口市民化过程中的主要障碍。户籍制度的遗产效应与农村居民基于户籍身份所形成的自身定位惯性，导致了我国的人口迁移预期是暂时的、循环的和不确定的，原有户籍制度所形塑的心理预期和生活目标并未随着户籍制度的少许改革而发生实质改变。

迁移与我国农业转移人口的市民化研究的转型与衔接历程清楚地表达了：迁移（市民化）并不是个体的理想决定，而是包含复杂性、交互性、社会情境依赖性的建构过程，在我国户籍制度和流入地政府制度设计是更为重要的外部因素。在这个过程中，人口并不是大规模前往，而是在人口流入地限制性和异质性的接收政策设计中，一小部分人口成为城市市民，大部分人口仍在往返流动。后者作为被流入地移民政策拒绝的群体，往返流动使他们通常需要面对来自流出地和流入地的双重正式制度和生活习惯，并通过日常生活的智慧将两者合二为一，并在不经意间维持了社会总体的微妙平衡；而作为迁移政策的基本价值导向，无论是迁出地政府的鼓励还是迁入地政府的限制性门槛，都是将迁移者入籍身份归化作为一种政治占有和社会参与方式，从而限制了社会政策的包容性与可持续发展可能。

（四）研究述评

人口迁移与市民化相关研究中较多关注从乡村迁出、流向城镇或城市的劳动力人口，经过较长的研究发展期，学者们对于迁移动因、现象和影响因素的研究都较为充分，且较多研究涉及迁移者的定居行为和方式差异等。西欧与北美等早发现代化国家早在工业化初期前就已经出现了不断流出的农民和不断被削弱的人地关系[100]，这些变化的动力除了主要来自工业化、城市化和市场化的联合驱动之外，国家制度的因素对于传统农民和农业的改变尤为明显。随着农村人口从土地"突围"，收入与发展诉求循着城市权利的实现和代际差异的叠加，不断出现在城镇化与市民化讨论空间中。人口迁移现象和农业转移人口市民化意愿研究吸引了除经济学外其他学科学者的研究兴趣，其中社会学研究关注个体与社会文化传统、意识形态、风俗习惯等非经济因素对于市民化现象的影响，人类学研究将人群的群体性特征作为研究对象，考虑人类群体特征和人群之间的相互联系及其对市民化产生的影响。

跨区域人口迁移是西方研究重要的研究语境，城乡人口迁移是我国市民化研究的主要语境。从个体视角下的理性人假设、中观层面移民网络理论对于宏观迁移过程中制度的重塑中可以看到，迁移者的决策与未知机会、重大生活事件的关联性越来越紧密，这也使得人类在地理空间上表现出更多的动态性、多样性和不确定性，在制度空间上表现出更强的复杂性、交互性和情境依赖。应用国外人口迁移的理论解释中国社会情境下的人口迁移与市民化现象及影响因素仍有以下研究空间：首先，西方人口迁移研究较多关注迁移者的定居行为与方式差异，对于显性的城市定居和隐形的城市身份获得之间的递进关系和差距并未十分关注，从而对于市民化内涵的讨论仍有不足。其次，国际上对于人口迁移的研究较多关注迁移者的定居现状与后果，较少关注其决策过程和意愿表达，缺乏对"流动社会"中迁移动态性、多样性和具体形成机制的讨论。最后，已有人口迁移研究试图纳入家庭层面能动因素和结构性因素分析迁移形成机制，但较少关注家庭作为决策主体的异质性。

二　城镇化发展、户籍制度改革与农业转移人口市民化

（一）城镇化发展历程

第二次世界大战后，城市建设不断掀起新的高潮，但大多数为城市建设付出辛勤劳动的低收入群体被不断排斥在城市生活之外，"谁来到城市，谁拥有城市？"是 20 世纪中叶 Henri Lefebvre 对这一现象的诘问[101]。中国现代化社会的建设从古老的农业国向工业国转变而开启篇章，随着人口从农业领域向非农领域涌入，也随着城市权利内涵的演变，中国的城镇化进程被不同导向的政策与发展战略分为明显的四阶段类型（见图 2-6，表 2-1）。

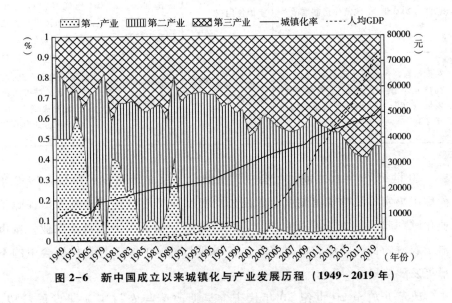

图 2-6　新中国成立以来城镇化与产业发展历程（1949~2019 年）

表 2-1　不同城镇化发展阶段特征

	中央政策	行政与市场的关系	经济体制改革	城市扩张与转型
第一阶段 社会主义工业化与反城市化发展（1949~1977 年）	计划经济体制占主导地位；户籍制度为基础的粮食统购统销制度、人民公社制度和劳动就业制度；严格控制大城市的发展	对于劳动力、土地和资本的严格管控	社会主义工业化建设	城市与乡村互相隔绝 城镇化率增长缓慢

续表

	中央政策	行政与市场的关系	经济体制改革	城市扩张与转型
第二阶段 早期改革与农村工业化 （1978~1987年）	经济改革和口岸经济开放；离土不离乡，进厂不进城的人口流动政策；鼓励农村商业化与农民自主城镇化制度改革	允许外资与私人资本的发展；乡镇企业在社队企业基础上发展迅速	出口相关产业发展迅速，城市工业化建设	小城镇的快速发展工业用地数量攀升
第三阶段 城市扩张发展 （1988~2000年）	城市土地改革；分税制改革；城镇住房制度改革	允许支付土地出让金后获取城市土地使用权	房地产市场迅速发展；土地出让和土地抵押融资占比加大；沿海地区工业化城镇化进程较快	大量城市产业园与科技开发区建立，增大了城市建设用地规模；城市扩张，城市更新和地方建设发展迅速
第四阶段 高质量城镇化发展（2001年至今）	"十五"计划、"十一五"规划中强调城乡关系的协调发展	土地、资本和劳动力流动进一步放宽	加入WTO后第三产业化和生产者服务业的迅速崛起；第三产业与房地产迅速发展	"精明增长"理论的实践，城市内部出现中央商务区，经济活动更为集中

20世纪70年代之前，社会主义工业化与反城市化发展阶段。1950年前后中央实施统购统销制度、人民公社制度和严格户籍管理制度以保障工业化顺利起步。该阶段内的"二元经济体制"保证了工业对于农业，城市对于农村的长期巨量的资源攫取，在制度上明确了城市与农村社会中的不平等发展格局。

改革开放至20世纪80年代末，早期改革与农村工业化发展阶段。1980年，随着经济改革和口岸经济的逐步开放，中央提出"控制大城市规模，合理发展中等城市，积极发展小城市"的指导方案，并将其纳入正式法规体系[①]。费孝通教授在其博士论文《江村经济》中提出的"小城镇"发展思路成为改革开放初期城乡发展的主流思想之一。"离土不

---

① 详见1980年12月9日，《国务院转批全国城市规划工作会议纪要》（国发〔1980〕299号），【法宝引证码】CLI. 2.855；1984年1月5日，国务院发《城市规划条例（1984）》，【法宝引证码】CLI. 2.1890。

离乡，进厂不进城"成为当时农村人口向城市转移的主要路径。直至 20
世纪 80 年代末，农村"空心化、凋敝化"现象越发严重，中小城镇工
业用地激增，"农民真苦、农村真穷、农业真危险"的新"三农"问
题进入政策制定者的视野内。1989 年，城市发展方针中"积极发展小
城市"的表述消失[102]，取而代之的是对规模经济与聚集经济重要性
的探讨[103,104]。

　　20 世纪 90 年代至 21 世纪，城市扩张发展阶段。随着城市土地改革、
分税制改革和城镇住房制度改革，城市土地使用权得到了极大的显化，房
地产市场迅速发展。城市发展成为一系列政策与规划所追求的发展目标与
价值。在聚集经济和规模经济的刺激下，城市更新和城市地方建设如火如
荼，城镇化率等发展指标逐步提升。特别是在 20 世纪 90 年代之后，土地
城镇化成为 GDP 增长和地方财政增长的主要动力，特大城市和大城市发展
规模更上一层楼。

　　2001 年至今，高质量城镇化发展阶段。随着中国加入 WTO 等国际贸
易体系，在全球产业链分工中占据越来越重要的位置。"十五"计划、"十
一五"规划将"城乡关系的协调发展"纳入新的发展规划，将被忽视的农
村地区的减贫与发展问题纳入国家发展规划中。对于劳动力、土地和资本
的流动与配置限制进一步放宽，这为城镇化的"精明增长"提供了试验田
与改革地。为解决以往城镇化中重速度、低质量、轻民生的发展问题，新
型城镇化发展理念应运而生，成为实现现代化发展的重大战略选择和扩大
内需、推动经济增长的潜力与动力[105]。

　　2005 年，中央正式把城镇化定位为中国实现现代化的主要路径，
2017 年党的十九大报告首提"乡村振兴战略"，之后习近平总书记进一
步提出"城镇化与逆城镇化要相辅相成"①。停滞在"旧"城镇化思路
上，因此学界常常将城镇化理解为两亿多农民工的市民化，准确地说是
农民工转变为城市产业工人[106]。以阶段划分或城乡分割的简单视野，
难以深入理论观察并从政策实践中理解农业转移人口的市民化进程。作

---

① 《专家解读习近平重视"逆城镇化"：促进城乡同发展共繁荣》［EB/OL］. 20180320
［2022-02-11］，中国新闻网，http：//china.qianlong.com/2018qglh/2018/0320/2467469.
shtml。

为多元因素互相影响的复杂系统，市民化需要与城乡协调发展的整体环境相关联，同时改变以往对于市民化意愿的离散认识，明确市民化意愿的"系统观"。

（二）户籍制度发展历程

1. 户籍制度形成阶段

作为人口管理与控制的工具，户籍制度自古就存在。起初，户籍制度与田赋、徭役与兵屯制度息息相关。新中国成立初期人口流动与迁移仍有较高的自由度，进入城市区域的农村人口可以享受与城市居民等同的城市公共福利[107]。1954 年中华人民共和国第一部宪法明确规定"中华人民共和国公民有居住和迁移的自由"，自 1956 年秋季开始，户口限制人口流动的功能凸显，《中共中央国务院关于制止农村人口盲目外流的指示》等文件迅速制止了当时农村人口的外迁；1958 年《中华人民共和国户口登记条例》明确规定："公民由农村迁往城市，必须持有城市劳动部门的录用证明，学校的录取证明，或者城市户口登记机关的准予迁入的证明，或者城市户口登记机关的准予迁入的证明，向常住地户口登记机关申请办理迁出手续。"这表明除了提供公民身份证明和行政管理的人口资料以外，户口更重要的功能是为门类繁多的差别化社会福利提供了分配依据[108]。中央设立"户籍墙"与重工业优先的发展战略，实施工农业产品价格"剪刀差"以及人口流动限制可以人为降低重工业发展投资的成本与城市资源分配压力，此后便演变为政治、经济和社会功能多方面的城乡分化[109]。直至今日，户籍制度仍然对中国的人口、社会、经济、教育产生着或深或浅、或潜在或突出的影响。

2. 户籍制度改革进程

从历史进程和政策制度改革视角来看，我国户籍制度大致经历了四个阶段：强化阶段（1958～1977 年）、有限调整阶段（1978～1991 年）、有限突破阶段（1992～2001 年）和一体化探索阶段（2002～2014 年）[110]。也有学者认为户籍制度改革是内生于中国的工业化进程，从而主要经历社会主义工业资本的原始积累、产业扩张和结构转型三个阶段，并依此分为 1980年之前的"严格控制人口迁移及非歧视的城市福利供给阶段"、至 2000 年的"相对自由的人口迁移与歧视性的城市福利分配阶段"、2000 年以来的"自由的人口迁移与非歧视的城市福利分配阶段"[107]。

不同于其他国家的人口管理制度，中国的户籍制度作为国家发展战略的重要基础，其改革有两个特殊功能，即人口城乡迁移限制和城市公共物品分配歧视[111]。随着"民工荒"现象与人口老龄化风险叠加，保持人才的社会性流动与劳动力的有效供给是未来我国经济健康发展的重要条件。户籍制度改革的主要任务之一就是应对人口红利减弱背景下我国农业人口转移不足的问题。

2014 年 7 月 24 日，国务院印发《关于进一步推进户籍制度改革的意见》（国发〔2014〕25 号）开启了新一轮户籍制度改革。2015 年 10 月国务院常务会议通过了《居住证暂住条例》，规定公民离开常住户口所在地并在其他城市居住半年以上，具有合法稳定就业、合法稳定居所、连续就读条件之一即可申领居住证，并享受县级以上人民政府及相关部门提供的一系列公共服务和便利条件。居住证制度的建立与普及在一定程度上解决了非户籍人口平等获取基本公共服务的问题。2016 年 2 月，国务院印发了《国务院关于深入推进新型城镇化建设的若干意见》（国发〔2016〕8 号），并明确了各地方与部门应当如何通过政策设计发挥城镇化内需的主动力作用。2016 年 9 月 30 日，国务院办公厅印发了《国务院办公厅关于印发推动 1 亿非户籍人口在城市落户方案的通知》（国办发〔2016〕72 号），明确了城市人口存量发展优先的原则，强调了优先解决能够在城市稳定就业和长期生活重点人群的落户问题，并提出了更为具体的改革目标，进一步放宽了城市落户的门槛限制。

在中央户籍改革的倡导下，地方政府相继出台了相应的实施意见。基本上，各地户籍制度改革举措都是对《关于进一步推进户籍制度改革的意见》的进一步细化，在户籍制度改革目标、步骤和具体操作上回应了国务院的要求，并根据各地实际情况进行了调整，例如，建立了城乡统一的户籍登记制度，调整完善了户籍迁移政策，全面实施居住证制度，教育、社保、住房、医疗等领域也同步改革。

户籍制度改革历程体现了国家通过政策改革与制度完善为社会弱势群体逐步"赋权"的过程[112]。作为户籍制度改革的核心主体，地方政府和中央政府有着不同的政策构建逻辑。传统观点认为，"羞怯"的户籍改革步伐很大程度受到了城市资源的限制。这类辩解的前提是城市发展能力的提升将改变政策改革对于公共服务分配的偏好，而区域间逐渐缩小的收入和支出之间的差距会削弱城镇市民对于降低户籍门槛的热情。但现实中地方户籍制度改革并不因城市发展水平差异而出现"质"的差异，即便落户门槛高企，外来人口仍"汹涌而至"，而中小城镇的常住人口与户籍人口仍存在不可忽视的"倒挂"现象。地方政府为何普遍基于户籍制度进行"人才"选拔？地方政府户籍制度改革究竟与中央政策预期出现如何的偏差？需要以历史观、类别化的视角进行分析。

新一轮户籍制度改革已经消除了人口自由迁移的限制，户籍制度改革的核心是解决大城市公共品供给歧视的现状。但是从户籍制度改革的顶层设计来看，目前中国城镇化过程还存在极化倾向，即大城市急剧膨胀、中小城市与小城镇相对萎缩[113]。落户的限制是基于城市规模而梯度化建立的，随着城市人口规模的扩大，合法稳定居住、合法稳定就业、参保年限和连续居住年限等落户条件也越发苛刻，中小城市往往由于公共服务水平尤其是农村基本服务水平提升，而采取非限制人口迁移和非歧视性的公共物品供给取向。大城市的落户门槛并未降低，而呈现出"冲破户籍限制的人口增长"现象[114]。这在一定程度上决定了农业转移人口市民化的总体趋势仍将维持在"低位水平"，与人口流动趋势间还存在较大市民化改革空间。

第三节　农业转移人口市民化意愿现状相关研究

国内市民化研究起源于对迁移行为与决策的讨论，大量的农村人口向城市迁移以及如何完成市民化转型仍是农业转移人口市民化研究中最为关注和深入的领域。国内学者对于农业转移人口市民化现状研究主要从总量估计和市民化意愿两方面进行讨论。在分析讨论中国的流动人口和人口迁移现象时，以往研究对流动人口中"存量市民化人口"和"流量市民化人口"进行了区分统计，具体的"存量市民化人口"指本地户口的城市居民，包含"农转非"居民；"流量市民化人口"指无本地户口的迁移者。

结果显示，即便是在同一年，每一系列中非本地户籍人口的数量也有较大的差别。同时，公安部公布的每年户口流动人口数量保持基本稳定，1982~2012 年的 30 年间，一直徘徊在 1700 万到 2100 万人，户籍迁移率（即已转换户籍人口占总人口的百分比）已经大幅下降，从 1982 年 1.7%降至 2010 年的 1.3%。户口迁移的一部分原因是农村和城市人进行的婚姻缔结。另外，无论基于何种统计数据，非户籍流动人口在 2012 年之前的 20 年里都经历了快速的增长。例如，流动人口（D 列）从 1995 年的约 3000 万人增加到 2000 年的 1.21 亿人，在 21 世纪的第一个 10 年又增加了 1 亿人。拥有农村户口的城市人口（F 列）从 1990 年 6600 万人增长到 2010 年的 2.1 亿人，在 20 年间增加了 1.44 亿非户籍人口，这一比例从 20 世纪 80 年代末增长到 2014 年的 35%。

同时，表 2-2 中数据显示，在城市中生活的非户籍人口存量基数较大，户口迁移人口流量很小，对应的城市定居意愿和城市落户意愿之间存在着天然的差距。进行市民化研究与讨论的前提是目前我国流动人口的户口并不会随着迁移行为进行同步变化，除非出现正式的户口转化的现实，而这对于普通的农村户籍人口无疑是困难的（即便近年来户籍制度有开放的趋势）。农民工的数量从 20 世纪 80 年代的 2000 万人迅速增加到了 2011 年的 1.6 亿人，加上 7000 万左右的随迁家属，2011 年，居住在城市而无当地户籍的农村人口大约为 2.3 亿（NFFPC，2012）。同年，联合国统计全球 2010 年的国际迁徙者总数为 2.14 亿人。城市地区非户籍人口的迅速增加成为中国城市社会的主要标志。Goldstein 等将中国户籍制度下的人口迁移按照是否打算返回原居住地区分出循环（Circulatory）迁移和永久（Permanent）迁移，然后又根据迁移者是否在已经（或者打算）获得迁入地的户口后不打算返回原居住地的永久迁移再将其意愿区分为合法性（De jure）永久迁移意愿和事实性（De facto）永久迁移意愿[116,117]。迁移概念的细分对分析目前我国市民化现象奠定了基础。已有研究主要从对象范围、动力类型、实现地点、渐进特征等方面对市民化意愿类别进行讨论。

表2-2 1982~2019年主要人口统计数据中流动人口分布

单位：百万人

系列名称	户口迁移人口（每年）	非户籍人口（市民化存量）				农业转移人口		事实上生活在城市的农业户籍人口
		流动人口			农民工			
数据来源	公安部登记在册（年中）		国家统计局年度统计数据/小普查		依据国家统计局样本估算	估算		国家统计局
地理边界	城市、城镇或乡镇		乡镇	县市	乡镇	未定义		未定义
停留时长	无	三天	六个月	六个月（特殊状况除外）	外出务工（六个月及以上）	六个月		六个月
年份	A	B	C	D	E	F[115]	G（%）	H
1982	17.30	—	—	6.6	—	46.5	21.7	214.5
1987	19.73	—	—	15.2[a]	26.0[b]	64.0	23.1	276.7
1990	19.24	—	—	21.6	—	66.3	22.0	302.0
1995	18.46	—	49.7	29.1	75.0	69.4	19.7	351.7
2000	19.08	44.8	144.4	121.0	—	136.6	29.8	459.1
2001	17.01	55.1	—	—	—	148.6	30.9	480.6
2002	17.22	59.8	—	—	104.7	152.8	30.4	502.1
2003	17.26	69.9	—	—	113.9	149.5	28.5	523.8
2004	19.49	78.0	—	—	118.2	151.4	27.9	542.8

续表

地理边界 停留时长 系列名称 年份	户口迁移人口（每年） 城市、城镇或乡镇 无 A	非户籍人口（市民化存量）				农业转移人口 估算		事实上生活在城市的农业户籍人口 国家统计局 未定义 六个月 H
		流动人口 国家统计局年度统计数据小普查			农民工 依据国家统计局样本估算			
		公安部登记在册（年中） 城镇或乡镇 三天 B	乡镇 六个月 C	县市 六个月（特殊状况除外） D	乡镇 外出务工（六个月及以上） E	未定义 六个月 F[115]	未定义 六个月 G（%）	
2005	19.33	86.7	153.1	147	125.8	153.1	27.2	562.1
2006	20.60	95.3	—	—	132.1	162.2	27.8	582.9
2007	20.84	104.4	—	—	137.0	175.5	29.0	606.3
2008	18.92	116.6	—	—	140.4	184.3	29.5	624.1
2009	16.77	122.2	—	—	145.3	194.8	30.2	645.1
2010	17.01	131.4	261.4	221.4	153.4	210.2	31.4	669.8
2011	16.28	155.4	—	230	158.6	220.2	31.9	690.8
2012	17.49	167.5	—	236	163.4	232.1	32.6	771.8
2013	—	173.9	—	245	166.1	241.2	33.0	731.1
2014	—	180.1	—	253	168.2	258.2	34.5	749.2
2015	—	—	292.5	246	169.3	222.7	28.9	771.2

续表

系列名称	户口迁移人口（每年）		流动人口	非户籍人口（市民化存量）	农民工	农业转移人口		事实上生活在城市的农业户籍人口
数据来源	公安部登记在册（年中）		国家统计局年度统计数据/小普查		依据国家统计局样本估算	估算		国家统计局
地理边界	城市、城镇或乡镇		乡镇	县市	乡镇	未定义		未定义
停留时长	无	三天	六个月	六个月（特殊状况除外）	外出务工（六个月及以上）	六个月	六个月	未定义
年份	A	B	C	D	E	F	G（%）	H
2016	—	—	—	245	171.9	223.1	28.1	792.8
2017	—	—	—	241	171.9	225.5	27.1	813.5
2018	—	—	—	288	172.7	241	29.0	831.4
2019	—	—	—	291	174.3	236	27.8	848.4

注：“—”与"b"所指地理边界以县级单位为基础（2018）。A列来自中华人民共和国全国分县市人口统计资料，公安部户籍统计数据（1988～2019）与中华人民共和国2017年国民经济和社会发展统计公报（2018）。B列来自公安局户籍统计数据（1997～2014）。C和D列来自中国1978年1%人口抽样调查资料，中华人民共和国2017年国民经济和社会发展统计公报，国务院与国家统计局（1985，1993，2002，2007，2010，2016）。全国1%人口抽样调查资料中华人民共和国2017年国民经济和社会发展统计公报（1997）。E列来自2002～2008年国家统计局网站数据，2009～2017年国家统计局农民工监测报告（2010～2017）。G列数据为F列数据在当年城镇人口总量中的占比。H列来自中国统计年鉴（1983～2017），中华人民共和国2017年国民经济和社会发展统计公报（2018）。

从市民化的对象范围上可以将市民化意愿划分为"个体市民化意愿"与"家庭市民化意愿"两类。由于常住人口城镇化与户籍人口城镇化进程的不协同与不确定性，在各个维度上家庭市民化进程都滞缓于个体市民化进程，并使农业转移人口市民化质量成为学界关注的议题[118]。

从市民化意愿的动力类型上来看，市民化意愿可分为"主动市民化"和"被动市民化"。近年来，随着城市边界的扩张，城郊出现了大量"新市民"群体。与主动"农转非"和"城里人"相比，这类不具有正向选择性的政策性"农转非"群体在城镇就业上没有任何优势，农业技术失效导致这类群体在就业市场上在技能、文化、技术等方面处于劣势地位，个人与家庭的生计与就业保障都将遭遇较大的风险[119]。

依据市民化过程的实现地点可以将市民化意愿分为"就地就近市民化"与"异地市民化"两类。随着新型城镇化战略的推进，农业转移人口流动到东部沿海地区并向大中城市聚集的同时，不同区域内人口就近迁移或回流到市县区内进行就业与身份转变的比重也明显增加，就地就近市民化格局已经形成[120]。农业转移人口往往在自身能力、家庭禀赋和制度环境的影响下灵活多变地进行着市民化路径的选择，两类不同的市民化取向也体现了不同的城镇化发展偏重，并协调解决了城镇化进程中的诸多难题[121]。

基于农业转移人口家庭迁移的渐进性特征，可以将市民化区分为"显性市民化"和"隐形市民化"，前者主要指家庭基本实现了"由村到城"的转变，家庭成员取得了城镇居民户籍；后者指虽然农业转移人口一年中大部分时间生活在城镇，但无法获得城镇居民享受的养老、医疗、就业等社会保障，无法剥离农村成员权蕴含的土地保障、集体收益和居住方式[122]。从农业转移人口家庭层面来看，"显性市民化"和"隐形市民化"将长期存在，城市移民搬迁社区和失地农民社区是市民化这一渐进特征的代表性样本，这些群体往往已经获得居住地城镇市民身份，但由于人力资本缺失和社会保障转移接续的不完全，部分群体仍以农业生产、农村生活方式和稀疏且低能量的社会资本作为市民化的基本表现。

更大范围的"国民化"与"公民化"讨论是国家现代化的重要议题。从宏观上来看，国家内部成员身份的现代转向和趋同是现代国家建设的重要内容，也是实现国家治理体系和治理能力现代化的关键因素。国民身份之间存在区别与地方之间的身份壁垒，带来了公民身份（Citizenship）均等化的挑战，着重表现在劳动权、居住权、政治参与、受教育权和医疗保障等各方面的"不平衡、不充分"。改革开放以来，随着市场化、工业化和城镇化的协同发展，大规模流动的农业转移人口及其家庭成为不断突破城乡二元结构社会的主体人群。但是，农业转移人口的公民身份获得并不是同步同质的，而是受到不同因素的影响，从而呈现出丰富的发展状况。

无论是从"个体"与"家庭"，"主动"与"被动"角度，还是从"就地就近"与"异地"，"显性"与"隐形"角度对市民化意愿内涵进行进一步的细分解读，从迁移行为本身而言，市民化都是为了解决问题或实现个体或家庭目标的一种选择，研究范式应当从市民化阶段划分、后果解读或形式区分上转为对决策过程的讨论[123]。同时结合中国制度设计与改革的背景，将对市民化决策的观察下沉到各阶段差别和相继产生的过程中，从而更好地实现"公民化"这一市民化目标。

第四节　农业转移人口市民化意愿影响因素研究

国内学者关于农业转移人口市民化意愿影响因素的研究，总体上经历了从"经济决定论"到"资本决定论"再到"社会制约论"转变的历程，并认为随着农业转移人口城市生活经验和资本禀赋的累积，市民化已经主要遵循经济理性和社会理性逻辑，而不再是生存理性逻辑[124]。

同时，学界对于市民化意愿的关注随着进城群体的代际变化而递进。20世纪90年代随着土地承包责任制的推进，大量农业剩余劳动力向城镇与非农产业领域转移。身份与职业的偏差导致第一代农民工无力"扎根"于城市，进入城市的动机逻辑是生存理性假设下的"生存—经济"动机，其生计策略是以谋生方式的现代化，追求家庭生计状况的改善，而非追求人的价值与权利[125]。大多学术研究围绕着农民工的经济不平等、收入结构性限制和生存环境改善等方面对市民化意愿的提升进行讨论，普遍认为具有较强经济收入、社会资本、后天投资能力的个体其市民化意愿更强[126]。较高的经济收入与金融能力主要提升其安家成本支付能力和进行更高水平经济融合的能力，由此来降低流动成本、提高生活稳定性，从而提升跨越市民化经济门槛的能力。随着21世纪的到来，"80后"农民工被区分为具有新特征的"新生代农民工"。多元的生长环境（农村出生—成长于农村，农村出生—成长于城市，城市出生—成长于城市）为他们打上了阶级与代际的双重烙印[127]，对其工作与生存意向的分析也逐渐转向"身份—政治"的叙事范式[125]，进而从制度因素出发探讨农业转移人口的权利状况与身份所致的不平等[128]。已有研究也证实了相较于从事体力劳动的农业转移人口，白领阶层的农业转移人口定居城市与转换户籍的可能性相对较高[129]，"去农化"成为市民化进程讨论的终结[130]。

农业转移人口的城市化发展意愿可以说是由外生城市化发展因素和内生个体与家庭能力共同塑造的[131]。"社会制约论"认为，成熟市场经济国家劳动力迁移完全取决于自身决策过程，而外部制度约束相对较弱。我国的农业转移人口市民化意愿表达在很大程度上具有明确的政策信号与制度导向。户籍制度的设计及改革过程，使得我国农村户籍人口在向城市迁移的过程中兼具了个人与家庭决策特征的同时，也普遍受到制度约束[132]。以往学者认为若以是否放弃土地作为是否具有永久迁移意愿的代表指标，则影响因素主要反映了个体在迁移过程中获得的能力与动力，主要集中在个体人力资本和城市生活方式的融入程度上，是一个基于经济理性的选择过程；若以是否愿意转换户籍身份作为是否具有永久迁移意愿的代表指标，则影响因素主要反映了城市制度特点和地域性因素对于个人迁移意愿的抑制，是一个基于生活境遇的社会理性选择过程[133]。

总的来说，农业转移人口市民化意愿总体上滞后于人口迁移行为与职业非农化转变，这形成了当前农业转移人口市民化意愿研究的最大热点与时代背景。为此，反思并减少农业转移人口市民化的制度阻碍与外部社会约束成为解决"农业转移人口市民化进展缓慢、城镇化质量不高"的主要研究取向，其中包括反思户籍制度属性[107]、二元社会保障属性[111]、政治参与体系[112]、公共服务供给[14]和城市住房价值化[13]等宏观制度与市场因素在农业转移人口市民化意愿形成中发挥的关键作用。

国内关于农业转移人口市民化意愿研究沿袭了人口流动研究的基本思

路，随着制度特征的变化而产生了诸多研究视角，大体上遵循聚焦社会结构和制度差异的结构主义范式和个体主义范式，以及试图超越个体和结构对立关系的"能动—结构"范式。国内学者对于市民化的研究主要集中于其现状特征、动因、路径、取向、阻碍和政策改进等方面[9]，并重点关注对三类关系的考察。

具体来说，第一，关注市民化进程对于城乡关系的重塑。农业转移人口市民化源于不一致的城乡利益分享机制[134]。过去40余年的城镇化进程主要是由农业转移人口群体流动导致的，城乡融合目标的实现和乡城收入差距的弥合应当依靠农业转移人口的收入、消费、生活方式以及社会与政治权益的城市化。

第二，关注市民化进程中各类主体的生存与发展意愿变化。农业转移人口进入城市社会后面临生存与发展两方面诉求，其中生存是农业转移人口进城务工最为基本的最低层次的需求，而发展是农业转移人口提升社会阶层并真正融入城市生活的本质表现。未进入城市的留守家庭成员也面临着生存与发展的考验，其中生存是在家庭汇款和依土生活中最基础的保障性因素，而发展是指在家庭残缺、保障不足和机会受限下如何满足对于可持续发展需求[135]。

第三，关注市民化意愿形成中可见特征与不可见特征之间的关系。农业转移人口市民化过程中的可见特征包括流动行为变迁、地点转换、身份更迭、职业升迁等流动后果，不可见的特征包括农业转移人口如何在迁移中获取现代化公民理念、获得城市社会的身份认同等[48]，这些都影响着市民化的意愿水平与结构。

但以往研究仍有一些值得改进、深化或拓展的内容，为本书提供了讨论的基础。首先，已有研究多采用自上而下的制度经济学，或自下而上的宏观观察分析两种研究脉络，但两种脉络在农业转移人口非典型迁移过程中的讨论不多。在发展经济学的基本框架中，农村劳动力向城市的迁移被默认为永久性迁移，少数研究如二元劳动力市场理论和新迁移理论，分别从劳动力需求和劳动力供给的角度解释了农村劳动力临时性迁移的原因[136,66]，但并未说明这种临时性迁移的最终趋势和从临时性迁移转变为永久性迁移的时间表和路线图。人口迁移转变理论将人口迁移模式随人类社会发展的演变划分为若干个阶段，提出了迁移模式由短期循环流动为主向长期永久性迁移转变的规律[137,138]。但是，人口迁移转变理论仅仅描述了人口迁移转变的可能形态，并没有给出从行为性迁移到制度性迁移模式转变的必要条件，对于发展中国家政府应该通过何种政策促进农村劳动力的城镇定居及落户也没有给出答案。

其次，以往研究较多采用经济学的理论范式并倾向于对迁移后果的解读，而较忽视依赖于社会情境的意愿研究。而被忽视的意愿研究相较于后果研究可以更好地助力政策改革，更好地反映家庭发展的主观需求。同时，农业转移人口市民化并不完全等于公共服务均等化，也并不是获得城镇户籍的代号，推进有序有效市民化的关键在于家庭市民化意愿的形成和相关决策的产生。本书并不将农村人口的迁移视为应然的社会转型过程，默认农村人口进城才是完成现代化发展，进而单纯考量其城镇化实践的内在动因和外部阻碍，这显然忽视了农业转移人口及其家庭作为发展单元的自为主体性。虽然宏观上中国的城镇化进程是经济发展和社会转型的必然，但微观上只有农业转移人口家庭具有进城的意愿，城镇化才能有内生动力。

最后，以往研究往往从个体或家庭的总体特征进行市民化意愿的分析，较为忽视进行市民化决策的主体——家庭的关键作用，也忽视了家庭异质性带来的影响。以往学术观察忽视了中国家庭的基本形态与西方核心家庭形态不同，随着"第二次人口转型期"的到来，家庭本身也经历着变迁和异化，以往仅有少数研究对家庭生命周期、人力资本、经济资本进行独特解读，较少关注农业转移人口决策行为如何随着家庭生命周期进行演进。中国家庭是在"恩往下流"的儒家伦理影响下以子代家庭成员为主的整体性家庭，因此市民化意愿的研究应该以家庭为基本单元[139]，从纳入家庭特征与家庭视角两方面细化对家庭发展能力和家庭发展意志的剖析[140]。家庭视角的引入可以弥补个体视角下各类资本与禀赋因素在市民化中不稳健的影响过程，使之更接近真实世界的市民化决策。

第五节　研究启示

迁移本身是一个不断决策的过程，国内外学者讨论了移民现象和迁移行为背后的决定因素与政策价值，国内研究围绕个体因素、家庭因素与制度因素对于农业转移人口的市民化影响展开了大量深入的实证研究。已有研究为本书理论分析框架构建、研究假设提出和实证研究过程提供了理论支撑和经验借鉴，具有重要的研究参考意义。然而，现有国内外研究仍存在一些研究空间。

第一，相对于国外丰富的宏观、中观、微观层面广泛而深入的理论分析与实证研究，国内市民化意愿研究较多采用经济学的理论范式并倾向于对迁移后果的解读，而忽视依据形势进行评估的决策过程研究范式的重要性。然而，中国目前处于社会转型期，随着经济的发展，人口流动表现出的一些新特征并不是以往经典迁移理论所能完全解释的，需要将经典理论框架与市民化进程、制度改革进程等现实情境进行结合，做出理论间的融合与创新。将市民化意愿研究的必要性和决策主体明确的研究空间相结合，引出本书需要探索的以定居意愿与落户意愿为代表的家庭市民化决策现状。

第二，国内外研究多采用自上而下的制度经济学范式或自下而上的宏观观察分析两种研究脉络，前者主要关注人口在不同制度、经济、市场环境中迁移而带来的经济与非经济后果，后者主要关注迁移群体的经验。个体论视角下，对于个体如何做出迁移选择的研究结论出入较大；宏观视角下，对于机制的作用路径及解释依赖于主观的研究设计。两种研究范式的分割造成了对于研究对象决策情景的狭隘与不充分理解。将微观能动要素与宏观结构要素相统一，并且结合现实研究对象的异质性，引出本书以家庭生命周期特征为视角对市民化主体特征和意愿的现实解读与构建目标，构建更符合中国发展实际并客观合理的研究框架是解析现实问题和推动理论创新的必要路径。

第三，国内外研究中鲜有从农业转移人口市民化"多阶段"和"选择性"的现实出发，从市民化本质与内涵界定的视角对不同阶段的迁移决策进行分析，且较少关注家庭在决策中的重要作用。事实上，不同市民化内涵背后的影响因素并不同质，甚至不同家庭类型与家庭发展阶段在不同市民化阶段的决策动机存在明显的差异性，应当进行区别分析。本书还需要推进农业转移人口家庭市民化影响分析与机制研究，不仅回应已有市民化意愿研究相关结论，而且要建立多元分析框架来充实学界对于微观研究和宏观因素共同作用于迁移理论的学术讨论。

通过梳理已有研究理论和实证经验，本书明确了可深入讨论的研究空间。一是基于城镇化发展特征，结合国内外人口迁移理论分析框架的基础和中国市民化内涵与现实情境，探索构建以定居意愿与落户意愿为代表的家庭市民化决策分析框架，进一步丰富国内农业转移人口市民化理论研究。二是从微观层面将农业转移人口家庭作为市民化意愿分析的基本单位，并依据家庭生命周期理论，描绘家庭生命周期特征与市民化现状，充实我国农业转移人口家庭发展现状研究。三是推进农业转移人口家庭市民化影响分析与机制研究，发现市民化"悖论"发生的人口迁移特征、家庭自身行动变革因素和制度赋权因素。四是系统化开展农业转移人口家庭市民化意愿的实证分析。五是探索制定流动人口管理和家庭发展促进与干预策略，描绘家庭发展与城镇化发展相协调的现实图景。

第三章
农业转移人口市民化意愿研究框架与研究策略

在研究综述的基础上，本书理顺了农业转移人口市民化意愿不同阶段间的内部联系，阐明我国特有的人口流动、制度改革和户籍门槛是如何形塑了农业转移人口市民化意愿。本章依据现实问题、相关理论、可行性实证分析，结合市民化具体的研究单位——家庭，进行异质性解读，构建家庭生命周期视角下农业转移人口市民化意愿研究框架。

第一节　农业转移人口市民化的一般性解释框架

在国外研究中，市民化意愿研究属于迁移研究中重要组成部分。在西方社会情境中，迁移行为与后果同市民化行为与后果具有较高的一致性。随着迁移研究的深入，迁移个体从简单的劳动力对象逐步演变为角色完整和需求多样的"社会人"，这是研究理念从"经济决定论"转向"资本决定论"的结果，也是新迁移经济学带来的重要理论启示。从发展历程上来看，国外学者对于市民化的研究有较长的发展历程，对于迁移意愿的研究也是逐步完善的。近年来，西方移民研究逐渐弱化了迁移附带的经济理性假设，进而突出社会制度与文化情境下结构性力量和主体性力量对迁移的重塑。

行动主义研究脉络中，基于成本收益分析框架下的理性选择假设，为移民领域研究奠定了坚实的基础，并基于推拉理论对迁移行为及发生原因进行了论述。这些研究较多关注流出地与流入地在经济层面对迁移人口的吸引和排斥。农村推力主要来自家庭、社区、农户人力与社会资本以及农业人口对农村社会的感受，城市拉力主要来自家庭务工收入、在外人口数、人居环境满意度等。20 世纪 80 年代之后，推拉理论的应用拓展到回流、循环流动和不确定性迁移行为研究中[141]。随着国际迁移、全球流动等社会议题的出现，该理论的发展更依赖于文化体系、制度体系与生活体系等对推拉因素的重塑[142]。

基于对中国社会中复杂家庭变迁的观察，学者认为随着迁移所代表的现代化力量逐渐渗入农村社会和农民家庭，农村居民家庭再生产的目标逐渐由"简单家庭再生产"模式发展为"扩大化家庭再生产"模式，家庭不仅需要完成代际延续和家庭继替的任务，而且还要尽力实现家庭发展目标[143]。另外，"流动中国"本身也增大了家庭再生产目标的成本和难度，维持稳定和谐的家庭关系也成为现代化风险环境下家庭发展的重要取向[144]。

家庭生命周期理论将类别化概念引入讨论范畴，强调家庭作为决策基本载体的地位，更强调家庭内部已发生的事实对家庭发展造成的影响，是一种更细致的观察视角。家庭生命周期理论的独特贡献在于，利用"锁定"这一概念重新剖析了家庭的社会角色，即处在某一生命阶段，承担稳定的社会角色会给人们提供决策的方向和规则，并且在一系列的社会角色期望和非正式社会支持中，这种"锁定"给个体带来的责任感保证了其人格的稳定，也保证了个体趋向于稳定的社会期待，并使个体持将各种意外和危机缩小的风险观[145]。随着核心家庭的独立性和父辈权威制度的衰落，家庭发展重心从父子关系向夫妻关系转变[146]。家庭的经济功能与非经济功能，包括生产力结构、消费行为与特征、生产资料持有等资本特征和家庭发展取向、家庭风险偏好、家庭生活秩序等决策特征都在核心家庭各阶段内存在周期性或阶段性的差异表现[147]。如果将市民化理解为一种社会实践的过程而不是静态描述，那么微观层面的特殊生命历程和特殊生命时期就构成了社会行动的"情景"与"变动"，家庭生命周期就构成了理解家庭决策和行为的重要视角[148]。

首先，上述理论是对现代化发展历程中人口迁移决策过程"一体两面"式的解读。其次，上述理论目标、路径、过程具有类似性，可以作为理论拓展及应用的基础。最后，虽然上述理论研究对象有区别，但互相交融，家庭生命周期理论与新迁移经济学都将家庭作为研究主体，可持续生计框架为家庭决策因素的构架与作用方向提供了参考，生计后果的评价与分析也为家庭发展最终目标的实现提供了评判依据。

表 3-1 研究主要理论基础及作用

理论	分析脉络	研究对象	理论重点	核心要素	理论作用
推拉理论	单一（能动）	理性个体	个体迁移取决于推力与拉力的综合作用	流出地与流入地的推力与拉力因素	假设方向论证
可持续生计框架	综合（能动—结构）	家庭	家庭基于资本做出生计决策	资本与禀赋特征、风险冲击与脆弱性	具体变量选取
新迁移经济学	综合（能动—结构）		家庭依据效用最大化与风险最小化原则进行决策	迁移成本、迁移网络对于成本与收益的修正	具体变量选取
家庭生命周期理论	单一（结构）		不同生命周期家庭的迁移可能性不同	家庭生命事件、生产力、消费力、生产资料拥有的周期性差异	异质性视角

第二节 农业转移人口市民化意愿概念辨析与意愿发生机制

一 农业转移人口市民化意愿概念辨析

市民化概念的建立与分化受移民研究影响。由于城乡二元户籍制度的限制，我国的市民化内涵更为丰富，具有"阶段性"和"选择性"的双重特征（见图3-1）。

随着工业化程度的加深，市民化概念内涵的丰富性与复杂性体现在农业转移人口面临的发展困境和发展选择中。可以说，市民化意愿的"阶段性"始于农业转移人口离开土地、进入城镇之时，不同阶段之间的差异主要表现在不同城市福利类型的扩散范围。市民化实质上是从传统社会向现代化社会转型过程中作为职业的"农民"和作为一种社会身份的"农民"在向市民转变时发展出生计能力，学习并获得市民的基本资本、适应城市生活并进行现代化素质建设的过程[149]。以往学者将这一过程分为前后相

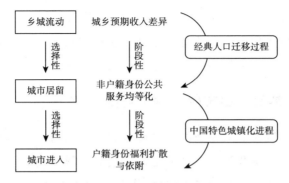

图 3-1 市民化进程中的选择性与阶段性

继的数个阶段。两阶段论认为，要实现市民化，迁移者就要完成原居住地的迁出和迁入地的定居[36]。三阶段论认为，市民化表现在市民身份类型上，即农民身份、农民身份的外出务工者、市民身份。四阶段论认为市民化包含农民、农民工①、城市居民、城市市民四个层次，这四个相互衔接的环节分别重塑了个体的生存空间、社会身份、生活方式和生存状态[150]。多数学者更为赞同三阶段的论点，认为市民化过程可以分为城市化、过度城市化、市民化三阶段：首先，农村人口先向城市迁移，实现由农村分散居住到城市聚集居住的地理空间转移，这一阶段代表空间城市化的完成；其次，长居城市带来了生活方式与生产方式的革新，但相较于户籍身份，这一市民化过程是超前的；最后，常住人口逐步通过城市原有公共服务的扩张，享有公平、公正的就业、医疗、社会保障，最大化城市化效益，代表已实现市民化的质变过程[151]。

"选择性"体现为并非所有农业转移人口都能够实现永久性的迁移以及完整意义上的市民化转型，市民化的产生隐含着对优势特征的选择。例如，地方政府在农业转移人口市民化的政策设计中突出了不同制度身份的权利和福利的供给差异。同时，城市劳动力市场与消费市场也偏向选择年轻[152]、受过优质教育、有丰富就业经历[153]、家庭稳定和有经济实力的

---

① 本书认为农民工群体是农业转移人口中的重要组成部分，但研究综述中出于对原始文献的尊重，部分叙述中仍然采用"农民工"一词，特此说明。

个体。

考虑市民化内涵的双重特征，对市民化意愿不仅应从数量上予以评价，也应当从市民化所蕴含的阶段特征、选择过程等方面予以考察，最终实现农业转移人口城市生活的稳定化与国家内部成员公民身份均等化。

二　农业转移人口市民化意愿发生机制

新型城镇化背景下户籍制度中的城乡流动人口可以依据返乡意愿分为循环迁移和永久迁移两类，又可根据是否具有户籍身份转换意愿将永久迁移分为制度性迁移与行为性迁移两类[154,155]（见图 3-2）。这种更为细致的迁移意愿概念划分为厘清中国户籍制度制约下城乡农业转移人口迁移现象提供了分析的必要条件。以往古典迁移理论认为，综合考虑家庭劳动力和资源禀赋后，劳动力会在社会福利制度吸引下将行为性迁移作为降低风险、提升效益的过渡性策略[116,156]，最终成为迁入地居民。也有学者认为城乡预期收益会在较长时间内存续，因此行为性迁移并不必然转为制度性迁移[157]。新型城镇化进程中，农业转移人口市民化表现更倾向于后者，"阶段性"和"选择性"特点凸显，并普遍表现为"行为流动而无制度迁移意愿"的倾向，即"离乡"并不放弃"守土"，因此行为性迁移模式仍将持续存在[158]。现行流动人口管理制度中，永久性迁移与公共服务均等化挂钩，流动人口只有转换户籍身份才能实现制度上的合法性永久迁移。

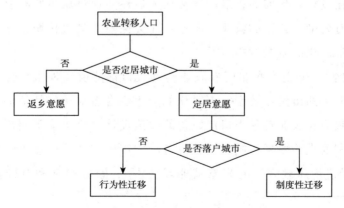

图 3-2　我国市民化过程的阶段性

　　农村居民在农村退出阶段依据自身资源禀赋特征做出外出流动决策，在城市居留过程中通过现代化水平提升与技能习得获得收益最大化与风险最小化的可能，通过流入地不断积累的拉力因素影响其城市定居意愿的产生。尽管户籍制度的不断改革为农业转移人口的定居与落户选择提供了灵活与宽松的政治环境。但城镇户籍制度设计仍在总体上抑制常住人口落户意愿的产生：农业转移人口普遍预期在年龄较大时离开务工城市，回到家乡县城继续从事非农工作；部分农业转移人口选择在城市地区定居一段时候后获得城市户口；绝大多数的农业转移人口则在城乡间循环流动并推迟定居于城市或转户的决策。因此户籍制度在市民化过程中更多表现为制度阻碍与推力因素。

　　完整的市民化进程从根本上暗示着两个相对单独的决定：永久居住于城市、获得当地的户口。在中国的政策语境中，这两个决策并不彼此一致。根据人口迁移理论和实证研究，农业转移人口市民化的动力主要是收入提升和福利改善[159]。因此，农业转移人口在非农劳动参与和现代化生活方式革新的过程中（见图3-3），为了实现完全市民化就必须经历"本地居留"和"落户城镇"两个决策阶段[160]。根据以往研究的证据，农业转移人口市民化的主要动力是收入提升、风险降低与福利改善，预期经济收入的提升是影响其定居意愿的主要因素[159]，定居决策主要由"能力"决定[47]，风险降低和福利改善是其选择落户城镇的主要原因，落户决策主要由"需求"决定。户籍是否附加公共服务和福利，以及政策是否提供了足够自由的落户空间决定了农业转移人口是否要在流入地落户[161]。因此，农业转移人口定居决策主要与预期经济收益与风险相关，户籍身份转换决

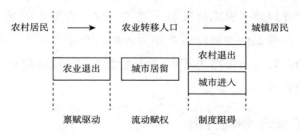

图3-3　农业转移人口市民化发生机制

策主要与制度门槛和福利保障水平相关，这也是"两率差"存在的微观原因。

在实证研究过程中，社会学与人口学研究往往采用"居留""长期定居""行为迁移""户籍转换"等概念来考量市民化意愿的分化，本书将明确区分定居与落户两阶段的市民化意愿及其特殊的影响因素，并对不同市民化进程中的不同阶段决策的影响因素进行比较。同时，由于农业转移人口在不同市民化阶段中的意愿表现存在天然的关联，而用主观变量解释主观变量的分析路径是当前社会学研究中的重要研究方向[162]，因此本书在实际论述及检验中正视了这一研究路径的不足，并积极采用理论论辩和变量测量两种方式尽量解决定居意愿与落户意愿之间的混淆偏误问题。

第三节　农业转移人口市民化意愿的理论框架

中国城镇化建设是当前社会变迁与现代化推进的重要动因，随着新型城镇化的不断推进，政策、人口流动形成了新的发展情境，推动了中国社会从传统农业社会向现代化城市社会转型，这为市民化意愿相关理论的中国化解读提供了丰富的社会背景。现代化社会在创造大量财富的同时，也不可避免地形成了诸多风险。20世纪80年代中期，"风险社会"概念及其理论体系得到了社会发展与安全问题研究者的重视[163]。农业转移人口面对从农村社会向城市社会迈进中的风险，进行永久性的、制度认可的和公平的市民化并不一定能成功，即并非所有农业转移人口都愿意放弃农业户籍而成为市民。在快速城镇化的冲击下，农业转移人口及其家庭往往陷于农地耕种、非农就业或照顾家庭的三难决策[164]，城市生活成本高企的门槛、生计与就业风险、家庭离散和土地"三权"捆绑等因素成为农业转移人口市民化意愿较低的主要原因。作为风险社会中的一员，农业转移人口的发展意愿与风险应对策略也不可避免地受到中国城镇化社会变迁引起的结构性诱因的影响。

一　人口流动情境分析

由于我国区域经济发展存在差异，人口大规模流动成为必然。人口流动向外表现出"库兹涅茨过程"的发展规律，对内表现出对人力资本、社会资本等禀赋的高度选择性。流动人口在城市空间内获得新的职业、技能、身份、认同和权利，并总体上呈现向经济收益高、优质生活机会和失业风险低的地区流动的趋势。与此同时，我国人口流动并不完全与市民化转变同步同质，而受到了不同变量的影响和干预，显示出多样化的路径与模式[165]。社会生产效率总体得到了提升，农业生产效率随之得到了较大的改善，由此，部分农村劳动力得到了释放，宏观上符合"库兹涅茨过程"的发展规律。改革开放以来，东部沿海城市和部分大城市经济社会发展迅速，加速了区域经济差异对于人口流动的影响，"打工仔""打工妹"成为进城谋生人口的主流。由于劳动力人口从第一产业向第二、第三产业转移，中国人口迁移将总体经济发展带入了高活性、高能量的"快车道"，并在经济较发达的东南沿海和大城市形成了常住人口城镇化率明显高于户籍人口城镇化率的普遍态势。

农业转移人口在城乡流动过程中面临着能力的损失与重建。其一，农业转移人口在城市生产、生活，但被排除在分享城市的社会资源之外，一种"社会制度屏障"，使城乡之间的差异更加固化与制度化，造成了个人发展受损。一方面使城市公共服务均等化能力和城市政府治理能力受到巨大的挑战，现代化管理和服务能力的构建成为可持续发展的基本要求。另一方面，制度、文化和社会区隔导致城乡人群的进一步分化，在城市内部形成了"城里人—外来人口"的二元结构，在乡村社会形成了"农村人—外出打工群体"的二元结构。不同的社会群体虽处于同一社会场域，但社会认同内卷化、就业非正规化、居住边缘化、生活孤岛化、社会名声污名化和生计发展脆弱化构成了各个群体之间负向的互动关系[166]，由此导致个体行动和家庭发展具有不同的取向。

其二，以往研究中普遍认为劳动力一般都可以实现自己的外出目标，例如增加收入、提升劳动力素质，有学者认为流动本身就意味着人力资本的增加[167]，因为流动就是一种投资行为，并且显著提升了人力资本生产率[168]。通过生计资本之间的组合与优化，流动可以使个人潜力和资本禀赋得到充分发挥，间接增加了劳动力生产率。首先，空间流动改善了传统农民分散孤立、分工水平低、土地依附和空间封闭的生存境况。现代化进程打破了传统农民家庭"封闭""落后""保守"的固有形象，在市场经济推动下流动人口逐渐卷入开放和流动的社会化体系中，其家庭也逐步进入现代化阶段。这在中西方城乡移民家庭汇款的效果研究中并不鲜见。其次，流动中不断更迭的市场信息、生产技能习得为加快转变农户传统生产方式和推动现代化发展提供了可能。特别是现代生产要素向乡村社会流动为农户带来了物质资本积累、生产方式革新和技术水平的提高，使技术投入逐渐取代经验生活方式成为主流。这在返乡、回流农业转移人口的研究结论中较为常见。最后，流动是一种农业转移人口主动适应城市生活的有价值活动，在向城市整合的过程中，生活时间、稳定性和居住安排都暗含农业转移人口在生活方式、价值观念、权利意识等向城市认可范式转型的过程[149]。在抽象城市概念中，家庭化迁居、生活时间累积、远距离迁移和稳定生活都意味着农业转移人口克服障碍的能力越强，福利感知受损可能性越小，更愿意留在城市[169]。这在一定程度上解释了为何生存状态、人力资本的明显变差并不一定导致农业转移人口回流行为的产生。尽管中国农业转移人口的流动中充满返乡与离乡、离土与守土的多向流变和冲折，但在外流动和务工所带来的能力提升、观念改变较以往任何一次变迁都更为深刻[170]。

二 制度改革情境分析

与城镇化相伴而生的现代化过程在宏观上为农业转移人口及其家庭提供了生计转型的机会，在微观上促进了现代化追求，但也在宏观上通过社会政策改革影响了农业转移人口市民化进程。和谐的社会发展应当同步满足人民群众发展能力和发展意愿。随着高质量城镇化的推进，社会制度和法律法规不断完善，在不同家庭发展能力的转型阶段，农业转移人口群体的选择权也逐步显现，自由迁移和"用脚投票"的权利不断得到实现。不同地域的户籍制度改革过程不仅契合了高质量城镇化发展的需求，也因乡村振兴中产业振兴、人才振兴、组织振兴等方面的发展而不断进行着相应调整。但现阶段人民群众发展需求的提升快于城镇化政策体系的构建，造成了"纳入而歧视"的城市保护主义和"次等市民身份的再制度化"机制[171]，各城市通过制度成本的设立和公共服务差别化控制

"各自为政"[171]。农业转移人口的市民化选择既是动因，也是目的，地方政府的公共服务与户籍制度联动改革的不到位是"半城镇化"的重要制度因素。

三　户籍门槛情境分析

当前，城市公共服务供给仍与地方化的户籍身份密切相关，户籍"壁垒"仍然是农业转移人口及其家庭成员完成稳定、完整市民化的主要障碍。其中，城市的"地方性"（Locality）对农业转移人口市民化具有重要的政治经济含义，不仅包含人口流动中的地方管理边界和变动的信息，也包含市民化过程嵌入地方层面的结构性力量[172]。在户籍属性划分的"城里人"与"农村人"，"本地人"与"外地人"等城乡二元、城市二元结构中，拥有户籍代表着可以共享本地城镇人口的社会福利保障、公共住房供给和公立教育资源等[173]。

由于没有流入地城市的居民户口，农业转移人口及其家庭成员无法享受均等化的教育、医疗、社会保障等基本公共服务，并在劳动收入、就业门槛等方面面临着严重的歧视。基于这种共识，当下户籍制度改革普遍力求加快农业转移人口市民化进程，提高户籍人口城镇化率。农业转移人口市民化风险主要表现为落户的不确定性：落户后要面临住房等城市生活成本上涨的风险，未落户时仍要面临家庭分离、城市融入困难的风险。从农业转移人口自身来讲，积极参与城市建设的第一代农业转移人口中的部分人已经在入城还是返乡中选择了后者[174]。而对于在城市中可以找到一份维持生活的工作的农业转移人口来说，维持一只脚跨入城市就业、一只脚留在农村生活的生活状态，会产生留守家庭发展的问题。

城市在农业转移人口市民化过程中也有对自身发展机遇与风险因素的考量，包含农业转移人口长期生活并落户城市而带来的消费与人力资本潜力降低的问题，以及由此对于城市发展构成的挑战：一方面，具有吸引力的城市会因短期内农业转移人口集中落户而出现城市公共服务供给的压力，在教育、就业、交通、医疗等方面已落户群体和未落户群体的利益无法协调。郑州曾全面开放了城市落户限制，但由于无法协调各方利益，最后只得叫停[175]。而为了解决由于公共服务供给不足而产生的城市失序问题，地方政府必须增加市民化成本投入来满足"新市民"及外来流动人口的公共服务需求，短期内加大了财政压力。另一方面，无法吸引农业转移人口长期定居乃至落户的城市，面临着更为严苛的考验，其中最重要的考验是其自身发展受阻，目前以常住人口为依据的城市规模扩大受到制约，而城市政策机遇、资源与空间、速度与水平都与城市规模的扩大紧密相关。若城市无法体现出自身对于流动人口的吸引力，导致劳动力净流出，又缺乏其他资源禀赋，那么该城市会在发展中掉队，陷入被迫收缩状态[176]。

（一）户籍制度改革中的制度门槛

中央政府自上而下地对公共服务均等化与促进劳动力合理、公正、畅通与有序的社会性流动提出了诸多权利保护与身份赋予的体制设计，地方政府围绕市民化也产生了诸多具有区域特色和发展内涵的地方性方案。"乡城两栖"的个人与家庭作为能动性主体自下而上地以迁移决策实现市民化，地方政府通过自上而下的制度改革呼应个体的市民化意愿[177]，但城市进入门槛不容忽视。农村常住人口逐渐减少，但农村建设用地却保持较快增长[178]，农村退出门槛凸显，农村户籍预期红利日益显现[179]。因此，户籍制度改革中的制度门槛体现在城市入户门槛与农村退出门槛两方面。

除户籍改革之外，人口迁移过程中的市民化主要涉及城乡二元分割制度体制带来的结构性因素。户籍改革过程中，市民化主要受到"地方"构建的"身份—福利"匹配结构的影响。户籍制度对于城乡迁移行为的作用主要体现在其作为制度性壁垒对于农村户籍群体和非本地户籍群体所设置的"门槛"。农业转移人口家庭离散风险更高，并与流动距离和进入的城市行政等级正相关[180]。

一方面，地方政府设置城市进入门槛的行为往往要置于央地互动关系的背景下予以考察，而不是在单一政策和制度中进行解读[181]。农业转移人口的市民身份获得从中央政府审批划拨的"农转非"指标分配制向地方化运作的开放型政策工具转化。在中央政府积极号召户籍制度对农业转移人口进行"赋权"时，具体政策的落地过程展现了地方政府的属地化行动逻辑[112]。行政原则上规定了地方政府为其辖区内户籍人口提供必需公共品的事权责任。以"静态"或者低流动性假设建立的属地原则很难适应动态社会管理或者高流动社会中公民对于公共服务的需求[182]。地方政府的职能定位和行为边界在行政放权和分税制改革中极具弹性，户籍制度改革演化为地方利益最大化的政策工具。大城市地方政府考虑到"福利洼地"效应，其户籍政策往往成为提供平等公共服务和发展机会的阻力，并且地方政府认为农业转移人口并不是大城市发展所需的"人才"主体，也不是"抢人大战"的目标，为该群体进行制度赋权的空间十分有限。同时，农业转移人口期待的户籍转换应当是包含着非农化生活方式的内涵，但中小城市所能提供的公共服务、社会保障和教育资源并不能吸引他们从农村转出户籍。城乡户籍之间的福利差距已经逐渐演化为不同户籍属地之间的福利差距，而农业转移人口往往由于预期福利收益差异而流动到大城市，户籍制度设计与个体诉求之间存在不可忽视的张力。

另一方面，同样的制度赋权阻碍因素也出现在农业转移人口及其家庭的"农村退出"阶段。现行土地制度仍无法为农村成员提供土地资本化与宅基地财产化的制度通道[183]。土地制度的局限性可以通过农村户籍所依附的土地红利和城镇化带来的市民化成本两方面来解释：农村土地的经营收益带来了家庭禀赋及资本的沉淀，家庭现有资产结构中的隐含福利水平提升，进而影响了人口的市民化意愿。同时，农村户籍人口进入城市，短期会挤占城市市民的福利资源，而地方政府并没有支付这部分福利资源的挤占成本[184]。因此，只有彻底解决进城的农业转移人口与土地之间既割裂又依附的矛盾，积极寻求"农村人口有序退出"为前提的城镇化转型发展路径，一方面尊重农户"进城能打工，回村能种田"的理性避险意识，另一方面要帮助稳定居住在城市的农业转移人口通过市场机制实现农村物权的财产化表达，至此才能使其跨越"半城镇化"陷阱[185]。

（二）户籍制度改革中的非制度门槛

随着户籍制度与流动人口管理政策的革新，城市福利并不完全因户籍身份的获得而享有，已有学者论述了不同城市经济社会发展水平和城市内部户籍与非户籍人口分享城市福利的双重失衡模式[186]（见图3-4）。本书在其论述的基础上，结合人口迁移动机对区域发展差异如何影响福利分配并最终影响人口迁移现状进行简要的理论分析。

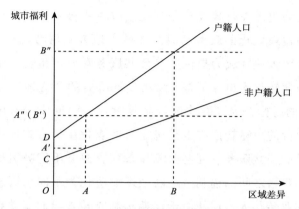

图 3-4　城镇化的双重失衡对人口迁移的影响（改进自邹一南[186]）

首先，两条城市福利曲线的斜率体现了农业转移人口流出地和流入地之间的福利差异，并且两地之间社会经济发展水平差异越大，福利差异越大。这种福利差异不仅表现为大城市的户籍福利含金量高于中小城镇户籍福利的含金量，同时，大城市中不依赖于户籍的福利总量也高于中小城市。因此即便不以获取大城市户口为理性决策动机，也有大量的农业转移人口向城市迁移，农业转移人口对获取城市较高的平均工资、较丰富的消费质量、较稳定的人文氛围、较为前沿的医疗服务等城市软福利充满热情与向往。这样的生存与发展动机在一线城市的农业转移人口中并不罕见。

其次，两条城市福利曲线之间的垂直距离显示了在同一城市中生活的居民也因为户籍制度的影响而不能享受均等的公共服务。可以说，在任何城市中户籍人口的福利曲线都高于非户籍人口，并且随着流入地与流出地之间的社会经济水平差异而变动。由于城市之间，大城镇户籍福利水平高于中小城市的户籍福利水平，大城市的户籍人口与非户籍人口的福利差异大于中小城市内部城镇户籍福利的差异。当农业转移人口流出地和流入地之间户籍身份带来的福利差异大于中小城镇户籍本身的含金量时，即农业转移人口进入 B 点及右侧区域时，其获得的非户籍人口城市福利高于流入发展水平差异低于 A 点的小城镇户籍居民所获得的福利水平。这就解释了农业转移人口在选择流动目的地时为何倾向于选择区域经济差异较大的城市，也解释了为何小城镇户籍居民也在向大城市进行着"城城流动"。

最后，城市之间福利水平的失衡促使农业转移人口向大城市过度集中，进而导致城市内部福利分配的失衡。西方学者认为发展中国家需要集中城市规模以促进人口积聚和生产效率集中，从而稳固大城市在城市间寻租过程中的主动与优势地位[187]。如果从大城市治理者的角度分析，城市规模控制与户籍管理之间存在着极强的自我强化的循环结果。

住房可负担性、住房保障水平和公共服务供给水平是流入人口能在此生产生活的核心福利保障因素[188]。其中住房可负担性具有明显的挤出效应[189]，住房保障水平和公共服务供给水平具有显著的引力效应。但是由于城市市场支配的商品房供给价格高涨和保障性住房供给不足，流入城市的农业转移人口更易被城市"挤出"。在"房住不炒"和准确把握住房的居住属性的政府倡议下，构建新时期的新型住房供给政策已经成为当下保障农业转移人口城市稳定生活与发展的关键路径。

随着我国城镇化发展和流动人口的代际更替，长期定居流入地已经成为半数以上流动人口及其家庭的主流意愿[192]。与强烈的定居意愿形成强烈反差的是，由于各地公共资源的配置（如教育、医疗等）和财政转移支付主要以户籍人口而非常住人口为依据，加之地方政府承担了公共服务支出的九成以上[193]，地方政府为流动人口提供公共服务的意愿普遍较低[194]。研究者提出，原有以个体为基本单位的社会政策已无法应对日益复杂的家庭发展需求[195,196]。教育、医疗等资源是具有竞争特性的公共品，而地方政府基于户籍人口提供该类公共物品就说明了，此类公共物品的供给数量与质量具有拥挤性公共品的特征。而面对农业转移人口家庭化迁移所带来的拥挤性公共品刚需程度上升的问题，地方政府显然还未做好顺应趋势并建立全家庭生命周期的公共服务体系的准备[197,192]。结构性因素还表现在农业转移人口对于市场性商品的负担水平上。对于处于流动中的家庭和个人而言，有足够的支付能力去买房或租房才能增加其家庭举家迁移的可能性，进而提升其市民化意愿。

个人、家庭和社区因素共同决定了迁移行为的产生，其间相互加强的联系导致了迁移过程的累积循环关系[81]。家庭迁移过程不断受到与户籍制度改革相关的制度门槛和非制度门槛的结构性影响（见图3-5）。

以大城市为核心的城镇化发展方向并不利于农业转移人口的市民化，其制度方面的主要阻碍在于城市落户门槛较高、农村退出制度成本较高；其非制度方面的主要阻碍在于城市居住成本、教育成本、医疗成本相对较高。二元城乡结构和城镇化发展对市民化进程产生的结构性阻碍还表现为较大体量的农业转移人口流向了制度成本和非制度成本均较高的大城市，而中小城市以较低的落户成本却无法吸引等效的人。这种错配导致了农业转移人口在大城市和中小城市定居意愿和落户意愿都较低。随着农村户籍红利预期的上升，农业转移人口市民化由户籍改革初期的"不能"已转化为"不为"[198]。中小城市人口迁入率下降及"人走户（籍）不迁"现象严重影响了中西部地区"以人为核心"的城镇化目标的实现与乡村振兴战略的推进。

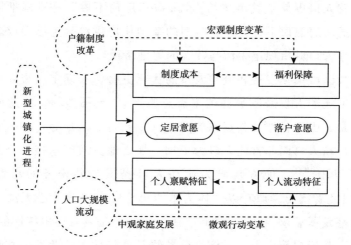

图3-5　包含落户门槛因素的农业转移人口市民化意愿概念框架

第四节　农业转移人口家庭市民化意愿的理论分析框架

本小节主要通过理论演绎与现实现象归纳，探讨了将农业转移人口家庭作为市民化意愿分析主体的必要性，同时以家庭生命周期作为家庭重要特征，纳入家庭分离和重聚所代表的家庭重要生命事件，从而形成充分考量家庭成员异地分居这一家庭结构特征对于家庭发展的影响。

一　市民化的研究单位——农业转移人口家庭

在现代化冲击下，家庭视角实证研究需要考虑家庭功能发育和发展需求的变化。家庭规模小型化、家庭核心化[33]、家庭结构简单化、家庭发展复杂化（留守家庭与流动家庭的出现），使家庭自身功能和发展需求之间的不平衡被放大，自身均衡难度加大。首先，城镇化发展带来的家庭结构的变化会从整体上改变家庭的功能结构以及发展需求。大量的农村青壮年离开农村家庭，并随着家庭化迁移水平的提升，加大了农业转移人口保有城市与农村两个"家"的可能性。一方面，留在农村的老年空巢家庭以及隔代家庭能力低下，另一方面，进入城市的部分家庭成员无法完成家庭功能的整体化实现。其次，家庭面临更为严格的现代化发展要求。转型时期家庭功能弱化，家庭发展和家庭能力的构建需要外部社会系统参与政策支持[79]。最后，关于家庭发展的政策构建一直存在"去家庭化"与"家庭主义"之争，但其本质是在探讨家庭功能发育和发展需求的满足主体。"去家庭化"认为政府应当在家庭公共服务需求的满足方面承担主要责任[199]。"家庭主义"认为促进家庭发展的公共政策应当通过政府的干预来激活家庭作为主体的能动性与功能体现[200]。各个国家的家庭发展政策都在"去家庭化"与"家庭主义"之间寻求政策平衡点，有学者将其称为"发展型家庭政策"[195]，并强调国家发展政策不能脱离家庭单元，并且不能代替家庭做出决策，应该通过合理的家庭政策来促进家庭能力的提升和家庭的可持续发展。

家庭发展内核即家庭回应现代化转型的能力，它更关注农业转移人口家庭转型的可能性[201]。迁移和就业等状态的改变是农业转移人口家庭依据经济理性对各项要素优化配置的结果，因此家庭策略的分析框架具有浓厚的理性主义的色彩。虽然先迁者与未迁者生活环境与生产活动不同，但其收入在家庭单位内具有极强的互补性，先迁者通过汇款方式将其收入回馈家庭；而外出者无法实现预期收益时，返乡成为一个重要生计环节[68]。这一理性主义建构过程充满着家庭特征的影响。

个人迁移行为受到诸多因素的影响，从家庭禀赋的角度切入可持续生计框架，并遵循新迁移经济理论的基本假设，研究农业转移人口市民化问题，以凸显家庭的重要性。新迁移经济理论强调了家庭预期效益最大化与风险最小化的发展目标，但未对其家庭单位的禀赋特征给予足够的重视并进行内在机理分析。学界对于家庭内个体形成与壮大的微观关注，是伴随着 20 世纪 90 年代族群、阶层内部的断裂，社会系统的低稳定性加剧而产生的，"家庭个体化"（Individualisation au sein des familes）由此成为一个核心议题[202]。与遵从 "家庭去制度化理论"（Désinstitutionnalisation de la famille）对于个人在家庭制度规范下的有限自由的讨论不同，Jean-Hugues Déchaux 等学者认为家庭内部存在 "社会身份" 与 "个体身份"，将内含自主性的 "个体身份" 从家族既定关系中剥离出来，可以更好地考察行动者的变革性对于核心家庭的架构过程。个体在当前家庭构建中表现出独立和超越传统的积极倾向，也在代际关系和婚姻制度中寻找自我实现的表达，但这种独立和自我的 "个性化" 决策难以逃脱家庭角色的家庭责任[203]，个体仍要服从家庭主义的制度安排。家庭个体化不仅不会导致家庭制度的消解，年轻一代也并不机械重复父辈的人生选择，而是在家庭单位内将自身意愿与利弊做权衡，最终达成传统习俗与新发展理念、集体倾向于个体取向、过去式和现代式的调和发展[204]。在中国传统叙事中，个体和家庭在追求生活幸福和获得感时抱有一致的发展目标，因此在流动性的时空场景中，以先迁者 "个体化" 的家庭决策作为家庭现代化倾向的重要度量具有可行和可信的意义。

经典城镇化（城市化）发展理论认为城市化的核心是以人为中心、结合众多因素的软硬件系统化过程，是从传统向现代化全面转型和变迁的过程[205]，同时认为人口从第一产业向第二、第三产业转移的 "库兹涅茨过程" 是实现城镇化的充分且必要条件。目前城镇化理论与我国城镇化发展实践存在一定张力。在微观层面上，即使个人或者抽象劳动力实现了 "迁移" 也并不意味着完全城镇化的实现。综观以往研究，本书认为将个体和抽象劳动力作为新时期新型城镇化发展的研究对象或许并不合适，而应当以劳动力为主体，家庭为基本的生产与消费单位以深化城镇化研究，即家庭面对生活场景中短期较为固定的资源（包括土地、房产、劳动力和资本），在年龄、性别构成以及家庭的社会经济期望下，对家庭资源进行动态、灵活的资源配置。

社会学往往强调"场景"对决策的重要影响，但场景的定义依然较为模糊。《跨越边界的社区》一书中提出场景应当对应研究主体的日常生活场域，这种生活场域往往分为两个层次：一个是"不可及环境"，往往是指超过个人的操作范围的场景，例如国家法律、政策法规、"社会形势"等。另一个是"可及环境"，通常指行动者可以参与的，并且大概率会成为其中一部分的贯穿于个人基础的日常生活与体会的场景[206]。本书借用了这一概念，并将农业转移人口市民化决策场景也简化为"可及环境"与"不可及环境"两类。当农业转移人口需要做出迁移或不迁移决策时，国家的政策法规、社会形势的变化，往往是笼统、模糊与不可构造的，因此，尽管处于被影响的环境中，但农业转移人口无法将这样的影响与自己的日常行为直接联系，而较多的是不可及的环境因素影响了农业转移人口对于自己、国家政策和社会形势之间关系的再解释和再定义，从而形塑出一定的行为决策结果。另外，农业转移人口进行市民化决策的"可及环境"往往就内嵌于日常交际网络中，家庭这一环往往把外部场景重新编码与定义，使之具体化最后转变成了可以影响人们做出决策的重要因素。

推进"以人为核心"的新型城镇化建设，特别是在稳步有序推进农业转移人口市民化进程中，明确适当的分析单元十分重要。将家庭作为迁移决策的重要概念单位具有重要的理论意义与实践价值。农业转移人口家庭受流动影响呈现分而不散的特征，打破了社会学以共居或共爨的标准对"家庭/家户"的界定，流动也打破了原有牢固的父系家族制度带来的男娶女嫁在婚后居住距离上的性别差异，即流动使农村流动家庭的代际关系从单系偏重向双系并重转变。因此，本书关注的农业转移人口家庭的概念，不仅以核心家庭成员为主，而且包含夫妻双方的父母，即以血缘姻亲为纽带的扩展家庭作为主要研究对象。据此，本书丰富了家庭层面市民化意愿影响因素的概念框架。

首先，家庭是社会结构与社会秩序制定的主要面向。法国哲学家孔德认为家庭是社会结构中最根本的单位，正是在家庭内部，个人的利己主义倾向才有可能被抑制，学会"为他人而活"。家文化是中国传统文化中最大的内涵，家庭的生存与发展并不会简单依赖于个人。作为一个由伦理道德、义务与责任紧密联系起来的整体，家庭作为消费和生产的共同体和其他成员共谋生计，并在经济或非经济的生计环节中都起到了重要的作用。家庭不仅要实现经济活动中家庭收入的最大化[86]，而且要将风险最小化。同时，作为社会发展的最小单位，家庭在改革开放40余年的经济社会发展中已经逐渐体现出自身的发展路径并适应了城镇化进程中遇到的风险。已有学者将其总结为生产的非农化和生活的稳定化两方面。也有学者认为应当包含家庭经济功能转型和非经济功能转型。

其次，转型期的中国社会在赋予家庭重要的社会福利和保障职责的同时，对家庭发展的政策支持非常有限，家庭在公共领域内是较少被提及的一个话题[195]。面对人口红利下降、城镇化率提升、生育水平下降和老龄化趋势加剧等现实发展问题，有效应对国家人口趋势性变化与经济社会可持续发展要求，社会经济与人口政策需将家庭纳入政策支持的对象范围内。但将家庭视角引入公共政策设计中并不意味着以家庭为单位进行政策设计，例如各地居民为增加城市购房名额而进行的群体性"假离婚"就反映了简单以家庭为单位进行政策设计的道德风险，而家庭视角中的公共政策应当关注政策本身对家庭发展造成的影响，将家庭关怀纳入公共政策制定、实施和评估的全过程[207]。

再次，中国处于第二次人口转型期，其家庭功能、结构与理论预期之间具有一定张力。家庭的现代化必然伴随着家庭结构变化、伦理功能弱化和功能多元化的过程，以夫妻关系、亲子关系和代际关系为本位的私人生活逻辑的重要地位逐步显现[208]。家庭被视为现代化改造的被动对象，凸显了现代化之于家庭的解构与分离的向度。中国的传统家庭功能仍然发挥着重要的作用，家庭规模小型化、家庭类型核心化、家庭结构简单化、家庭形态多样化等特征明显。同时，中国家庭转型的独特性，例如直系家庭比重上升[209]，"三代家庭"仍具有顽强生命力[210]，这种"形式上的分离"和"功能上的联系"实质上都在强调家庭内部代际"合"的力量[200]。家庭功能在现代化风险中被激活，并表现出代际团结、亲子互动和夫妻公担等韧性特质[211]。同时，传统中国家庭较为封闭，家庭发展本身可以自我平衡供需，随着家庭小型化、人口迁移与流动，中国家庭面临着传统功能弱化、社会支持不足、亟须国家出台政策予以支持的现状[212]。

最后，许多学者都看到了农业转移人口的家庭对生计发展的重要影响，以及对于城镇化进程的重要作用，并直接将农业转移人口家庭作为主要研究对象[213,214,215]。市民化作为农业转移人口家庭发展中面临的首要也是重要话题，在家庭现代化不断实践的背景下，家庭参与城镇化的意愿已经在学术研究中得到深入且系统的分析，并逐渐演化出"接力式进城"[216]"渐进式城镇化"[122,217]等诸多概念，将诸多零散的市民化影响因素整合到家庭内部，可以契合错综复杂家庭发展现实。

实现"以人为核心"的新型城镇化，需要面向不同城镇化发展阶段和处于不同生命历程的个人及其家庭。在新时代中国人口发展发生重要转向、农业转移人口家庭化迁移趋势明显、城镇化与现代化不断削弱传统家庭功能的背景下，新型城镇化的发展亟须将家庭作为研究重点和施策单元，从而通过不断强化家庭的发展能力、促进生计转型，进而全面提高全年龄段农业转移人口市民化发展意愿。

二 农业转移人口的家庭生命周期

家庭生命周期并不简单属于"经验工具"或"概念工具"，而是作为一种理论工具介入对于家庭生活行为和意义的解读[218]。流动人口总量趋降的同时家庭化迁移数量上升，但农业转移人口家庭要么湮没在"随迁人口"研究中，要么湮没在"流动人口"总量中，对于这一现象背后家庭本体性的关怀较为欠缺。在家庭生命周期的理论指导下，现实中必然存在"完整的生命周期"家庭与"不完整的生命周期"家庭（例如，终身未婚、终身未育等）。本书以下讨论主要基于经历或将经历完整家庭生命周期的群体。一方面，由于拥有"理想生命周期"仍是大部分家庭的共有特征，是社会公序良俗与个体发展需求结合的产物，因此讨论众数对社会制度建设具有重要指导意义。另一方面，在家庭生命周期的理论探讨中，本书选择"视角"这一概念，而不使用"理论"统而概之，本身就是遵从"生命周期"在概念范畴上的多样性与包容性，下降至"视角"层次可以更为精确地刻画群体特征，从而具有更高的操作性。因此，"家庭生命周期视角"成为本书进行市民化意愿分析时的重要理论与实践突破口。

西方学者认为家庭依据所处生命周期来平衡家庭的收入与成本压力，做出迁移决策，家庭迁移的可能性随家庭生命周期的变化而呈现阶段性：姻亲缔结时或子女出生时，家庭倾向于迁移；子女仍未进入教育阶段时，家庭倾向于定居发展；子女处于教育阶段时，夫妻工作稳定性与迁移概率紧密相关[219]；子女成年离开家庭时，家庭迁移的可能性会再次增加[220]。

与西方单向、一次性家庭化迁移不同，我国的人口迁移是个体利己主义（对经济收入的追求和对生活境况的改变）与利他主义（对家庭福利最大化的追求）之间达成平衡的过程[221]。一般而言，一蹴而就的家庭化迁移较难完成，往往是家庭中最具有市场竞争力的劳动者先迁。家庭内先迁者的人力资本、社会资本、经济收入获得和社会融入状况决定了个体在城市劳动力市场中的风险与收益。城市高速增长的就业回报、丰富的就业机会、更为专业的"干中学"机制、健全的公共服务供给和对流动人口更为开放和尊重的市场机制，让先迁者"加快"了流动的脚步[222]。当先迁者比较了迁出地、迁入地之间的效用水平后，本着"家庭效用最大化"的原则，逐步完成家庭成员的迁移，从而形成了举家迁移、部分迁移、迁移后回流等多种家庭迁移方式，这与我国宏观上的人口流动趋势十分吻合[6]。

以往我国传统家庭生命周期研究都是在家庭稳定结构的基础上进行讨论，并未考虑人口流动与迁移背景下家庭分居的这一现象，因此简单以经典家庭生命周期理论对人口迁移决策进行解释时，其合理性和解释力都有所下降。国内学者曾依据经典家庭生命周期理论，针对中国国情特点，将主干家庭和均已婚的两代人家庭纳入家庭生命周期模型，并在家庭户主以外着重考虑家中最小年龄者对家庭消费与投资造成的影响[32]。

本书基于传统家庭生命周期研究，在以往研究基础上，纳入家庭分离和重聚所代表的家庭重要生命事件，从而形成充分考量家庭成员异地分居这一家庭结构特征对于家庭发展的影响，详见表3-2。

表 3-2　传统家庭生命周期与纳入流动特征的农业转移人口家庭生命周期

传统家庭生命周期		纳入迁移特征的农业转移人口家庭生命周期		
阶段	状态描述	阶段	状态描述	
单身		单身	农：父母	城：务工者
已婚	成婚无子女	已婚同居	农：父母	城：夫妻
		已婚分居	农：配偶	城：务工者
满巢	已育	满巢	农：父母	城：夫妻与未成年子女
		分巢 I	农：子女	城：夫妻
		分巢 II	农：配偶	城：务工者与未成年子女
满巢 I	已育，学龄前子女	分巢 II a	农：配偶	城：务工者与学龄前子女
满巢 II	已育，学龄期间子女	分巢 II b	农：配偶	城：务工者与学龄期间子女
		分巢 III	农：子女与配偶	城：务工者
		合巢	农：父母	城：务工夫妻，未成年子女
空巢	已育，成年子女离家	空巢	农：父母	城：务工夫妻，子女成年离家
		分巢 IV	农：配偶	城：务工者，子女成年离家
独居	夫妻一人去世	独居	夫妻一人去世	城：务工者

首先，将农业转移人口家庭分离团聚状况纳入家庭生命周期中是因为家庭离散是农业转移人口家庭的常态。在没有将家庭成员迁移至城市前，农业转移人口总是要维持农村与城市两个"家"。尽管《农民工动态监测报告》中指出"打工仔""打工妹"文化已经逐渐演变成了"全家外出打工"情境，人口流动正在向着家庭化、近距离化、世代化转变，但不可否认的是在目前的社会情境下，农业转移人口还需要在长时间内维系家庭分居和迁移流动的状态。而家庭生命周期视角也为农业转移人口非家庭化迁移的分析加入了"时序结构"角度，使家庭迁移结构对家庭（发展）功能探讨更为立体。

其次，将家庭分离与重聚状况纳入农业转移人口家庭生命周期理论讨论范围，反映了农业转移人口对家庭发展的朴实期待。以截面数据来观察家庭生命周期内宏观和微观系统的互动，可以尽量控制该理论概念对于时间维度的不敏感性，即从户主视角来看，不同世代的家庭可能处于不同的社会历史位置和具有不同的体验，例如同为单身阶段，出生于 20 世纪 60 年代的农业转移人口可能因生存问题而无法组建家庭，而出生于 21 世纪的农业转移人口可能因个人发展机遇而主动选择晚婚。从纵观数据上来看，这两类群体都将进入婚姻缔结的生命周期，但所处的社会情境已大为不同。而以截面数据进行家庭生命周期的分析，可以尽量准确地控制人类生命和社会变化相关联的方式，减少历史时间跨度带来的偏差。

再次，以分居为主要特征的家庭模式给传统的家庭理论应用带来了挑战，传统的家庭组建、家庭收入和家庭消费等问题在农业转移人口家庭中都产生了歧义[223]。传统家庭生命周期理论所揭示的规律与农业转移人口家庭发展过程中结构性差异不吻合，主要原因在于缺乏对家庭分离状况的考察。模式化的家庭生命周期可能会使家庭发展的多样性和丰富性被简单化、线条化划分，将农业转移人口家庭尽可能贴切的周期性标志纳入家庭生命周期，给家庭化迁移的异质化解读带来了新的、完整的视角。

最后，纳入家庭分离状况是新时期"流动中国"背景下对家庭发展观察的生动注脚，从而为完善人口流动背景下家庭发展分析做出理论贡献。农业转移人口选择如何迁移、与谁迁移以及如何判断迁移带来的成本与收益的可能，与城市和乡村两个"家"的特征密切相关。在已发生的迁移过程中由于制度设计而损失部分家庭发展的可能与其家庭所处的生命周期密切相关。家庭化迁移必将带来家庭对于流入城市公共服务的更大需求，但现行户籍制度管理办法和公共服务供给体系均是以本地户籍人口为基数进行设计。对于家庭形成期的农业转移人口家庭而言，由于新家庭筹备和组建需要巨大的消费支出和时间花费，家庭先迁者会优先选择经济收入较高的独自流动。家庭组建后，多数新家庭的夫妻会将维系家庭的农作生产交由父母打理，而自己以"满巢"小家庭的形式外出务工。当家庭处于"扩张期"时，家庭教育、医疗保健花费是主要的消费支出，但在现行户籍制度下，多数城市的中小学教育资源获取都与本地区户籍制度身份密切相关，农业转移人口难以获得本地户籍身份或本地学位房产，导致大量农业转移人口家庭要么选择将孩子留在县城接受义务教育，要么选择较为昂贵的私立学校。因此，城镇户籍制度体系及其衍生的各类社会政策仍建构着流动人口与其家庭在社会福利等方面的障碍[224]。部分劳动适龄人口和纯消费者被留在农村，被迫催生了老人、妇女、儿童留守的现象，同时也造成了劳动力浪费[225]。

农业转移人口家庭的城乡流动不仅仅是人口与生产资料在城乡间平衡的过程，也是新城乡关系构建的契机。随着公共服务在人口家庭化迁移过程中重要性的凸显，加快建立农业转移人口家庭在公共服务需求方面的制度是决定高质量新型城镇化的关键[226]。

表 3-3 汇总了已有研究中对于不同时期居民的消费、储蓄、定居成本与公共服务需求等特征的讨论。关于家庭生命周期内不同市民化决策的产生可以通过家庭迁移和流动的"特征事实"和理论预测之间的张力进行解释。据此可以得到以下总结（见图 3-6）。

表 3-3　不同家庭生命周期的农业转移人口主要特征

家庭生命周期	生命事件	人均总消费[227]	储蓄率[227]	定居成本[228]	公共服务需求	住房可负担度
形成期	单身	高	高	低	低	高
	已婚	高	较高	低	低	高
分巢期	分巢Ⅰ	较高	较高	高	较低（医疗、社保）	较高
	分巢Ⅱ	较高	低	较高	较高（教育、医疗、社保）	较高
	分巢Ⅱa	较高	低	较高	高（学前教育、医疗、社保）	低
	分巢Ⅱb	较高	低	较高	高（义务教育、医疗、社保）	低
	分巢Ⅲ	较高	低	较高	较高	较低
稳定期	合巢	高	低	高	高	低
萎缩期	分巢Ⅳ	低	高	低	低	低
	独居	低	高	高	低	低

第一，不同家庭生命周期中的农业转移人口家庭消费与储蓄有不同的流动性约束。以往劳动与消费经济学研究发现，发展中国家农户在非规范的经济环境下依靠非农就业的调节来抵消临时收入不足的冲击，从而达到家庭总收入的稳定[229]。已有研究证明，在两人户的农业转移人口家庭中，家庭非农劳动安排与家庭可支配收入的流动性紧密相关[230]。处于生命周期扩张期的农业转移人口家庭对于生活成本与消费存在"过度敏感性"，倾向采用家庭分离（通常是丈夫非农就业和妻子留守）的方式保持收入的持久稳定，而预期农业收入下降，夫妻共同从事非农工作的概率上升，预期非农收

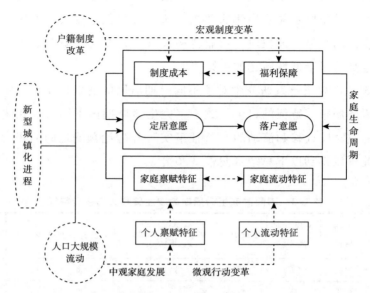

图3-6 纳入家庭生命周期后的农业转移人口市民化意愿研究框架

入上升，家庭可以对抗生活成本与消费的"过度敏感性"而采取发展型生计决策，持久收入假说（Permanent Income Hypothesis，PIH）成立。

第二，不同家庭生命周期的农业转移人口家庭内存在不同家庭生产（Home Production）规范。处于分离期和萎缩期的农业转移人口，其市民化意愿受到农村户籍的家庭化农业生产方式的影响而出现明显下降。

第三，不同家庭生命周期的农业转移人口的理性行为人假设宽松度不同。从家庭分离期到家庭稳定期的转换受到农业转移人口社会理性的潜在激励，主要是为满足核心家庭成员生理或心理情感的"失依"需求[44]。尽管儿童的迁移并不能促使家庭经济收入的上升，但家庭正在通过家庭成员的居住安排将家庭功能的损失进行消化：在实际迁移过程中，儿童一旦进入受教育阶段，迁移人口会提升对公共服务和居住条件的要求，放松对经济理性行为的追求，返回家庭对儿童进行情感和资源的投入[231]。表面上促进儿童的随迁、夫妻的团聚是超越家庭发展"能力"的一种表达，其实质是在"结构—能动"的研究范式下，家庭内部关系、社会角色要求、情感联结需求、家庭伦理规范与发展意愿之间的平衡。

三　新型城镇化与乡村振兴对市民化的影响

新型城镇化与乡村振兴协同发展，中小城市迎来发展"黄金期"，县域成为未来城镇化发展精准施策的核心，乡村振兴发展与新型城镇化战略已经成为解决新时代"三农"问题、协调城乡发展的驱动双轮，虽然新型城镇化更加强调城市带动农村，乡村振兴强调要素配置向农村转移，但这两个战略均是实现"两个一百年"奋斗目标的核心驱动力。"十四五"时期畅通城乡经济循环是"双循环"发展战略在"三农"领域的重要体现[232]。两个战略的结合必然会深远影响乡村发展，必然会冲击农业转移人口的现有生活方式，改变农村地区自然、社会、人力、金融和物质等生计资本的构成和组合应用，从而影响农民以就业为核心的生计决策，进而影响农村居民家庭是留在农村还是前往城市的发展决策。重新审视县域发展与新时代人口流迁规律和政策更新状况是研究农业转移人口及其家庭生计可持续发展的关键。另外，无论是异地迁移还是本地就近流动，特大城市所能容纳的流动人口数量远超全国平均水平，人口迁移的集中化态势仍十分明显。北京、上海等超大城市与其他城市在人口规模上的差距愈发显著[233]，绝大多数流入大城市的农业转移人口无法实现落户。虽然中小城市和小城镇的"户籍墙"已经完全消失，但流动人口向大城市和特大城市集中的趋势势必削弱了中小城市开放户籍的政策意义[234]。关注乡村振兴背景下的农业转移人口的市民化是对城镇化作为经济发展重要引擎的价值认同，同时通过让人口流动起来，高效配置人力资本，从而在人口的城乡重构中实现农村共同富裕。可以说，乡村振兴需要在城镇化中才能实现。

第五节　农业转移人口市民化意愿多元分析框架

前文梳理了农业转移人口家庭市民化意愿概念与逻辑，进一步明确了意愿研究的主体范畴，本节将通过对概念维度的进一步细化，指导后续研究变量的选取。我国人口迁移呈现"乡城流动"为主，向东流动为主和省内流动为主的稳定特征[3]，反映了其与城镇化发展潜力、人口迁移动因及区域经济发展的契合关系。现实中存在户籍改革逐步深入但实际上农业转移人口市民化并未取得进展，"两率差"在新型城镇化战略实施后逐年扩大，存在大城市实际市民化供给不足与小城镇市民化需求不足等问题。在社会保障制度缺失的前提下，农业转移人口通过生存禀赋构建，维持流动状态以便在未来可以通过户籍身份转变获得生计方式的转型与升级。在诸多市民化实践中，家庭这一单元的地位与作用日益凸显，这增加了我们从家庭视角下对农业转移人口市民化意愿进行观察与调适的可能。随着市民化进程的深入，主体性力量与结构性因素将在家庭生命周期情境内产生更为丰富的共性与异质化表达。

人口迁移的阶段性是人口地理位置与社会位置异化的现实呈现。古典研究中往往较为关注迁移的时间条件、动因维度、发生单元和因果循环等议题[80]。受到城乡二元社会分割和社会制度的影响，在人口大规模的迁移与流动的时代背景下，我国的人口迁移并不完全代表市民化的实现。关于"是否需要市民化"的争论可以通过 40 余年的人口资源配置结果予以解答。可以说，人口迁移从供给的角度影响着经济的增长速度，从需求的角度影响着经济结构的调整。关于"何谓市民化"的争论可以通过现实中户籍人口城镇化率低于常住人口城镇化率的"半城镇化"现象，以及户籍歧视尚未消除予以回应。从"是未能还是不愿市民化"的争论中可以看出迁移本身是一个不断决策的过程，经济学的理论范式倾向于对后果的解读，而依据形势进行评估的主体决策研究范式更贴近我国农业转移人口市民化"多阶段"和"选择性"的现实。而在我国社会经济发展过程中，人口迁移变得更为常见与重要，迁移体现为在资源挤压下，人口通过迁移获得禀赋提升与行为习得的过程。随着户籍与相关制度的改革，迁移也体现为个体能动与结构环境的互动过程。依据新古典主义中的推拉理论，迁移决策是一个包含流动主体及流动环境在内的多维互动过程，其中可以将影响因子分为推力因素与拉力因素。当拉力因素大于推力因素时，迁移即发生。基于可持续生计框架与新迁移经济学理论，迁移本就是家庭为了获取发展而采取的生计策略，并且是在家庭单位内追求收益最大化与风险最小化的一种主体性力量的表达。同时，以农业转移人口为主要面向的户籍制度改革也面临着挑战。户籍制度的属地化依赖与等级化改革使城镇身份附属的制度阻碍、福利因素与市场要素等逐渐形成家庭以外的、决定迁移结果形成的结构性因素。这些因素的叠加与我国农业转移人口的市民化阶段性产生了共鸣，使有序推进高质量市民化进程面临着更大的风险与挑战。因此，本书提出了家庭视野中，生命周期视角下农业转移人口市民化意愿研究的多元分析框架（见图3-7）。

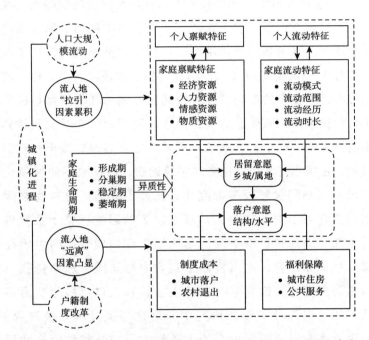

图 3-7　农业转移人口市民化意愿多元分析框架及主要研究内容

如图 3-7 所示，在市民化的不同阶段农业转移人口的发展意愿变迁存在着较大差异。定居过程中，农业转移人口的家庭禀赋与流动特征减少了稳定定居的成本，提升了获得更高收益的可能，这是基于定居此地"拉引"因素积累的后果。随着迁移行为的产生，农业转移人口在先天和后天活动中获得谋生本领和条件，并以此成为改善生活的基础条件。农业转移人口家庭整体和劳动力成员先天的生理特征，后天的教育、技能获得、就业情况，以及在工作生活和社会交往中形成的社会化活动轨迹，包括家庭代际支持、家庭社会交往、家庭住房条件要素等都反映了城乡之间"拉引"因素的影响。

长期居留于城市和转换户籍都是农业转移人口基于比较效益之上的理性选择，但两者的理性计算逻辑不同。相对于已在城市定居家庭而言，落户决策是"个体迁移动力"和"制度合法压力"作用下的复杂决策，前者包括将个体从农村户籍身份推/拉向城镇户籍的动力，后者主要包括社会性的歧视和排斥、心理性的不安与焦虑，以及城市生活中"农村户籍"带来的不便[36]。落户考量中，农业转移人口在稳定定居的前提下，在制度与市场所代表的结构性因素影响下调适着户籍获取的倾向。地方政府并未完全放开落户限制，在市场经济体制改革过程中，落户决策将从依赖于刚性的"身份性壁垒"向主要通过"市场性门槛"过渡。其中，地方政府设置的落户条件与落户城市的市场条件、公共服务和福利水平都将成为农业转移人口市民化决策中比较效益的关键因素。基于此，在对农业转移人口落户意愿影响因素的分析中，本书纳入了城市定居意愿、城市落户门槛、农村退出成本、住房水平和公共服务水平等因素，以反映不同城镇化进程中具体落户成本与福利保障因素的变化，从而更好地区分这些制度、市场与福利因素变化对于农业转移人口家庭决策的影响。鉴于推拉理论、可持续生计框架、新迁移经济学理论与家庭生命周期理论同中国社会发展情境和家庭特征相结合，本书提出了包含家庭禀赋、流动特征与家庭落户成本与福利保障等关键要素在内的农业转移人口市民化意愿多元分析框架。该框架不仅弥补了以往研究中家庭这一决策单元被忽视的不足，同时将市民化意愿研究拓展融合为主体性力量与结构性因素共同作用的多阶段过程，该研究为制定以定居与落户为代表的流动人口管理政策提供了理论基础。

第六节　实证研究设计

一　实证研究思路

本书将遵循"现状分析—影响因素分析—对策建议"的研究思路，采用调查数据与统计数据结合的研究方法对研究框架进行实证检验分析，具体如下。

一是分析家庭生命周期与农业转移人口市民化意愿的现状。通过描述性统计分析解读农业转移人口家庭生命周期类型、特征与表现；在时间维度上以城镇化发展阶段和农业转移人口代际（年龄）为主要分析视角，比较农业转移人口家庭生命周期和市民化意愿水平的历时性特征，即宏观环境和微观特征在时间上的互动实践与市民化后果；在空间维度上以区域特征和流动空间差异为分析视角，比较农业转移人口市民化意愿的共时性特征，拓展对于农业转移人口家庭单位周期性更迭属性与市民化内涵的认知。

二是综合利用计量方法，检验家庭禀赋特征和家庭流动特征对农业转移人口定居意愿形成的综合影响过程，并通过计量方法比较不同家庭生命周期的异质性；在此基础上，检验定居意愿如何在制度成本与福利保障因素中对农业转移人口落户意愿的形成产生综合影响。

三是依据实证研究结果，总结前文研究发现并提出城镇化发展中后阶段有效推进人口市民化的针对性建议。

二 数据收集与样本信息

本书的主要数据来源为西安交通大学"新型城镇化与可持续发展"课题组于 2018 年组织采集的"全国百村外出务工人员调查"专项数据。调查数据涉及 11 个省份、530 个村庄的 5219 户家庭。同时，本书还使用了《流动人口动态监测数据》和通过地方政府公示的户籍管理政策文件、《城市统计年鉴》、《中国区域经济统计年鉴（2014）》、《中国国土资源统计年鉴（2015）》等官方统计数据，官方数据保证了城市层面数据的权威性和可靠性。研究数据满足本书设计需求，并符合社会学研究伦理的要求。

（一）调查地的选择

图 3-8 显示，我国各地区城镇化水平呈现较强的地区差异，因此需要将研究维度下沉，以省、市等地方政府层面为研究单位可以有效呈现市民化进度、政策回应等问题。

市民化意愿的分析离不开地域因素，因此需要在不同城镇化水平的省份选取低城镇化率典型地区，数据收集主要集中在城镇化水平较低的地

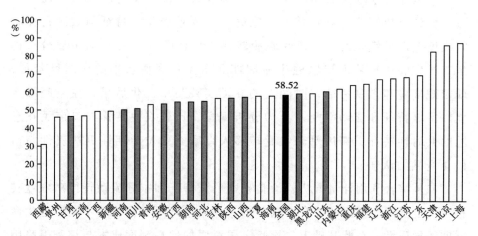

图 3-8 调查时点省级单位常住人口城镇化率统计（包含全国平均城镇化率）

区。对人口主要流出省份进行调研，所收集数据可以包含足够丰富的流入地信息。绪论章节中图 1-3 汇总了调研数据中农业转移人口的主要流向，可以看到基本与全国流动人口动态监测数据一致。

在调查省份选取的过程中，首先，筛选出中国大陆城镇化率低于 60% 的 22 个省份；其次，剔除人口净流入省份和个别偏远流入省份；最后，选定 11 个调查省份。调查地基本覆盖了我国西部地区、中部地区、西北地区、华北地区、西南地区，能够代表我国人口流出大省的务工人员基本情况。调研样本主要流出地与全国性流动人口调研反映情况基本一致。

（二）抽样办法

本次调查为农业转移人口调查，因此选取人口流出地省份，包括山东、湖北、河北、江西、安徽、四川、甘肃、河南、陕西、山西和湖南 11 个省份。调查采取便利抽样与配额抽样相结合的方法，具体实施如下。

在选定的人口流出调查省份进行分层随机抽样，将各省视为各层（各类），在抽样时随机选定各省的抽样单位，再在各抽样单位内利用简单随机抽样法抽取样本。抽样单位（行政村）的随机性通过调研员的随机性招募保证。各个调研员在各自的抽样单位（行政村）内调查 10 个家庭户。为保证问卷质量，在每个抽取的家庭户中尽量抽取户主（或符合答卷要求）一人填写问卷，家庭信息通过被调查人员回答问卷相关问题的方式进行收集。尽管没有成熟抽样框可用，但为保证各层随机抽样方式一致，本次调查尽可能覆盖了农业转移人口所从事的所有典型行业，并保证籍贯、婚姻状况、年龄均匀分布。同时，本次调查对调查对象的性别和代次进行了比例控制，使之符合农业转移人口现实情况和其他全国大型农业转移人口调查的统计情况。总之，本次调查样本量较大，样本覆盖面较大，基本涵盖了我国人口流出大省的农业转移人口及其家庭的基本分布情况，样本具有一定的代表性，可用于该研究的理论分析与实证检验，并适合对相关问题进行深入系统的分析研究并提出政策应用与推广。

（三）调查执行过程与数据质量控制

问卷开发流程与调查执行过程如图 3-9 所示。

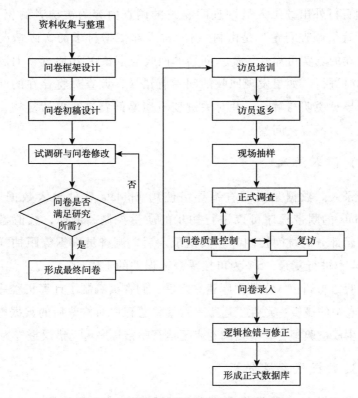

图 3-9　问卷开发流程与调查执行过程

调查采取了多种质量保证措施，主要包括访员培训、问卷复核复访，以及数据双工录入与逻辑检错。由于各种原因，调查数据难免会存在一定的误差，但是课题组采取了多种措施来保证数据质量，使误差保持在一个可接受的水平内：抽样调查复访与正式访问的一致率在可接受的范围内，5%等距抽样双工录入的一致率均在95%以上。

调研员培训。为了保证问卷质量，六所高校根据各自学校的实际情况及自愿参与调查的学生规模，由负责老师及高年级博士生直接对参与调查的学生进行了集中的培训指导。培训主要分为两个部分，第一部分说明此次社会调查的意义、方法及费用，第二部分则包括对问卷各个题项的讲解分析，专业名词及问卷结构、跳问等问题给予说明，并强调了注意事项及调查技巧，保证每位调查员能够熟悉问卷，保证问卷的效度。

调查过程。实际调查主要是参与调查的学生利用寒假时间回到自己所在的村庄对当地被访人员进行问卷调查，调查时间为2018年1~2月。由于"全国百村外出务工人员调查问卷"的调查内容为被访者的相关信息，而"村子背景调查问卷"是由村主任/村干部依据村子的实际情况进行的作答，问卷的真实可靠性较高。问卷的回收与审核在2018年3月初，分六所高校同时进行。如果发现回收的问卷有错误，调查员将存在的问题向各个调查指导员说明与解释，并对关键变量遗漏问题进行电话复核，否则该问卷就被判为不合格问卷。

（四）问卷录入

数据录入。数据是由调查指导员使用Epidata软件录入数据库中的，通过Epidata的附带程序可以进行初步的质量控制，例如，数值型数据的范围、逻辑部分的跳问控制等。数据录入后，调查员根据等距抽样方式抽取5%的样本进行复录，5%为可接受录入误差的上限。

逻辑验错与纠正。在数据库建立之后，调查员编制了计算机程序来检验同一份问卷中的逻辑一致性。运行一致性检验程序对修改后的数据库进行重新检验、生成检验报告、复查问卷直至运行验错程序再无错误报告为止。

（五）数据代表性分析

本次调查预计在各省份分别获取500份样本，最终回收总样本量为

5219 份，村庄问卷回收 530 份。

表 3-4　农业转移人口调查问卷分省份回收情况

单位：份，%

项目	省份名称	频数	占比
流出地—东部省份	山东	411	9.18
	河北	441	9.85
	小计	852	19.03
流出地—中部省份	湖南	442	9.88
	湖北	321	7.17
	江西	329	7.35
	河南	408	9.12
	安徽	406	9.07
	山西	627	14.03
	小计	2533	56.63
流出地—西部省份	四川	349	7.80
	陕西	374	8.36
	甘肃	366	8.18
	小计	1089	24.34
总计		4474	100.00

在最终所获取的 5219 份样本中，满足 16 岁及以上年龄要求的被访者共 5004 人，删除市民化意愿缺失样本 530 份，用于本书实证分析的农业转移人口家庭样本共计 4474 份，其中中部地区的农业转移人口占比超过半数，西部占 24.34%，东部占 19.03%。各省份问卷回收情况如表 3-4 所示。

基于前文调查安排与数据预处理，最终获得的调查样本在各省份内的占比较为均衡，于东部省份获得 852 份样本（占 19.03%），于中部省份获得 2533 份样本（占 56.63%），于西部省份获得 1089 份样本（占 24.34%）。

为了证明本书进行的数据调查具有一定的微观代表性，表 3-5 将调研数据与 2017 年全国流动人口动态监测数据中的农业户籍户主样本的微观特征进行对照。

表 3-5 农业转移人口个人特征信息及对比结果

单位：份，%

项目	调查样本		2017 年全国流动人口动态监测数据	
	频数	占比，	频数	占比
性别				
男	2757	61.61	87971	51.69
女	1717	38.39	82118	48.31
年龄				
19 岁及以下	117	2.61	1793	1.05
20~29	1915	42.81	42742	25.04
30~39	1173	26.22	59497	34.85
40~45	1269	28.36	25697	15.05
46~59	—	—	33782	19.79
60~100	—	—	7202	4.22
均值（岁）	32.09		37.66	
健康状况				
非常好/健康	1862	41.61	108913	82.16
较好/健康	1634	36.51		
一般/基本健康	847	18.93	19974	15.07
较差/不健康，但能自理	115	2.58	3551	2.68
非常差/生活不能自理	16	0.37	117	0.09
样本量	4474		169989	

从表 3-5 个人特征信息描述及对比情况中可以看出，本书抽样调查数据的男性性别占比略高，样本整体较为年轻，健康状况基本一致。

表 3-6 农业转移人口家庭特征信息及对比结果

单位：份，%

项目	调查样本		2017 年全国流动人口动态监测数据	
	频数	占比	频数	占比
家庭流动规模				
1 人	949	21.45	18936	11.14
2 人	1348	30.47	24834	14.61

续表

项目	调查样本		2017 年全国流动人口动态监测数据	
	频数	占比	频数	占比
3 人	842	19.03	62380	36.7
4 人	653	14.76	47310	27.83
5 人以上	632	14.29	16529	9.72
核心家庭流动模式				
单独流动	949	34.26	34659	30.82
夫妻与子女分居	938	33.86	41383	36.80
夫妻一方携子女	140	5.05	2283	2.03
举家迁移	743	26.83	34130	30.35
样本量	2770		112455	

从表 3-6 家庭特征信息描述及对比情况可以看出,整体来看相对于 2017 年全国流动人口动态监测数据而言,调查样本的家庭流动规模偏小与偏大的占比较高,2 人流动占比较大,这与农村户籍的接力式城乡流动和移民网络的黏性较强直接相关。核心家庭中调查样本与全国流动人口动态监测显示出较为类似的规律,即单独流动约占三成,举家迁移约占三成,夫妻与子女的分离现象较为常见。

第七节　本章小结

基于新迁移经济学理论、家庭生命周期理论、推拉理论,结合中国农业转移人口迁移与流动的群体特征,本章构建了基于家庭生命周期视角的农业转移人口市民化意愿分析框架,并给出框架验证及操作化思路。

首先,基于第二章对于国内外研究文献的评述,结合新型城镇化社会情境和农业转移人口市民化的两阶段特征,本章辨析农业转移人口市民化意愿的概念内涵与操作维度,完成市民化概念的解析与重构。

其次,基于已有理论,将农业转移人口家庭作为市民化意愿分析的基本单位,并依据家庭生命周期理论,纳入"家庭分离"这一典型因素,将家庭生命周期分为形成期、分巢期、稳定期与萎缩期。将市民化分为两阶段、四维度，其中包含定居意愿类型、定居意愿模式、落户意愿类型与落户时间期望四个可以区分但相互联系的问题，并进行单独分析，同时分别对市民化意愿发生的两阶段——定居意愿和落户意愿进行定义域分析。

再次，在对新迁移经济学理论和推拉理论一般适用性辨析的基础上，本章结合新型城镇化中区域人口迁移特征、家庭自身行动变革和户籍制度赋权的特殊性，对已有分析框架进行本土化修正，并构建针对农业转移人口群体的市民化分析框架。

最后，依据上述研究框架，本章给出可操作的框架检验思路，并将概念测量下沉到变量和调查问题层面。同时，基于合理科学的调研点选取、调查对象的代表性选取、抽样方法的规范化使用从而提出具体的数据采集策略。

第四章

农业转移人口家庭生命周期
与市民化意愿现状

对现实状况的把握有助于我们更好地解读中国的半城镇化状态，从而使我们更好地评价目前新型城镇化战略和户籍改革实施效果。而目前已有研究对于农业转移人口市民化问题的现状认识还不够深入，这不但阻碍了深入分析其影响因素和路径探索，而且影响了政策制定者和利益相关者对目前存在的问题的回应与判断。对农业转移人口家庭生命周期现状与市民化意愿进行深入且全面的分析是探讨其动因和治理结构改革的前提、关键和保障。本章结合全国流动人口动态监测调查数据与2018年"全国百村外出务工人员调查"数据，从时间、代际、区域、流入地等时空维度切入，分析目前城镇化进程中家庭生命周期与农业转移人口市民化意愿的现状及特征，识别出城镇化发展对农业转移人口家庭的"结构形塑"、"热点分布"和市民化意愿较高的"重点群体"，并分析其市民化意愿水平与结构的内在机理。通过对于实地调查数据的挖掘，本章的具体研究目标如下。

第一，总结将家庭生命周期视角纳入市民化意愿研究的必要性。

第二，验证本书提出的农业转移人口市民化意愿分析框架对于市民化研究的有效性。

第三，分析家庭迁移模式变迁与农业转移人口市民化的现状结构与特征，并为后续影响因素研究和政策建议的提出打下坚实的基础。

第一节 研究设计

随着 2014 年新型城镇化战略实施和户籍制度改革意见的出台，进城务工的"门槛"完全消失，城市落户门槛也逐渐放低。随之而来的城镇化发展难题是流动人口实现稳定定居之后，如何缓解落户意愿低下和落户条件高企之间的结构性矛盾，即解决"想落不能落，能落不想落"的难题。定居意愿与落户意愿都是市民化意愿研究中的重点内容，已有研究表明，大城市中流动人口的居留意愿显著高于小城市，但大城市中流动人口居留意愿波动相对较大，其中，农村户籍流动人口的城市居留意愿显著低于城镇户籍流动人口；同时，总体上来看，流动人口的落户意愿普遍低于居留意愿，且由于不同城镇户籍的"含金量"差异明显，超大城市的流动人口落户意愿更大。但以往研究对于农业转移人口定居意愿与落户意愿如何构成市民化总体面向的认知仍较浅，这不仅导致后续研究难以对市民化的影响因素和实现路径进行深入探索，并且模糊了市民化关键政策的针对性。因此，对农业转移人口市民化基本状况和意愿水平进行现状分析，是现有研究的重要需求，也是目前户籍制度深化改革的主要背景。本章基于全国调查数据和部分抽样调查数据对农业转移人口家庭既有性质和未来发展意愿进行现状分析。通过深入发掘，描绘出当前新型城镇化进程中市民化的变动趋势、热点区域和重点群体，并合理推测制约因素及未来发展趋势。具体研究内容包括以下三方面。

第一，从宏观角度和微观角度分别切入，基于农业转移人口家庭生命周期与迁移状况的现状和未来发展趋势，对城镇化发展对于家庭的"形塑"和其背后的经济、社会与市民化政策含义进行分析。

第二，基于历年全国调查统计数据，通过对宏观层面家庭生命周期时序分布与空间结构现状的差异分析，识别出"流动时代"中家庭生命周期的历时性变化和共时性特征，从而明确由此引起的市民化政策需求变动。

第三，基于专项调查数据，通过分析市民化意愿在代际和流动空间上的差异，对比未来市民化进程推进过程中需要重点关注的群体，并合理推测影响市民化意愿的因素。

一　研究维度与框架

以时空分析为研究框架的主要切入点，从结构现状和时序分布上分别论述全国范围内农业转移人口家庭生命周期的变化，从时间差异和空间差异上分别剖析专项调查中农业转移人口市民化意愿的现实状况。具体来说，在时间维度上以城镇化发展阶段和农业转移人口代际为主要分析视角，比较农业转移人口家庭生命周期和市民化意愿水平的历时性特征，即宏观环境和微观特征在时间上的互动实践与市民化后果；在空间维度上以区域特征和流动空间差异为分析视角，比较农业转移人口市民化意愿的共时性特征，即宏观环境和微观特征在空间上的互动实践与市民化后果[①]。

（一）时间维度

1. 时间维度——宏观发展阶段差异

从时间角度来看，我国的城镇化发展呈现较强的阶段性和政策依附性。改革开放以来大规模城乡人口流动对城镇化发展产生了较大的影响，并呈现阶段变化特征。从改革初期的人口集中"东南飞"到一定程度的"分散化聚集"，人口省内流动和跨省往东部沿海城市流动成为新趋势。同时，城镇化发展政策和城镇化发展之间的关系也愈发紧密。2000年，户籍制度改革以中小城市为切入点，2013年以后改革力度和范围进一步扩大，为了解决旧有城镇化的积疾，地方政府在户籍制度改革和公共服务均等化方面做出大量政策设计。随后，户籍人口城镇化率和常住人口城镇化率的差距逐年缩小，第七次全国人口普查数据显示，2020年中国大陆地区常住人口城镇化率为63.9%，较2010年"六普"的49.7%，上升了14.2个百分点；同期户籍人口城镇化率为45.4%。因此，从时间维度剖析我国城镇化发展的阶段特征和政策共生倾向，可以为全面认识城镇化发展动力及制

---

① 历时性与共时性是索绪尔（1980）研究语言现象时提出的一对概念，指系统研究的两个方向。历时性是一个系统发展的历史性变化情况，即过去、现在与将来；共时性则是在某一特定时刻该系统内部各因素之间的关系。从共时性来看，历时性是其背景。本书运用这对概念描述农业转移人口的市民化过程，将历时性研究看成对农业转移人口市民化不同时间阶段上的表现，将共时性研究视作对农业转移人口市民化相关主体互动实践结果。

约因素提供参考。

2. 时间维度——微观个体代际视角

学界通常以 1980 年为分界线，将农业转移人口分为两代群体进行研究：1980 年前出生的农村转移人口为第一代农业转移人口，1980 年及以后出生的农村转移人口为新生代农业转移人口。但也有研究以 1990 年为分界线，将农业转移人口分为第一代和新生代。改革开放前后，我国社会发生了翻天覆地的变化，20 世纪 90 年代以后，我国农村剩余劳动力持续大规模的跨区域转移，形成了不可忽视的"民工潮"[112]。同时，20 世纪 90 年代出生的流动人口在流动动机和发展期许等特征上呈现较大的异质性，因此有学者从社会认同的角度，提出了新生代农业转移人口的概念。

新生代农业转移人口的划分需要根据研究需求进行一定的调整。主要原因在于三方面：首先，考虑到依据农村转移人口出生年龄进行新生代与第一代的划分会有时间越长纳入的人口越多的问题，即到最后所有的农业转移人口都属于新生代群体，这显然并不完全符合"新生代"概念提出的初衷。其次，随着年龄的推移，新生代农业转移人口应当是年龄上较为年轻的群体。如果仅以出生年份界定，当新生代完全替代第一代成为劳动力市场上的主体后，新生代群体显然和第一代之间的差异相较于新生代群体内部差异会更小。最后，以往研究也意识到了上述问题，从而以出生年代将农业转移人口分为新生代、中生代和第一代，并提出划分依据的"出生年代"概念需要与时俱进[235]。这种划分代际的"出生年代"标准就是动态的，2010 年在以中央一号文件发布为契机而进行的新生代研究中指出，可以将出生于 20 世纪 80 年代、流动于 20 世纪 90 年代的群体称为新生代，但在 2020 年分析农业转移人口代际差异时，就需要重新设定"出生年代"的标准。这对本书个体时间维度视角的引入提供了依据，据此，本书中新生代和第一代的划分界线为 1990 年。

新生代农业转移人口和第一代农业转移人口的观念、行为上存在显著的差异，同时也承载了代次传递下来的社会关系和文化观念。新生代农民工在"二代流动人口"（Second-generation Immigrants）中的比重更大，仍未摆脱其父辈们在流入地的不利生存状态[236]。与父辈类似，尽管居住于城市，但其户籍身份转变为市民仍较难。在流动特征方面，新生代农业转移人口除经济迁移动因外更表现出对公共服务、公平感、获得感等非经济因素的追求。虽然，新生代农业转移人口也更倾向于长距离的跨省流动，但省内流动占比表现出逐步升高的趋势[236]。

以往研究将市民群体作为参照组可以回答"如何尽可能缩小农业转移人口与城镇户籍人口的发展不平等？"这一问题，但似乎忽视了农业转移人口在追求与市民大致或完全一致的发展机会之外，还存在在"机会均等"和"自由选择权"方面的差异[237]。因此，纳入微观代次视角后，可以看到不同代次的农业转移人口出于自身发展能力和外部环境特征所进行做出的生计选择。

（二）空间维度

1. 空间维度——宏观区域特征

目前我国城市群建设和区域发展水平都存在不同程度的差异，已有研究表明流入不同区域的农业转移人口在就业收入[238]、公共服务供给[239]、身份认同[240]等方面都存在较大的差异。改革开放初期，地方政府仍维持着歧视与排斥外地流动人口的歧视性就业政策，加剧了劳动力市场的分割，从而深深地影响了农业转移人口市民化进程[241]。近年来，我国人口流动以跨省流动为主，省内跨市流动人口增多，市内跨县流动比重减少。这一方面是在政府主导的城镇化模式下，城市政府在进行户籍制度改革时仍考虑的目标是 GDP 增长率与居民人均公共福利增长率之间的均衡[242]，以居住证、房产所有和纳税地点为综合调控的手段[243]，影响了人口流动选择，造成了家庭再生产滞后或分离。另一方面，出于对流动与迁移带来的家庭层面效率损失的考量，家庭成员与政策设计者之间最终达成合意均衡的结果。"后人口时代"的区域发展应该以人作为发展的目的，而不是发展的工具，政策除保障经济发展之外也要积极构建流动友好型社会。

2. 空间维度——微观流动空间差异

流动空间维度是观察人口迁移过程的常见视角，这一视角对我国市民化过程有着丰富的解读。一方面，流动目的地对市民化意愿的产生存在影响。受流动跨越行政距离的影响，省内农业转移人口在流动中具有较强的优势，其身份认同度、文化传统认同度高且其社会融入难度较低[240]。然而，农业转移人口的定居和落户状况可能在流动空间上呈现较大的差异，流动人口中的农业转移人口往往受区域发展差异的吸引前往东部沿海城市，当地户籍身份的隐含保障水平和福利水平促使他们对于东部沿海城市的"一纸户口"有着强烈的诉求，但较高生活成本对农业转移人口的定居和落户产生了影响，生存与发展的困境导致东部沿海城市农业转移人口市民化意愿相对较低[240]。另一方面，迁移距离可以体现区域的人口吸引力：中部地区和东北地区的近程（省内）流动人口比重和城镇化水平呈现负相关，适合走就地就近城镇化道路；中部地区和部分东南沿海地区远程流动人口比重与城镇化发展呈现高度正相关[244,245]。

（三）研究框架

基于前文分析，时空视角下农业转移人口家庭生命周期与市民化意愿现状研究框架构建，如图4-1所示。

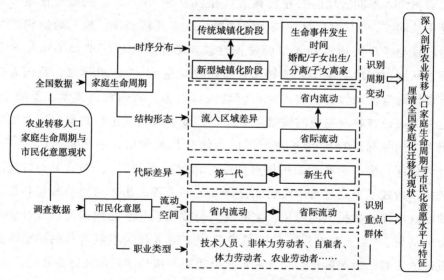

图4-1 农业转移人口家庭生命周期与市民化意愿现状研究框架

具体验证策略如下：第一，通过对宏观数据分析，明确目前农业转移人口家庭在"流动时代"表现出"分离"的普遍特征，同时有必要将家庭分离作为新时代背景下的重要家庭生命事件，进而细化当前家庭生命周期理论的内涵。第二，在时间维度下，城镇化发展水平背后所蕴含的市民化空间和自身动能呈现出差别，以《国家新型城镇化规划（2014—2020 年）》出台为时间节点，比较（旧）城镇化阶段与新型城镇化阶段的总体范围内的市民化水平及结构变化。同时家庭的发展能力与发展需求等主要特征随着家庭生命周期的演进出现周期性变化。通过梳理家庭生命周期的时序分布与农业转移人口市民化意愿的代际视角，明确当下家庭发展的主要需求和市民化推进的重点群体。第三，在空间维度下，由于区域发展自身属性的不同，市民化水平在总体上出现一定差异，本书在东部、中部、西部区域视角和城市规模差异视角下描述空间维度的家庭生命周期差异和市民化水平及结构差异化特征。

二 数据来源与研究策略

（一）数据来源

该部分研究需要用宏观城镇化发展水平的统计数据和微观调研中关于市民化发展意愿的问卷数据进行分析。因此全国农业转移人口的家庭生命周期特征数据主要来自《流动人口动态监测数据（2012—2017 年）》中的农村户籍流动人口数据及《国家统计局农民工调查监测报告》中提及的数据；微观市民化意愿现状及特征所需数据主要来自本书第三章第六节第二小节所描述的微观调研问卷中的数据。·

（二）研究策略

本章主要采用描述性统计方法进行分析，同时采用倾向值匹配方法对市民化意愿现状部分中农业转移人口定居意愿与落户意愿之间的相关关系进行论证，本节对后者进行简要描述。本研究界定市民化意愿包含定居和落户两个连续的过程，且认为定居意愿的产生往往影响了农业转移人口的落户决策。因此在选择是否将户籍类型转换为城镇户籍问题上，具有较强的家庭资源禀赋和靠流动而获得现代性的群体会更倾向定居并落户，而贫穷的、人力资本匮乏和抗风险能力较弱的农业转移人口家庭因转户收益小而成本较大，所以选择保留农村户籍，因此，其定居意愿的外生假设可能是不成立的。这种不成立背后的原因一方面在于使用类似于感受、偏好等主观变量来理解另外一个主观变量容易因为混淆偏误（Confounding Bias）而使被测主观变量呈现虚假状态[246,247]，胡安宁认为，这种混淆偏误的产生并非因为外在影响因素的缺失，而是因为两个主观变量之间存在共同的潜在心理特质基础[248]。本节将在数据分析环节，采用倾向值匹配方法消解市民化"定居—落户"两阶段决策之间因果关系的混淆。现实中，农业转移人口家庭在进行市民化决策时，迁移决策的产生是基于自身与家庭禀赋水平以及外出流动特征而做出的"自选择"结果，而这些因素往往与其跨越户籍制度的限制而实现市民身份的转换也息息相关[249]。家庭禀赋条件较好以及靠外出流动获得较强现代性的农业转移人口往往有较强的可行能力，这其中包括能力、促成能力的功能性活动以及达成这种机能的选择过程，这类群体更期望通过转换为非农户籍使家庭成员可以获得更高水平的福利，因此他们更可能转换为城镇户籍。

在去除内生性的"反事实框架"中，倾向值匹配法（Propensity Score Matching，PSM）具有显而易见的优势[250]。PSM 可以把多维的影响变量转化为一维的倾向概率值，这大大提升了反事实匹配效率。PSM 的基本原理是在一组随机样本中，i 为不同农业转移人口家庭，其是否具有城镇定居意愿是一个二元随机变量，为每一个具有城市定居意愿的农户依据一定原则匹配一个或一些无城市定居意愿的个体，匹配成功的样本即为具有能力接受"处理"的样本个体。选取"处理"样本中处理变量和结果变量的平均差得到处理效用的估计值，即平均处理效应（ATT）。

首先在给定协变量 X 的情况下，估计处理变量（即农业转移人口定居意愿）的条件概率，即：

$$P(X) = Pr(D = 1 | X) \tag{4-1}$$

其中，D 为处理变量，本书中 $D = 1$ 指农业转移人口具有城镇定居意愿，若无长久城镇定居意愿，则 $D = 0$。由于实证研究中城镇定居概率无法直接观察，所以经过 Probit 回归后得到农业转移人口在给定特征变量的前提下定居城市的概率，特征变量选取与本书第五章第三节第一小节中变量选取一致。

PSM 的使用首先需要满足条件独立假定，即处理组和控制组在定居意

愿之外，并没有其余变量可以区分两者。其次需要满足密度函数共同支撑假定，即满足 $0<P(X)=Pr(D=1|X)<1$，则 PSM 处理后的"处理"样本可以得到一个"干净的"定居意愿干预因果效应。

在满足以上假定的前提下，本书使用 PSM 是为了减少由一个主观变量预测另一个主观变量时带来的混淆偏误，并最终对落户意愿的相关回归结果做稳健性检验。本方法关注的主要问题是：无定居城市意愿的农业转移人口户籍转换意愿是否明显低于或高于具有城市定居意愿的农业转移人口？平均处理效应计算公式如下：

$$ATT = E[Y_{1i}-Y_{0i}\,|\,D_i=1] = E\{E[Y_{1i}-Y_{0i}\,|\,D_i=1,p(X_i)]\}$$
$$= E\{E[Y_{1i}\,|\,D_i=1,p(X_i)-E[Y_{0i}\,|\,D_i=0,p(X_i)]\,|\,D_i=1]\} \tag{4-2}$$

其中，Y_{1i} 与 Y_{0i} 分别代表反事实框架下同一农业转移人口样本在具有或没有定居意愿的情况下选择转换户籍的概率。若平均处理效应为正且显著，则表明本书立论的"市民化两阶段"是成立的，且前一阶段决策结果与后一阶段决策过程之间存在可被验证的因果关系。

第二节　农业转移人口的家庭生命周期

受众多社会发展因素的影响，家庭的结构发生不断变化，家庭的发展功能也受到一定影响，相应的家庭生命周期状态也发生变异，非典型、非常规的家庭形态与现代化进程伴生趋势明显[251]。家庭生命周期已成为家庭消费、储蓄、公共服务供给等诸多研究领域重点关注的重点因素。我国作为一个传统家庭文化浓厚的国家，农业转移人口家庭所做出的生计决策本质上是为了实现整个家庭收益最大化的家庭目标，而不仅是个体的所失所得。《中国流动人口发展报告》指出核心家庭仍是中国家庭的主要形式，充分重视流动人口家庭属性和异质性是下一阶段人口迁移研究的重要突破。以家庭生命周期视角分析农业转移人口核心家庭的迁移现象和动因，可以更准确地探究家庭化迁移、人口回流、"接力式进城"等现象产生的本质、机制和存在意义，以便因势利导，更好地满足流动人口的发展与诉求，更好地促进经济社会的发展。

尽管总体上家庭生命周期的各阶段占比是稳定且规律的，无论采取何种划分方法，家庭生命周期中青年单身、家庭形成、子女教育、家庭成熟和退休养老阶段不仅在时间逻辑上呈现单向度结构，并且在宏观地域上保持较为恒定的差异，仅与一些婚育文化、经济水平等潜变量相关[252]。农业转移人口家庭由于人口流动与家庭迁移等行为特征，其家庭生命周期表现出特有的规律。以"结构形塑"情境来考察，青年务工、返乡生育、婚后子女和老人留守、年老返乡等现实事件都依附于农业转移人口在家庭生命周期内的决策。从已公布的第七次全国人口普查数据来看，广东、上海等人口净流入地人口年龄最为年轻，而东北和传统的人口流出大省人口老龄化严重。这是产业布局和经济发展带来的后果，也是不同生命周期家庭流动的结果。由于家庭分工的不同，农业转移人口的流动模式、流动时间、流动程度、流动意向都与家庭生命周期高度相关。流动状态下，家庭经济结构的改变会反过来影响传统状态农村家庭分工和家庭经济秩序。

本章基于全国流动人口动态监测数据（2012～2017年），将从家庭生命周期的结构形态和时序分布两个维度对目前农业转移人口家庭生命周期的基本现状和异质性进行阐述。此项分析目的在于：第一，回答（传统）家庭生命周期视角是否可以准确解释农业转移人口家庭在市民化决策中的重要作用，特别是在家庭化迁移趋势中，农业转移人口家庭分居特征是否对家庭生命周期的划分更为重要。第二，回答由于社会经济和宏观政策的影响，微观领域的家庭生命周期阶段的时序关系如何改变，特别是前往城市的农业转移人口家庭，其家庭生命周期各阶段是否趋于稳定或是失稳。第三，回答在家庭流动空间和宏观区域发展影响下，农业转移人口家庭生命周期结构将如何演化。

一 农业转移人口家庭生命周期时序分布

本小节首先描述了"家庭分离"作为农业转移人口家庭重要生命事件的理论意义；其次，描述了在不同城镇化发展阶段中，家庭生命周期视角下农业转移人口家庭的总体结构；最后，从户主（或符合答卷要求答题人）年龄这一微观时间维度描述了家庭生命周期视角下农业转移人口家庭的时序结构。

　　根据 2012~2017 年全国流动人口动态监测数据，本书描述了成员分离这一重要家庭生命事件的发生情况。表 4-1 汇总了家庭成员分离这一生命事件在不同时间和不同户籍类型家庭中的发生频率。

表 4-1　家庭成员分离状况

单位：人，户，%

年份	流动人口[a]			农业转移人口[a]		
	样本量	家庭成员分离[b]		样本量	家庭成员分离	
		家庭户数量[c]	发生率[c]		家庭户数量	发生率
2012	158556	75572	47.66	133653	71054	53.16
2013[d]	2096	1679	80.10	1861	1570	84.36
2014	200937	100303	49.92	169061	87693	51.87
2015	206000	121852	59.15	172188	104541	60.71
2016	168962	93678	55.44	138815	79917	57.57
2017	169989	96282	56.64	132555	79476	59.96

　　注：a. 流动人口指全国流动人口动态监测数据中，在流入地居住一个月及以上，非本区（县、市）户口的 15 周岁及以上流动人口，农业转移人口指流动人口中具有农业户籍的个体。b. 流动人口家庭同住情况依据个体问卷中家庭成员信息进行判断，具体地，家庭成员分离是指出核心家庭内部发生的未成年子女亲子分离、已婚（含再婚）夫妻的夫妻分离或未婚群体与父代家庭分离。离婚、丧偶者与子女同住不包含在家庭成员分离状况之内。c. 家庭成员分离家庭户数量指发生家庭成员分离的家庭户，总样本量减去分离家庭数量即为该情况下核心家庭未发生家庭成员分离的家庭户数量，发生率指家庭成员分离家庭户数量与总样本量之比。d. 2013 年数据为流动人口动态监测八城市融合数据。

　　总体上，流动人口家庭成员分离的家庭户数量均超过流动人口总量的1/2，可以判断调查中大多数家庭的迁居仍处于"进行期"，即大多家庭还处于离散居住状态。同时，农业转移人口家庭中成员分离发生率均略高于流动人口家庭中成员分离发生率，这表明流动给农村户籍的农业转移人口家庭带来更大的冲击，与家庭成员分离是其生计决策中重要的一环。并且，随着时间的推移，农业转移人口家庭成员分离发生率逐步增加，并高于流动人口总体家庭成员分离发生率。尽管流动人口的家庭化迁居已然成为我国未来人口流动的主要趋势，但农村户籍人口的迁居"整体性"还不足，并展现出"离散化"的趋势。这意味着，在农村地区仍将存在大量的儿童、老人和妇女无法成为城市社区里的一员。而当流动人口逐渐步入老龄化阶段，社会关系和家庭角色的周期性演化又将农业转移人口"拉回"农村社区生活。

因此，将"家庭分离"作为重要家庭生命事件纳入流动人口研究中具有重要的理论意义与实践空间。尽管"多重地域身份"（Multilocal Identity）、"多元家庭"（Multiple Home Household）、"跨地区家庭"（Multi-locational Household）等是发展中国家常见的家庭成员分割现象[25]，但不应该以此忽视"家庭分离"这一重要生命事件对流动人口家庭未来决策的影响。以往研究中仅考虑了"家属随同""核心家庭迁居"等流动类别，并未将"分离—团聚"这一重要生命事件纳入全生命周期的社会关系和角色。同时，若仅以家庭结构为切入点会忽视个体或群体发展中社会关系或角色的动态转换与循环过程。因此，本书将"家庭分离"融入家庭生命周期概念，构建"形成期—分巢期—稳定期—萎缩期"的家庭生命周期及其循环过程，以此正视复杂的城镇化中大量存在的无法享受城镇公共服务和社会保障、家庭成员分离和城市居住不稳定的家庭，并以动态时间视角观察流动人口的迁移过程，以此促进农业转移人口以家庭为单位进行稳定市民化。

表 4-2　不同家庭生命周期阶段农业转移人口家庭占比（2012~2017 年）

单位：%

年份	家庭生命周期			
	形成期	分巢期	稳定期	萎缩期
2012	29.64	12.79	46.84	10.73
2013	41.97	25.95	15.64	16.44
2014	22.65	16.45	48.12	12.78
2015	20.04	29.33	39.29	11.34
2016	30.65	21.28	42.43	5.64
2017	30.97	19.94	40.04	9.05

表 4-2 描述了 2012~2017 年全国流动人口动态监测数据中农业转移人口家庭生命周期分布状况。总体上，农业转移人口中约三成处于形成期，即若未婚则单独流动或与兄弟姐妹一起流动，若离异或丧偶且无育有子女的个体进行单独流动；农业转移人口中约两成处于分巢期，即若已婚未育则与配偶分离，若已婚已育且最小子女未成年则与配偶或子女分离；农业

转移人口中四成左右处于家庭稳定期,即若已婚未育则与配偶一起流动,若已婚育则与配偶和子女一起流动且子女未成年;农业转移人口中约一成处于萎缩期,即若已婚已育且最小子女成年,则与配偶或子女分离。

需要解释的是,古典的"家庭生命周期"理论认为一个家庭需要依次经历以上阶段,即各个周期之间存在相继性,以此构成家庭生命周期完整的时序结构。但人口转型期家庭出现了多样化的可能,即某个阶段的标志性事件可能并不发生,例如,农业转移人口终生未有婚姻缔结与生育事件,直接从形成期跨入萎缩期;或周期间的相继性并不稳定,例如,农业转移人口的婚姻缔结与生育均发生在流入地,家庭未经历分巢期直接进入稳定期。

首先,随着时间推移,处于形成期的农业转移人口家庭比例上升,这与农业转移人口趋于年轻化和流动带来的婚育延迟等现象相关。其次,稳定期与分巢期的家庭比例存在一定差距,并且差距随时间推移逐渐扩大,这验证了移民网络理论对于先迁者逐步为后迁者在流入地构造生活基础的理论判断,同时,也证实了家庭化迁居仍在"进行中"。正视并逐步满足农业转移人口家庭对于生产和发展的核心需求可以逐步弥合分巢期与稳定期家庭占比的差距。最后,萎缩期农业转移人口家庭占比随着时间推移稳中有降。这表明随着乡村振兴战略与新型城镇化的推进,回流与返乡等城市退出行为占比有所上升,高龄农业转移人口在子女成年之后会逐步考虑"落叶归根"等生计决策,而成年子女则又逐步入城成为"第二代农民工",重新进入家庭生命周期的循环过程中。

表 4-3 不同家庭生命事件发生时农业转移人口家庭户主的平均年龄

单位:岁

平均年龄	出生年代				
	1950~1960 年	1961~1970 年	1971~1980 年	1981~1990 年	1991 年后
2013 年调查情况					
初婚	24.53	23.31	23.74	24.05	25.39
离巢务工	42.65	33.51	26.58	20.94	17.84
家庭团聚	46.87	38.42	31.13	25.04	28.47
子女离家	41.75	40.55	40.94	39.75	—

续表

平均年龄	出生年代				
	1950～1960 年	1961～1970 年	1971～1980 年	1981～1990 年	1991 年后
2016 年调查情况					
初婚	25.49	24.79	25.49	24.95	24.35
离巢务工	42.39	32.99	26.24	21.55	18.33
家庭团聚	51.46	42.28	35.87	29.05	24.74
子女离家	54.52	42.86	45.27	47.68	—

注：数据处理中默认问卷中的"本人"即为该户问卷的户主。表格中"—"表示该生命事件未在该出生年代的农业转移人口中发生，即平均年龄数据缺失。由于 2017 年数据中"初婚年龄"的缺失，所以未选用 2017 年全国流动人口动态监测数据。

依据研究设计，表 4-3 纳入不同家庭生命事件发生时户主平均年龄这一微观时间维度，刻画了农业转移人口家庭"初婚—离巢务工—家庭团聚—子女离家"生命事件发生时户主平均年龄的时序结构。总体来说，对于不同出生年代的农业转移人口，其家庭生命事件的发生时序基本满足古典家庭生命周期模式。虽然家庭形态有了多元化趋势，但本书对于家庭生命周期的划分具有一定的稳定性。具体来说，比较具体家庭生命事件发生时户主平均年龄发现：2013 年调查的家庭户中，不同年龄段的户主家庭初婚年龄逐步推迟，2016 年调查的家庭户中，不同年龄段的户主家庭初婚年龄均晚于 2013 年调查中的家庭，且较为稳定；无论是 2013 年还是 2016 年调查的家庭户中，不同出生年代农业转移人口离巢务工年龄都依次提前并与初婚平均年龄的差距逐步缩小，在 1990 年及之后出生的农业转移人口户主中，离巢务工平均年龄比初婚平均年龄早 6～8 年；2013 年调查中，出生年代较早的户主家庭团聚发生时年纪较大，20 世纪 70 年代出生的农业转移人口家庭户户主大约可以在 30 岁左右进入家庭稳定期。2016 年调查的家庭户中，这一事件发生时间有所推迟；子女离家意味着家庭进入收缩阶段，无论是 2013 年还是 2016 年调查的家庭户中，随着出生年代的推迟，家庭人口再生产停滞发生的时间逐步提前。

农业转移人口的家庭在时序结构上存在以下特征：第一，外出务工成为更年轻、未婚者的选择，他们往往在外出后进行婚姻缔结，这对个人的发展提出了更为严格的经济要求。在这一生命周期内，个体对父代家庭的支持更为依赖，个体决策依附于其父代家庭。家庭因素在农业转移人口市民化的决策中呈现介入时间早、退出时间晚的特征。第二，随着时间的推移，农业转移人口从家庭建立（初婚）到家庭稳定（家庭团聚）所需要的时间逐步缩短，这对家庭经济能力、生计决策稳健性和政府公共服务供给都提出了更为急迫和密集的挑战。第三，家庭空巢期的到来意味着农业转移人口生计决策必然会更为谨慎，这与第一代农业转移人口的市民化意愿较低密切相关。随着空巢期的提前，制定有序提升市民化质量的政策时间将逐步缩短。如何提升有能力、有意愿、有贡献的农业转移人口成为城市发展红利的共享者，应成为制定"以人为核心"新型城镇化发展政策的考量。

二　农业转移人口家庭生命周期结构形态

本小节描述了流动特征对农业转移人口生命周期的影响，总结宏观区域特征与农业转移人口家庭生命周期的结构关系。在设计调查问卷时通过系列问题对家庭基本情况和发展状况进行了丰富的描绘，问卷中具体问题均以"您家"作为主体，符合本书对于"农业转移人口家庭"和"家庭生命周期"主体的认定，即拓展家庭。表4-4在流动特征基础上描述了家庭生命周期视角下农业转移人口家庭的经济状况、消费行为以及市民化意愿的差异。

表4-4以2017年全国流动人口动态监测数据为例，描述了不同家庭生命周期内农业转移人口在家庭收入、支出、收支比重和市民化意愿的差异，并纳入不同流动形态特征后对不同生命周期内家庭所具有的经济状况、消费行为和市民化意愿进行分别描述，以期获得新型城镇化背景下，流动对于家庭的"结构形塑"。

表4-4　2017年不同流动特征的农业转移人口家庭结构差异

流动特征	总体	流入地			流动范围	
		东部	中部	西部	省内	省际
家庭生命周期						
形成期家庭占比（N=49838）（%）	29.32	34.10	25.83	26.70	31.84	26.87
家庭平均月收入（元）	5926.75	6546.53	5787.06	5275.93	5319.43	6418.04

续表

流动特征	总体	流入地			流动范围	
		东部	中部	西部	省内	省际
家庭平均月支出（元）	2899.91	2996.97	2886.95	2794.39	2771.38	3003.86
支出占比（%）	48.93	45.78	49.89	52.96	52.10	46.80
愿意定居本地占比（%）	77.05	77.16	76.72	77.05	78.34	76.00
愿意落户占比（%）	33.34	36.03	26.96	32.85	33.74	33.02
分巢期家庭占比（N=37011）（%）	21.77	19.68	17.52	22.22	21.77	18.94
家庭平均月收入（元）	6517.93	7778.85	6230.87	5614.45	5950.09	6991.53
家庭平均月支出（元）	3226.01	3508.96	3195.88	3011.99	3148.13	3290.97
支出占比（%）	49.49	45.11	51.29	53.65	52.91	47.07
愿意定居本地占比（%）	79.98	81.59	81.22	78.30	82.65	77.75
愿意落户占比（%）	35.11	43.69	27.34	30.88	33.32	36.61
稳定期家庭占比（N=73707）（%）	43.36	39.91	50.75	46.16	39.95	49.39
家庭平均月收入（元）	7346.48	9032.49	7204.83	6109.09	6658.31	8162.05
家庭平均月支出（元）	4022.49	4664.21	4027.33	3524.49	3850.52	4226.25
支出占比（%）	54.75	51.64	55.90	57.69	57.83	51.78
愿意定居本地占比（%）	85.36	87.55	85.90	83.43	86.14	84.44
愿意落户占比（%）	37.02	49.54	26.20	32.30	33.34	41.38
萎缩期家庭占比（N=9433）（%）	5.55	6.31	5.90	4.92	6.44	4.80
家庭平均月收入（元）	6678.53	7589.05	6277.77	5834.49	6271.95	6968.85
家庭平均月支出（元）	3300.85	3466.65	3163.67	3179.07	3312.93	3292.22
支出占比（%）	49.42	45.68	50.39	54.49	52.82	47.24
愿意定居本地占比（%）	77.51	78.78	76.26	76.67	79.43	76.14
愿意落户占比（%）	28.9	35.08	18.91	26.80	26.12	30.89

　　首先，农业转移人口家庭中稳定期家庭占比最大，形成期农业转移人口家庭占比次之，萎缩期农业转移人口家庭占比最小；流向东部城市的家庭中占比最大的家庭为处于稳定期的家庭，约占40%，新组建与婚姻缔结的形成期家庭占比次之，萎缩期家庭前往东部城市定居占比较小；流入中部与西部的家庭中约半数为稳定期家庭，这一规律也体现在省际远距离流

动的家庭中；省内流动的家庭中形成期家庭与稳定期家庭占比较为接近。

其次，从各家庭生命周期的家庭的总体情况比较中，我们发现进入稳定期的农业转移人口家庭收入与支出均最高，且支出占比超过一半，这意味着稳定期家庭面临着较高的家庭供养负担；从形成期和萎缩期家庭收支状况上可以看出，虽然家庭供养负担较低，但家庭收入"流量"也较低，这意味着形成期家庭更依赖父代家庭的经济代际支持，萎缩期家庭倾向于减少支出或较早做回乡打算，通过跨期消费平衡支出压力；处于分离期的家庭并未因为家庭成员分离这一决策显著减少日常支出，可见跨地域的家庭内部汇款仍是农业转移人口维持两个"家"共同发展的基础。处于形成期与分离期的家庭往往具有弹性较大的收支关系，而稳定期家庭的支出占收入比重最大，处于萎缩期的农业转移人口家庭支出占比也较大。因此随着生命周期后移，家庭经济特征会由收入主导，投资消费主导向依赖性消费主导转变，这影响了各个阶段家庭资源的分配结果与最终效用。

再次，处于不同生命周期的家庭收支关系存在结构性差异，同时家庭任务和发展需求会产生变化。纳入流动特征后发现，不同流动特征下家庭收入呈现出较为一致的规律，即无论处于何种家庭生命周期，流动到东部省份和省外城市的农业转移人口收入都具有绝对优势。从支出占收入的比重上来看，无论流入地和流动范围如何改变，稳定期家庭都面临较高的支出压力，流入西部省份和省内流动意味着收支弹性降低，生计压力上升，流入东部和省外城市的农业转移人口家庭反而收支压力下降且刚性降低。这一方面与家庭成员在不同城市内的生活成本有关，因此需要纳入城市层面进行更细致的分析，另一方面也表明了无论家庭团聚隐含的成本是否提升，家庭的城市团聚都表现出一种关键的社会理性。

最后，不同生命周期的家庭对于社会政策供给的敏感度也存在较大差异。总体来看，农业转移人口家庭对于定居本地持有较为乐观的预期，但落户本地的政策可及性较差，二者之间存在逻辑相关与时间相继的关系。从家庭生命周期次第发生的角度来看，定居意愿与落户意愿分别随着家庭生命周期推进演化呈倒 N 形与倒 U 形过程，即随着生命周期的演进，农业转移人口家庭定居意愿呈现先降后升再降的过程，其落户意愿呈现提升—稳定—下降的过程，稳定期家庭定居与落户意愿双高，萎缩期家庭定居与落户意愿双低，而形成期与分离期家庭面临着严重的市民化供需匹配的错位。处于形成期与萎缩期的家庭中超过七成想要定居于本地。处于稳定期的农业转移人口家庭中85%以上的家庭想成为本地常住居民。处于分巢期的农业转移人口家庭也对于获得城镇户籍预期较高，虽然处于家庭成员分离的状态但对于家庭稳态的追求会促使这类家庭市民化意愿的形成。比较不同家庭生命周期家庭的市民化意愿可以发现，处于稳定期的农业转移人口家庭对于长久定居与落户意愿的表达则更为直接，而萎缩期家庭更犹豫不决。纳入流动特征后发现，家庭到东部地区定居并落户更符合农业转移人口的市民化期待，其次为在西部地区定居并落户，中部省份的就地市民化吸引力较弱，出省完成市民化的吸引力有所减弱。与传统"东南飞"趋势不同，农业转移人口也逐渐考虑去往西部省份和就近的城市完成市民身份的转变。可以推测，户籍转换可以显著提升消费内需和家庭发展能力。这对不同地域新生中产阶层的培养、贫困风险的消除以及增长国内消费循环的活力都具有重要的意义。可见具有高度选择性的户口转换，即便是在就地就近转移的前提下，对于农业转移人口家庭来说也是一种"极度的向上流动"。家庭成员在消费方式、闲暇方式等生活方式的"市民化"可促进千万流动人口家庭福利的稳定实现。

因此，不同城市发展过程中仍要重视市民化拉动内需的效应，正视不断变化的农业转移人口家庭结构和提前到来的家庭萎缩风险，并主动从政策制定发力。这不但影响千万流动人口家庭福利的实现，也会影响不同区域城镇化后期增长"活力"的实现。

第三节　农业转移人口市民化意愿的现状与特征

一　代际差异分析

表4-5中可以看出，农业转移人口的城市定居意愿具有显著的代际差异，相比于新生代农业转移人口，第一代农业转移人口更加倾向于返回农村地区生活，并更倾向于回到老家农村生活。而新生代农业转移人口即便决定以后定居农村也会选择回到老家所在的城镇，返回老家农村生活比例

不到两成，同时期望长期居住务工城市的比例也较高。新生代农业转移人口及其家庭具有相对较高的家庭资本禀赋，具备了社会地位跃升能力，同时家庭处于扩张和稳定阶段，家庭合力对其做出城镇定居的影响较为正向。随着民主化进程的推进，新生代农业转移人口具备更高的城市身份认同感和追求，向往更高层次的社会融入和社会保障水平，他们在面对家庭发展机遇时不再采取"回老家生活"的策略，更倾向于"返乡创业""返乡置业"等生计决策。随着现代化带来的代际关系的变化，第一代农业转移人口面临着更大的抚育资源代际下流和城市养老风险，选择返乡生活的比例较高。因此，新生代农业转移人口及其家庭是后续推动有质有序城镇化的主要群体，需要在政策上对其核心发展需求予以回应。

表 4-5　农业转移人口定居意愿的代际差异

单位：份，%

变量	定居意愿类型		LR 检验	定居意愿模式			LR 检验
	农村	城市		老家农村	老家城镇	务工城市	
总体	66.12	33.88		39.89	39.81	20.30	
第一代	75.94	24.06	***	52.37	34.83	12.80	***
新生代	48.50	51.50		19.77	47.84	32.39	
样本量	2958	1785		1785	1781	908	

注：LR 检验为似然比检验缩写，下同；显著性水平 *** p<0.01，** p<0.05，* p<0.1。

观察农业转移人口的落户意愿代际差异分布可以看到（见表 4-6），无论哪一代人，总体上城市落户意愿不高，仅有不到三成的农业转移人口考虑放弃农村（居民）户籍转为城镇居民户籍。新生代农业转移人口落户城市的倾向较第一代农业转移人口高出约 15 个百分点，但比重仍不足四成，平均落户时间期望约为 8 年。尽管各个城市逐步降低或放开落户限制，部分城市甚至提出"零落户"门槛。但仍可以看到落户门槛的降低并不一定促进落户意愿提升。其中原因可以分为两部分来看，一方面，对于流动人口中的特殊子群——农业转移人口来说，农村户籍含金量的提升是其"不想转"的原因；另一方面，落户门槛设定主要目的为吸纳流动人口中的"人才资本"，而农业转移人口并不是"人才大战"的主要争取对象，落户难度是其"不能转"的根源。

表 4-6　农业转移人口落户意愿的代际差异

单位：份，%，年

变量	落户意愿类型		LR 检验	落户时间期望		F 检验
	农村	城镇		取值范围	均值（标准差）	
总体	71.59	28.41		0~98	8.29（8.79）	
第一代	78.55	21.45	***	0~95	8.34（7.83）	***
新生代	63.33	36.67		0~98	8.23（9.81）	
样本量	3198	1276		1276		

注：显著性水平 *** p<0.01，** p<0.05，* p<0.1。

二　流动空间差异

表4-7描述了不同流动空间视角下农业转移人口市民化意愿的差异性检验结果。总体上，省内流动的农业转移人口更倾向于长久定居于农村，定居于省内的老家城镇也是具有吸引力的选择，省际流动的农业转移人口返乡意愿也较为强烈，约半数打算以后回到农村居住，同时返回农村老家占比较高，同时定居模式也有两极分化的趋势，约三成的省际流动的农业转移人口定居于目前所在的省外务工城市是其进行定居决策时不可忽视的选项。在落户意愿表达方面，流动空间带来了户籍身份转换意愿的差异，省际流动的农业转移人口获得城镇居民户籍的意愿更强。一方面，以往研究表明，跨区域的流动与务工是农业转移人口在劳动力市场上的普遍现象，农业转移人口务工流动的空间一旦超出本县，其务工距离的增加会有助于就业质量的提升，这主要表现在工资水平上升、工作时间缩减和工作福利获取可能性的增加[253]。另一方面可以看到流动务工的农业转移人口面临长久定居地的选择时，乡村文化、熟人网络、生态环境等因素还起到了不可忽视的作用，即便在外省流动，仍有一定比例的农业转移人口选择回到家乡农村或城镇生活，这是农业转移人口及其家庭成员务工在城市，消费投资等行为在家乡的生动注解。农业转移人口在落户意愿方面表现出和定居意愿类似的规律，省内流动的农业转移人口更倾向于保留农村户籍，而省际流动的农业转移人口城镇户籍意愿相对更高。同时，无论家庭采取何种流动方式，期望获得城镇户籍身份的比例均低于愿意长久定居于城市或城镇的人口比例，这表明居住于城

市的个体或家庭在足够的定居意愿和定居能力的前提下仍表现出较低的城镇落户意愿。因此，在提升市民化质量的相关研究设计中需要将个体和家庭维度的能力、意愿与外部制度环境同时纳入考察范围，使农业转移人口尽快尽好地落户城镇。由于不同代次的人口迁移有着自身的偏好和能力的差别，因此本书将总样本拆分为第一代和新生代农业转移人口，在不同代次群体内比较流动空间带来的市民化意愿差异。表 4-8 中数据显示表 4-7 所述规律在不同代次中存在差异，其中相比第一代农业转移人口，省内流动的新生代人口城市定居与务工地定居意愿都更高，省际流动中，新生代农业转移人口返回老家城镇生活比例升高。第一代省际流动的农业转移人口中愿意落户城镇的落户时间预期也更短，新生代农业转移人口也表现出相同趋势。

表 4-7　农业转移人口市民化意愿的流动空间差异

单位：%，份

变量	定居意愿		LR检验	定居模式			LR检验	落户意愿		LR检验	时间期望①	
	农村	城市		老家农村	老家城镇	务工城市		农村	城镇			F检验
总体	64.29	35.71		40.18	40.97	18.85		72.43	27.57			
省内流动	73.72	26.28	***	42.22	49.47	8.31	***	76.12	23.88	***	8.15	ns
省际流动	56.41	43.59		38.47	33.87	27.66		69.50	30.50		8.37	
样本量	2958	1516		1785	1781	908		3198	1276		1276	

注：显著性水平 *** p<0.01，** p<0.05，* p<0.1。

表 4-8　不同代次与流动空间的农业转移人口市民化意愿差异

单位：%

变量	定居意愿		LR检验	定居意愿			LR检验	落户意愿		LR检验	时间期望	
	农村	城市		老家农村	老家城镇	务工城市		农村	城镇			F检验
第一代												
省内流动	80.95	19.05	***	52.36	27.67	19.97	***	76.44	23.56	**	8.48	ns
省际流动	70.89	29.11		52.38	41.85	5.77		80.66	19.34		8.04	

① 该部分仅汇报具有城镇落户意愿个体的落户时间预期，下同。

续表

变量	定居意愿		LR检验	定居意愿			LR检验	落户意愿		LR检验	时间期望	F检验
	农村	城市		老家农村	老家城镇	务工城市		农村	城镇			F检验
新生代												
省内流动	38.43	61.57	***	19.49	39.42	41.09	***	61.43	38.57	**	8.21	***
省际流动	53.93	38.78		20.24	62.22	17.54		66.71	33.29		8.25	

注：显著性水平 *** p<0.01， ** p<0.05， * p<0.1。

三　职业类型差异

乡村振兴与新型城镇化耦合协调的动态发展是迈向城乡融合发展的关键与趋势。人口迁移行为决策不仅关乎个体当下的发展前景，也在一定程度上通过"返乡"、"留城"和"回到城镇"等决策的实现突出了对乡村社会的赋能过程。以城带乡必然从人入手，职业技术工人、小商品经营者和自雇者返乡入乡创业就业已经成为活跃县域经济发展的新生力量，破解了中西部地区县域"末梢"经济多元发展的难题，也打破了欠发达地区难以留住本地劳动力的困境，通过加大对农产品产业化发展需求和城市居民多元化商品需要，刺激着乡村社会发展转型。因此有必要以农业转移人口目前的职业类型作为重要的差异化分析角度，对农业转移人口市民化意愿的现状进行细致化解读，从而明确乡村振兴与新型城镇化耦合协调过程中的重点人群及其特征。

以往研究表明例如技术人员、常规费体力劳动者和自雇就业者等农业转移人口其收入、社会保障覆盖程度、就业稳定性等方面都优于低技能技术工人、体力劳动者和农业劳动者，且职业阶层与城市定居倾向往往呈现正相关关系。从表4-9统计结果来看，这与学界中发现的自我雇佣者倾向定居城市，体力劳动者落户意愿较弱[254]等职业类型对定居意愿的相关关系假定有所差异。

国家《职业分类标准》将在业人口所从事的工作性质进行分类，本研究借鉴其分类依据对农业转移人口职业进行粗分类（见表4-9）。其中前两类为主要脑力劳动者，第三类为部分脑力劳动者与部分体力劳动者，后三类为主要体力劳动者。当被询问未来定居意愿时，无论职业类型如何，均有四成左右的农业转移人口表示愿意回到家乡城镇定居，职业偏向脑力劳动个体选择回乡的比例显著高于体力劳动者。从落户状况来看，体力劳动者更倾向于急迫获得城镇户籍以及背后所隐含的社会公共福利保障，而脑力劳动者落户意愿较弱，落户时间预期较长。乡村振兴战略布局与实施从制度层面为以农业转移人口为主体的"人才振兴"创造了机遇。尽管"回流"是"有技术、有能力"的农业转移人口的发展需求，但这并不等同于发达国家城镇化进程中"中产阶级"的"逆城镇化"现象，而是对乡村振兴中中小城镇公共服务供给与劳动力市场建设提出了更高的要求。

表 4-9　不同职业类型的农业转移人口市民化意愿分布

单位：%，年

变量	定居意愿					落户意愿		
	农村	城市	家乡农村	家乡城镇	务工城市	农村	城镇	时间预期
资本家\技术人员\经理人	70.37	29.63	45.68	39.51	14.81	73.63	26.37	9.79
常规非体力劳动者	80.53	19.47	57.88	32.88	9.24	78.01	21.99	9.44
自雇者	61.70	38.30	37.20	43.80	19.00	71.62	28.38	8.22
低级技术人员与体力劳动	59.14	40.86	34.82	41.73	23.45	73.31	26.69	8.02
半熟练体力工人	38.35	61.65	17.30	45.86	36.84	57.43	42.57	8.54
农业劳动者	54.55	45.45	27.75	45.22	27.03	67.16	32.84	7.14

第四节　居留意愿与落户意愿的相关性及因果分析

为了突出户籍制度改革对于农业转移人口迁移决策的制度影响，本书参考 Goldstein 与 Woon 等人的理论分析，将长期定居意愿与落户意愿两项指标进行联立分析，这构成了上文所述的市民化意愿两个阶段。考虑分析结果的现实性，表 4-10 将定居意愿细分为未来倾向于定居老家农村、老家城镇或目前务工所在城市，同时将落户意愿分为是否愿意保留农村户籍或转换户籍类型两类。

表 4-10 市民化意愿总体分布情况

单位：%

变量		落户意愿		LR 检验
		农村	城镇	
定居意愿	老家农村	86.87	13.13	***
	老家城镇	66.85	33.15	
	务工城市	50.23	49.77	

注：显著性水平 *** p<0.01， ** p<0.05， * p<0.1。

在城市有稳定工作，具有较强的城市适应能力的农业转移人口在城市落户的可能性最大，但是表 4-10 的数据结果显示，有意愿长久定居于务工城市的样本中最终选择保留农村户籍的比重为 50.23%，这一比重在希望定居在老家城镇的农业转移人口中上升至 66.85%。这其中部分农业转移人口的家庭发展能力较弱，家庭也处于扩张与稳定发展的生命周期内，不愿意放弃农村户籍身份背后隐含的利益以减少沉没成本或直接切断与农村的联系。而选择回到老家农村生活的农业转移人口中仅有不到 15% 是期望同时获得城镇户口的，可以说这一群体基本不存在任何层面上的市民化倾向，他们将自己限定为"城市里的过客"。这就意味着即使一部分农业转移人口在城市实现稳定就业和生活，也没有落户城市的行动力。但也存在另一部分农业转移人口在务工城市完成了家庭生命周期的更迭（例如婚育），获得稳定就业，同时有落户城市和在务工地长久居住的能力与意愿，但由于务工城市政府制定了条目清晰且极具刚性的户籍门槛，限制了这部分群体市民化行为的产生。同时，落户本身就是对不同户籍身份所蕴含的公共服务的综合考量，这部分群体如何选择定居地与户籍转换也与城市发展的特征密切相关。

在使用倾向值匹配方法前，需要对处理组与控制组样本进行平衡性检验与共同支撑检验，为了保证两组样本除定居意愿外，其余代表家庭禀赋、流动特征等属性不存在显著性差异。需要说明的是，稳健性检验过程中为了最大限度保留处理组与控制组的组间差异，所以选取了定居类型作为"自选择效应"的代表变量，以落户意愿类型作为结果变量的代表变量。

表 4-11 可以看出无论使用何种匹配方法，倾向值匹配后的 Pseudo R^2 显著下降，解释变量对定居意愿差异影响的假设均被拒绝。

表 4-11　倾向值匹配前后落户意愿影响因素的平衡性检验结果

被解释变量	匹配方法	Pseudo R^2	LR test	P>chi2	Mean Bias（%）	Med Bias（%）
落户意愿	匹配前	0.1393	801.59	0.0000	21.3	20.8
	$k=1$	0.003	14.26	0.284	3.3	3.5
	$k=4$	0.001	4.17	0.980	2.0	1.9
	核匹配	0.001	4.32	0.977	2.0	2.0

　　表 4-11 数据显示，解释变量的标准化偏差，即抽样值与真实值间的差异均低于 20%，且与未匹配相比显著减小。因此，匹配前控制组与处理组之间可能存在内生性，匹配后各解释变量的系统性差异显著减小，如图 4-2 所示。图 4-3 为处理前后解释变量标准化偏差汇总图，可以看到匹配后各解释变量的系统性差异显著减小，匹配效果良好。

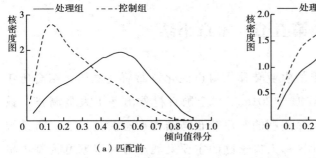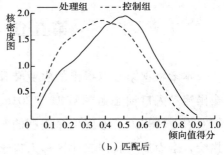

图 4-2　匹配前后处理组与控制组的倾向得分值核密度分布

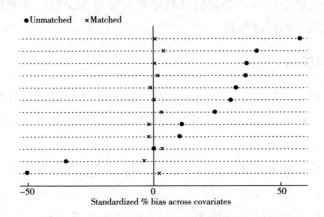

图 4-3　标准化偏差示意

表 4-12　不同倾向值匹配结果

	匹配方法	ATT	标准误	T 统计量
落户意愿	k = 1	0.428 ***	0.022	9.28
	k = 4	0.428 ***	0.018	10.73
	核匹配	0.429 ***	0.017	11.57

注：显著性水平 *** p<0.01，** p<0.05，* p<0.1。

从表 4-12 估计结果的平均处理效应（ATT）结果中可以看出，即便在家庭禀赋、流动特征、城市落户制度与福利保障因素相同的情况下，与不具有城镇定居意愿的农业转移人口家庭相比，农业转移人口家庭的城镇定居意愿均显著促进了城镇户籍转换意愿的产生。倾向值匹配过程证明农业转移人口定居意愿与落户意愿之间存在可被验证的因果效应，因此可以规避简单"主观解释主观"过程中的混淆偏误[162]。

第五节　本章小结

本章根据第三章提出的农业转移人口市民化意愿研究框架，结合历年全国流动人口动态监测数据与 2018 年"全国百村外出务工人员调查"数据对农业转移人口家庭生命周期的时序分布与结构形态演化形态进行系统描绘，全面反映我国农业转移人口家庭的主要发展态势和以家庭为基本单元进行市民化治理过程中可能面临的挑战。考虑我国人口迁移与市民化特征与代次、流动空间和职业类型等具体社会情境相交织，本章同时分析并描述如上视角下的群体差异。

一　结果与讨论

农业转移人口的家庭生命周期与社会环境互动对该群体发展产生了节律性的固化，对家庭发展产生了系统性影响，从而消减了古典因素对于市民化意愿产生的作用。

首先，从宏观农业转移人口家庭生命周期的时序分布来看，农业转移人口家庭正在面临形成期与分巢期家庭占比增多，稳定期与萎缩期家庭占比减小的数量"挤压"，家庭形成期与稳定期推迟，分巢期提前的时序

"挤压"：形成期与分巢期家庭约占半数，稳定期家庭占比略有下降；对比2013年与2016年全国流动人口动态监测数据发现，各个出生年代的农业转移人口其家庭形成期推迟1年发生，家庭团聚推迟4~5年发生，离巢务工提前1年发生。这可能与当下人口流动过程中家庭分离可能性提升、婚姻年龄推迟和劳动力市场对于"高龄"就业者存在排斥等现象有关。数量与时序的双向"挤压"代表着家庭发展需求旺盛期会较为集中地出现，进而导致针对家庭的公共服务供给时间窗口缩小，需求密度提升，"以人为核心"的新型城镇化过程中市场制度与政策制度设计更需"家本位"的关怀。

其次，从农业转移人口不同家庭生命周期来看，家庭经济特征会受到不同生命周期的约束，总体呈现收入主导、投资消费主导和依赖性消费转变的过程。家庭务工行为也与家庭生命周期紧密相关。省内流动的家庭更容易实现在城团聚，促使家庭尽快进入稳定期。较多的分巢家庭进行着省际长距离流动。处于不同家庭生命周期的农业转移人口对市民化相关政策敏感度存在差异，稳定期的农业转移人口家庭对于长久定居与落户意愿需求旺盛，发展需求的表达也更为直接，而萎缩期家庭更犹豫不决，分巢期家庭虽然处于成员分离的状态但其对家庭稳态发展的追求也在一定程度上提升了定居意愿的产生。

最后，微观层面的农业转移人口市民化与个体代次特征、流动范围以及职业类型紧密相关。第一，新生代农业转移人口回到老家城镇或留在务工城市为主流选择；其更倾向于获得城镇户口，第一代农业转移人口倾向于回到老家农村选择不更换户籍类型。第二，远距离的省外流动带来了更高能量的"流动赋权"，无论何种维度的市民化意愿都更强，但落户意愿由于制度与市场因素的影响仍略低于定居意愿，这一特征在第一代农业转移人口中更为明显。第三，通过代次与流动的联合观察我们发现，流入中部与西部的农业转移人口家庭更有可能在20~32岁定居城市，其家庭普遍处于分巢期与稳定期；东部省内流动的农业转移人口家庭实现市民化的年龄大致分布于家庭形成期与萎缩期；返乡意愿集中在41~46岁的农业转移人口中呈现；21~28岁和40~46岁的农业转移人口其落户意愿整体较高，与定居意愿存在一定的"同频共振"。第四，经过40余年的改革开放，农业转移人口的职业选择形成了天然的分化，其市民化意愿是乡村振兴与新型城镇化进程的共同映照，也代表了未来进行乡村振兴时需要关注的"新乡贤"群体的回乡建设意愿。无论职业类型如何均有四成左右的农业转移人口表示愿意回到老家城镇，从事脑力劳动的个体选择回乡的比例显著高于体力劳动者，选择转换户籍的比例显著低于体力劳动者。

二 政策启示

当前，我国人口进入了快速变化与结构复杂的新阶段，我国流动人口（特别是农村户籍的农业转移人口）的家庭发展需求旺盛且易在社会政策制定时被忽略。社会经济发展与政策设计是否可以解决并回应隐含的社会问题与群体需求，决定了"流动中国"人口发展目标能否实现与"以人为核心"新型城镇化推进质量的优劣。了解家庭生命周期的变迁与农业转移人口的市民化发展意愿差异及两者间的关系，可以在构建家庭变化与社会发展的经济含义与社会含义基础上，对面向家庭的社会政策制定提供更多的参考。

首先，家庭对于个体发展决策的影响介入早、退出晚，家庭内部联系与资源互换更为普遍，市民化决策本质上属于家庭单位的集体决策，因此有必要将核心家庭作为研究单元。新迁移经济学将迁移作为家庭相关人员构成的更大生产和消费单位内最大化收益与最小化风险的共同决策因素。家庭生命周期的发生时序决定了需求层次的演进，结构决定了家庭如何实现对稳态发展的追求，失稳家庭呈现风险感知、外部支持上升和决策自由度下降的特征；家庭生命周期中单一阶段的延长或消弭会导致家庭关系的共振，例如分巢期家庭占比增加会导致亲子、夫妻和隔代关系的不和，分巢期家庭占比增加会导致代际关系、老年群体的特殊发展问题。这些特殊的社会问题可能出现在城市也可能出现于农村社区，也会因为生命周期对个体身份角色"锁定"效应的消失而消弭。建立以家庭为基本单位的人口流动管理与服务政策体系可以有效回应不同生命周期内家庭的发展核心需求。

其次，从宏观农业转移人口家庭生命周期的结构形态来看，家庭发展与宏观流入地的关联特征明显，这对城市管理和公共服务供给提出了更为明确的挑战。不同生命周期家庭的社会经济特征和发展决策存在较大差异。由于不同生命周期的家庭具有不同的任务和需求结构，随着家庭成长与衰退的自然过程，家庭发展会经历经济发展为主要诉求，追求投资与回报到依赖型消费主导的周期性过程。这一客观判断的根据是家庭对于社会政策供给的敏感度。家庭决策，特别是市民化决策体现了家庭对于稳态结构的追求，失稳家庭往往收支压力大，人力资本优势和风险规避倾向更为明显，因此更依赖外部社会支持做出生计决策。面向家庭的社会政策需要提升针对性与前瞻性，针对人口流动与家庭生命周期的演化提升人口政策预判，依据代际更迭与流动特征，细化市民化政策设计。

再次，针对新的家庭发展取向，需要依据不同家庭生命周期特征细化市民化政策。形成期农业转移人口家庭要关注其旺盛的城市定居意愿，落实基础城市住房政策落地，减少其安居成本。对于分离期家庭，要明晰家庭内部权力关系和成员间互动是否还存在制度与市场阻碍，重点关注亲子、夫妻关系能否在城市"重聚"。流入地制度成本、生活成本、教育成本会加剧家庭内部的分离。子女处于家庭关系利益序列的首位，夫妻长期分离或亲子分离会造成子女在认知能力与学业成绩上的相对弱势。解决留守人群的发展难题，重点不应该在于如何使他们在乡村生活得更好，而应该把制度创新的重点放在如何使有能力、有需求的群体顺利入城，促进家庭团聚与稳定发展。对稳定期家庭来说，需要关注家庭成员身份认同和社会融入等更具"权益性发展"议题，城市社会归属、社会保障完善和劳动关系稳定性均提升了留城与转户的意愿。而对于萎缩期的空巢家庭，老人在子女离家后会在心理与情感上产生相对失落感，加大了其返乡生活的可能性。推动城市以开放、包容化的城市文化建设引导社会对于高龄农业转移人口群体贡献的认同，同时提升社会保障政策对于该群体的覆盖，可增强该群体获得感。

最后，不同职业类型农业转移人口的未来发展取向预示着未来乡村振兴的"人才之基"。乡村振兴是一项以政府改革为主线、市场融合发展为动力的系统性改革，"守地式发展"为农村人口进城和各类人才回乡提供了"广阔天地"，这是以城镇化带动乡村振兴的重要一环。但仍可以看到，体力劳动者在乡村与城镇劳动力市场中无法获得较高对价，脑力劳动者主要在乡村生态的吸引下愿意回乡建设。这意味着一方面要对农业转移人口进行分类引导，使其在自身生命周期中能够实现"禀赋驱动—流动赋权—回流安居"，或"禀赋驱动—流动赋权—城市安居"分化的人生轨迹；另一方面要对乡村群落分类优化，坚持有保有放原则，在规划、设计与要素配置上满足乡村人口聚集与乡村群落升级的协调发展。

本章以专项调查数据为基础，对农业转移人口定居意愿的影响因素进行深入分析。本章的主要研究内容及结构如下：首先，对农业转移人口家庭禀赋特征、流动特征及定居意愿的分布进行全面比较和深入分析；接着，对家庭稳定定居这一市民化意愿形成的影响因素进行深入分析。为了更全面地剖析家庭市民化实践的产生，本章将在第三章研究分析框架的指导下，着重探讨在城镇化进程中家庭资源与禀赋、家庭内部支持、交往与融入、社会风险应对特征对农业转移人口定居意愿的影响，并利用 2018 年"全国百村外出务工人员调查"数据构建分析模型，具体研究目标包括以下两方面。

第一，验证本书构建的市民化意愿分析框架对市民化意愿研究的有效性。

第二，分析定居意愿这一市民化维度的关键影响因素及影响路径。

第一节 研究设计

农业转移人口市民化意愿分为定居意愿和落户意愿两个阶段，将市民化的参与意愿从一维判断拓展为行为性市民化和制度性市民化两个阶段，分阶段进行农业转移人口市民化的现状及影响因素分析，可以更细致地探索农业转移人口市民化在不同社会文化、经济与制度环境下的深层次机制，从而更为有质有序地促进高质量市民化形成。本章主要探讨农业转移人口市民化的第一阶段——定居意愿的影响因素及家庭生命周期异质性。

在第三章研究设计的指导下，构建农业转移人口定居意愿的分析框架。并以此为基础，分析禀赋驱动效应与流动赋权过程对农业转移人口定居意愿的影响过程及家庭生命周期视角下的异质性作用机理。

一 研究框架

本章的分析框架如图 5-1 所示。前文从理论研究出发，论证了在人口大规模流动背景下，农业转移人口家庭在流入地累积了以资源禀赋为代表的物质"拉引"因素和以流动选择为代表的流动习惯对农业转移人口市民化意愿的影响。在此分析框架的指导下，首先，论证个人禀赋因素与个人流动特征在家庭化迁移背景下是如何表达为家庭禀赋特征和家庭流动特征两个维度。从家庭决策角度出发，家庭应当成为市民化分析研究的基本单位，应当将所有的家庭成员看作一个整体，家庭成员的生计转型与生计需求都是家庭统一决策的结果。其次，从定居地类型上分析农业转移人口定居意愿，并将定居地划分为农村和城市。同时，根据定居地与务工地关系，将农业转移人口定居地细化为老家和务工地两类，并与上述分类相结合形成本书定居意愿的分析维度，即老家农村、老家城镇、务工城市。再次，在对农业转移人口定居意愿分析的基础上，从家庭经济禀赋、人力资本、家庭内部与外部情感关系、家庭物质资源以及多层面的家庭流动特征上进行变量的细化与论证。最后，在家庭生命周期视角下，讨论家庭禀赋特征和家庭流动特征对农业转移人口定居意愿的异质性影响是否成立。

本章的研究内容安排如下：首先，农业转移人口家庭的城市定居意愿可以划分为定居城市或回到农村两种类别，研究首先关注其是否愿意在城市生活的决定性因素，在模型构造时使用 Logit 模型估计家庭禀赋特征和家庭流动特征对于定居意愿的影响；其次，农业转移人口家庭的定居意愿模式可以划分为老家农村、老家城镇与务工城市，在模型中，研究将愿意长久定居于老家农村的农业转移人口家庭作为参照组，使用 Multi Logit 模型可以估计家庭禀赋特征与家庭流动特征如何决定农业转移人口定居意愿；再次，了解家庭生命历程视角下农业转移人口家庭定居意愿的类型和模式分布，同时考察家庭禀赋特征和家庭流动特征对处于不同生命周期的家庭是否存在异质性影响；最后，由于"全国百村外出务工人员调查"专项调查数据采取分层随机抽样的数据收集方式，分层抽样可以保证所选样本在流出省份和流入省份中具有足够的代表性，层内随机抽样可以覆盖村内不同类型的农业转移人口家庭，同时调研数据不仅包含了每一个被访家庭的家庭成员特征、成员基本信息，本书还将纳入个体层面的控制因素，力求数据结果的可靠性与稳健性。

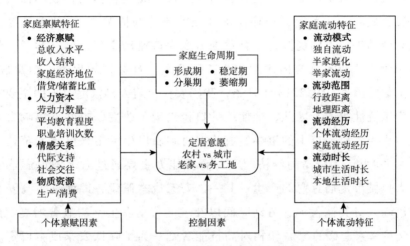

图 5-1　农业转移人口市民化意愿影响因素分析框架

　　在中国农村社会中，家庭对于个体的行为决策有着特殊的意义。以往的迁移理论研究都强调迁移者往往依据家庭总效益最大化而权衡个人迁移决策，个人迁移决策是家庭决策的有机组成，但以往研究默认了个体能力对决策形成的决定性影响，并未深入分析家庭状况、资源与能力水平等对于农业转移人口迁移影响的内在机理。

　　家庭禀赋是指一定时期内在特定环境下，关键行为人（或家庭）先天禀赋和在社会经济活动中获得的谋生本领和条件[255]。以此作为自变量来描述农业转移人口的市民化决策行为，可以将其理解为农业转移人口为了改善目前生存状况，实现家庭发展而不断获得的能力和资本。本书中所指的家庭禀赋主要包括农业转移人口家中劳动力先天生理特征、后天的教育水平和技能特质、就业结果以及在就业、生活和社会交往中形成的社会化活动轨迹，包括家庭代际支持、家庭社会交往、家庭住房条件等要素[256]。

本书认为家庭禀赋特征包含家庭经济禀赋、家庭人力资本、家庭内部的代际支持与在交往和融入过程中对外延伸出的社会网络、家庭物质资源存量四部分，这既是个体层面能力水平的拓展和外延，也是家庭成员可以共享资源和依赖共生的体现。

缺乏资源是迁移的动因和束缚，迁移是劳动者改善自身生活水平、获取公平机会的重要途径，但同时也因为迁移者无法负担迁移成本而被迫放弃市民化机会，从而形成循环流动或无效流动的情况[257]。随着社会经济发展和劳动生产率的提升，结合我国城乡人口流动实际，已有学者将传统模型中对于预期收入的描述细化为工资收入、社会福利保障、信息成本、社会文化等因素。从 2013 年开始，我国农村户籍人口家庭收入的主要来源已成为工资性收入。因此，即使统计口径出现了改变，也并不影响农业转移人口作为农村人口中的重要组成给农村和农民生活带来巨大变革这一现实[258]。本书认为较高的经济收入与金融能力主要通过以下假说影响农业转移人口城市定居意愿的产生。其一，安家成本假说，即面临更高安家成本的流动人口其储蓄率、劳动时间以及过度劳动发生率均显著增高。携子女、父母举家迁移的家庭和相对高技能者则是为了降低安家成本以定居当地[259]。其二，经济融合假说，金融资本的保有可以降低流动成本、提高生活稳定性，提升跨越市民化经济门槛的能力。与个人收入水平不同，家庭收入更具备为家庭提供物质基础这一功能，同时家庭收入越高，能为个人提供的经济支持越多，农业转移人口也越倾向于留在城市定居。

已有研究表明，受长期与频繁流动的属性影响，农业转移人口往往采用较高的储蓄率和劳动供给来平衡跨期收入波动和城市安家成本的上升[259]。用总借贷与储蓄率之比来反映家庭经济禀赋的结构脆弱性，家庭总借贷/储蓄率不仅表征了农业转移人口家庭经济风险的应对能力，也体现了家庭金融资本韧性。社会经济地位反映了个体在生产资料、财产与收入、职业、政治权利、文化、社会资本、社会声望等方面资源的获得情况，是家庭能力的综合体现。已有研究也证实了相较于从事体力劳动的农业转移人口，白领阶层以及自雇就业的农业转移人口定居城市与转换户籍的可能性相对较高[260]。因此，家庭经济禀赋越好，农业转移人口越倾向于定居城市并定居于务工地。

加里·贝克尔认为人力资本是个体行动视角下个人发展能力的重要体现[261]，学界也普遍采用人力资本维度来衡量农业转移人口的个体能力[262]，并且认为风险社会中农业转移人口在做出未来发展决策时会更加谨慎和理性，会更多地受到人力资本存量的影响[263]。依据人力资本外部性理论，劳动者人力资本越高，其预期工资增加就越快[264]。农业转移人口的人力资本薄弱是阻碍其市民化过程的关键因素，教育与职业培训对于个人提升人力资本和市民化能力具有非常重要的促进作用[265]，决定了其在迁移和职业选择过程中使用其他资本进行决策的能力，也决定了其可以较好适应流动和定居带来的心理成本[266]。首先，低技能和大龄农业转移人口可能对于新兴技术迅猛发展和经济结构快速转型等问题适应性较差，从而较难转移和匹配至新的岗位、职业和行业部门[11]，降低了个体决策的自由度，而较高的教育程度意味着农业转移人口具有较强的获取和处置信息的能力；其次，这种人力资源会叠加社会资源优势、弱化经济能力劣势，降低家庭缓解伤、病冲击，平滑收入风险；最后，由于迁移决策蕴含着对于心理成本的考量，农业转移人口及其家庭会因语言、生活习惯及习俗等改变而无法适应长距离的流动[267]。人力资本越高的农业转移人口城市适应能力越强，其在城市就业或定居的心理成本越低[268]。

同时非劳动年龄人口的人力资本状况也对家庭决策产生影响，例如老年父母的健康状况不佳会阻碍农村户籍成年子女的向外迁移与定居[269]；农村女性由于家庭的依附性较强，其迁移决策与家庭禀赋关系更为密切；农村家庭中正在上学的孩子会影响劳动力迁移概率，家中上学的孩子数量每增加 1 个，劳动力回流的概率会增加 1.1 倍[270,271]，子女上学已经成为影响家庭资源配置的一项重要事件。这意味着家庭人力资本水平与结构通过决定家庭化迁移模式而影响农业转移人口市民化意愿。因此，本书参考了石智雷等学者对于人力资本的测度方法，同时考量家庭特征对各个维度因素的异化，最终采用家庭成员的生产能力、家庭成员的知识资本存量和家庭成员综合素质水平来体现[170]。因此，家庭人力资本越高的农业转移人口，越倾向于在城市与务工地定居。

家庭并非一个可以被简化为具有明确边界的结构，而是蕴含历史绵延属性和代际交换过程。家庭现代化理论认为随着工业化的发展，家庭结构会趋于小型化与核心化，核心家庭成员与非核心家庭成员之间的联系被削弱，但与日本、韩国、中国台湾地区类似，中国大陆的家庭在社会变革和家庭变迁面前，并未出现绝对的核心化，而是通过代际依赖与互补延续着传统的家庭团结力量[211]。可以说，城镇化为家庭注入了发展主义目标，子代家庭作为核心公共家庭，联结了男方和女方的原始核心家庭，尽管地理空间上分离，但新联合家庭的功能与目标在资源禀赋的重组下变得更为传统[272]，例如团聚、相依、阶层跃升等。在新的联合家庭的互动中，以代际合力为核心要义的"经营家庭"理念推动了农村家庭向现代化能动转型[273]，大大增强了在现代化刚性需求阶段，子代家庭的市民化能力。同时，在城镇公共服务吸引力下，已经逐步外出流动的核心家庭部分成员会在稳定就业的基础上，逐步进行家庭成员完全市民化的积极实践。

因此，家庭禀赋并非一种常量，农业转移人口的家庭发展目标也并非局限于核心家庭的层面，而是沿着代际链条扩及更大范围的成员关系。可见，家庭结构蕴含了家庭成员之间资源的整合强度，通过特定家庭关联模式实现资源动员和资源配置，家庭的资源禀赋实际上依赖于家庭内部的主体动员能力。市场化打破了农民以"过日子、挣快钱"为核心的家庭再生产路径，并通过城市化目标的注入激活了农民家庭的功能维度[143]。因此，农业转移人口家庭的内部动员和资源凝聚力越强，代际责任越是刚性，代际整合和支持的力度就越大，家庭发展型目标的实现可能性越大，反之，代际责任越具有弹性和可替代性，代际整合和支持力度就具有更多的收缩空间，家庭发展能力相对不充分的可能性越大。

另外，Pierre Bourdieu 将社会资本定义为"一个实际的或潜在的资源综合体，它不可避免地与一个熟悉的、公认的、制度化网络的持久网格相联系"。社会资本是家庭与外部社会相关联的、持久的资源禀赋特征，先迁者在城市形成社会资源会对家庭劳动力迁移起到巨大作用，有成员长期在城市务工的农户家庭更易于持续向外迁移，异质性的社会网络的拓展更有利于农业转移人口的外流[274]。Grootaert 发现，在印度尼西亚农户家庭中社会资本减少了贫困发生的概率，稳健的社会资本对于穷人群体来说具有更高的回报[275]，相较于人力资本，社会资本更是"穷人的资本"[275]。

在传统中国社会中，基于家庭的社会结构特别重要。在西方社会的教育和养老环节中，孩子较少承担家庭养老的功能而是父母的"消费品"；而在传统中国社会中，在迁移过程中成年子女需要承担农村族群内部（如大家族成员之间、亲友之间）的孝道舆论和养老责任，因此抑制了成年子女迁出农村意愿的产生。总之，社会资本主要通过进城后的职业匹配、收入和地位获得等拉力因素影响其城市定居意愿，也会通过农村传统家族文化的黏性与拉力降低城市定居意愿的产生。因此，家庭情感关系越好的农业转移人口，越倾向于定居城市与务工地。其中，家庭内部代际支持越强的农业转移人口，越倾向于定居城市与务工地。同时，家庭外部社会交往越强的农业转移人口，越倾向于定居城市与务工地。

"住有所居"是农业转移人口家庭城市生存与发展的基本物质前提，住房来源可以表明家庭物质资本拥有的特征[276]。进入城市后的住房选择和消费不仅关乎其城市生活质量，而且是迁移与定居决策中最为重要的影响因素[277]。农业转移人口在城市的居住环境呈现出住房质量差、产权不完整、空间密度大等特征[278]，随着城市居住成本的不断上升，城市清理低端居住空间倾向明显，农业转移人口的住房获得正成为制约城市"住有所居"发展的瓶颈[279]。

一方面，城市住房质量低、面积小的现状抑制了农业转移人口的定居城市意愿。住房的获得和物质资本质量的提升不仅反映在生活质量的提升上，住房也在职业之外代表了家庭获得财富增长和社会阶层跃升的生活机会[280]。住房获得是社会分层体系中非常重要的因素[281]，而拥有城市正规住房也是农业转移人口能够实现城市永久定居的基本条件之一[13]。购买城市住房的农业转移人口也应该更有能力且更有意愿在城市落户，国家也将具有城市长久定居能力（即稳定居所）的农业转移人口家庭作为市民化的重点人群[282]。

另一方面，相对于拥有城镇户籍的流动人口而言，农业转移人口家庭更多地充当了"弱势群体"的角色。根据弱势群体经济学理论，农业转移人口家庭从住房物质供给中获得的边际效应更大[283]，所以近年来许多城市将流动人口纳入城市住房保障体系的申请人范畴，也放大了政策改革的红利，在改善中低收入群体的居住条件、提升人口城镇化的质量和促进人口向城镇流动都具有重要的作用[284]。因此，物质资本越丰富，农业转移人口越倾向于定居城市并定居于务工地。

流动一般被认为是农村劳动力获得城市现代性的过程[40]，是农村家庭进一步赋权的契机，"流而未迁"是这一赋权过程中不可忽视的重要特征，由此衍生出"隔离—选择融入—最终全面融入"的社会融入过程[41]。鉴于此，针对"流而未迁"这一特性，本书将关于结果一端的市民化环节统一称为"迁移"，例如"迁移意愿"，将关于过程一端的市民化环节统一称为"流动"，例如"流动模式"。行为意愿是个体内在心理因素与外在社会、自然、文化环境相互作用的结果，农业转移人口在流动过程中，随着自身心理发展、社会环境改变、地理空间变化和文化适应的深入，其行为观念都将随之发生转变。流动人口整体上进入新的调整期，家庭化迁移程度加深，近域流动比例上升，流动强度降低，流动短期化[285]。这不仅直接关系劳动力空间配置，对区域社会发展具有重要含义，同时也直接决定了不同区域和城市流动人口管理和基本公共服务供给的取向，是地方政府做好流动人口服务与管理的基本面向。从"流动"到"定居"与"落户"，必须关注农业转移人口及其家庭的流动特征。鉴于此，本书在对于家庭流动模式的考察中主要关注农业转移人口家庭在流动模式、流动范围、流动经历和流动时长四方面的特征。

面对风险社会，发展中国家的农民在进行生计决策的过程中往往采取最大化规避风险的途径，而不采取隐含风险较高但收益也最大的生计方式[163]。在"安全第一"的生存伦理下，农民家庭一般不会举家搬迁至务工城市，家庭迁移不一定是永久定居的前奏，只是最大化经济回报和最小化经济风险的一种表面的"胜利"[286]，留守家庭成员和进城务工的家庭成员都面临着或显性或隐性的福利损失。

考虑迁移过程中往往无法保持家庭结构的完整性，已有学者将传统农村家庭分为"传统留守家庭"（Traditional Left-behind Households）和"跨地域家庭"（Dual-locational Households）两类，并细化了对家庭化迁移的测量方式，即用流动人口携带家属数量来代替，或以核心家庭为基准，将流动家庭划分为四种流动模式：举家迁移、夫妻与子女分居、夫妻一方携子女流动以及夫妻一方单独流动[287]，并证明了当前我国的流动人口正处于"进行期"，即处于从夫妻共同流动阶段转向核心家庭化迁移的过程中[288]，但多数家庭的举家迁移尚未完成[197]；流动中的家庭虽有定居意愿，但定居能力较弱。移民网络理论认为，迁移使原有的血缘、乡缘、情缘关系网络继续扩散，并对后续迁移者提供信息与经济支持，促使迁移规模不断地扩大[289]。

一般而言，个体往往在经济收益稳定后，依据家庭效用最大化原则进行理性决策。家庭成员在城市团聚后缩短了成员之间的互动距离并减少了地理空间的隔阂，因此家庭内部"亲情的距离"得到缩减。虽然城市生活成本有所上升，农村社会公共物品的沉没成本上升，但由于农村家庭成员会主动降低自身生活支出水平和承担农村生产成本以支持家属外出，因此家庭总支出变化不大[290]，结果是家庭整体效用水平得到了较大提升，主要表现在以下三方面。

首先，农业转移人口根据经济收益最大化的原则进行迁移决策。城市务工带来了个体经济收入的提升；家庭成员的城市生活投资与消费，提升了家庭生活与生产的现代化水平，当定居城市的经济效用水平显著高于农村时，家庭发生迁移。其次，农业转移家庭从家人"失依"状态的结束中提升了心理收益，减少了家庭离散心理成本，从而提升城市生活的稳定性与市民化意愿。从"利他主义"（Altruism）的心理角度来看，父母带孩子一起到务工地居住满足农民工对家庭伦理与家庭完整的追求，减少了偏袒或内疚带来的"负罪感"，从而促进主观福利的提升[291]。同时家庭化的迁移减弱了城镇化进程中农业转移人口个体对家庭弱势成员的相对剥夺感，从而进一步强化了自身留城倾向和市民身份认同感，强化了市民化意愿的产生。朴素的说法就是"为了家人，也要努力在城市扎根"。从教育收益上来说，以家庭为单位的流动模式使得随迁子女教育等方面的需求更为急迫[292]，因此父母投资更多时间和精力在随迁子女的学习与发展上，使其获得更大的认知能力收益，从而正向激励了市民化意愿的产生。最后，由于我国城乡二元经济结构的影响，城市家庭所享受的社区公共福利供给都高于农村社区。随着家庭收入和家庭化流动概率的提升[293]，住房不平等[280]、教育不平等等社会问题又进一步拉大了城乡差距[294]。与流动人口对城市收入与就业存在刚性需求不同，未成年随迁子女作为纯粹消费者，其城市教育需求、成人抚育、居住环境与医疗保障是其在城市发展的基本需求[295]。家庭在进行市民化决策时会以子女长远的教育收益作为标的[296]，为了让随迁子女顺利在城市公办学校入学，父母会降低工资收入预期以提升定居城市的可能[297]。

当个体化流动时，收入增长较成本支出下降得快，经济收益在较高水平得到实现，但家庭团聚带来的心理收益和社会福利将无法同时实现最大化。家庭成员随迁后，生活成本明显增加，但服从了传统家庭内部"利他"心理动机，使得家庭伦理与家庭团聚得到满足，社会福利收益得到进一步提升。家庭成员在家庭效用最大化的考量下为获取公共服务供给和城市商业市场的正外部性，更倾向于定居务工城市，以达到家庭福利收益最大化。因此，家属随迁的流动模式对农业转移人口定居城市并定居于务工地具有显著的正向影响。

第七次全国人口普查数据显示，跨省流动人口占比（33.22%）虽略低于 2010 年的 38.85% 和 2015 年的 39.42%，但其绝对规模已经迅速增长至 1.2484 亿人。近年来，随着新型城镇化的进一步推进，户籍改革制度隐含的落户成本因素对于农业转移人口的市民化意愿的影响具体表现为流动距离带来的成本差异[298]。由于各地户籍制度改革步调、力度和效果存在异质性，以城市规模为依据的户籍制度改革方案约束了农业转移人口及其家庭对于城市公共服务的可及性[299]。虽然部分发达省份逐步精简积分落户项目并积极推行城市群内部的居住年限互认机制，但很少可以跨行政区划统筹居住、医疗、教育、养老等众多利益诉求。因此跨省流动的农业转移人口家庭，由于城镇户籍门槛和其他社会政策"屏蔽"功能的阻碍，其家庭化迁移的制度成本相对较高，进而影响其市民化意愿的产生。

因此，作为复杂的人口地理学现象，流动距离对农业转移人口的家庭迁移行为产生显著负向影响，务工距离越远，农业转移人口越不太可能实现向市民的转型[300]，省内县际流动的人口将成为未来中国人口城镇化的潜力群体[301]。对农业转移人口流动范围的选择起主要作用的是本地和外地的收入比，较小范围内的适度流动（如省内跨市）既能满足农业转移人口对较高收入的要求，同时兼顾获取农村户籍附着的土地经营收益和宅基地预期收益，又明显降低了社会保障统筹与安排的制度成本[302]。而在跨省长距离流动中，农业转移人口会获得较高的非农收入和较低的收入风险，但付出了因家庭分离带来的心理成本和制度成本。

即便家庭仍处于婚姻缔结的前期或过程中，未来家庭形成所产生的预期需求与收益都将影响当下农业转移人口的市民化意愿。农业转移人口家庭预期儿童会对城市教育、健康等公共服务有刚性需求，因此城市居住与生活的效用最大化的约束条件来自两方面，一是远距离流动必然带来城市入学、升学门槛的提高。流入地政府采用积分制模式或优惠政策，依据父母条件对随迁子女进行"优胜劣汰"，由此导致部分随迁子女被排斥在城市公共教育体系之外[303]。二是农业转移人口的居住隔离带来了教育隔离，而省外异地流动的教育隔离状况更为严重。早期研究注意到城乡迁移者更倾向选择集中居住的社会事实，比较典型的是这类人群普遍租住于"城中村"[304]。目前农业转移人口居住边缘化与空间隔离状况越来越严重，多数随迁子女只能就读教育资源薄弱、硬件与软件设施较差的农民工子弟学校，教育福利损害由此形成[305]。

不同家属随迁模式面临的制度成本随着流动距离的变化也会产生较大的异化，从而对市民化决策产生影响，但仍遵循着迁移成本与效用的考量。乡村振兴与新型城镇化的协同推进导致农业转移人口跨省流动比例逐年下降，省内跨县流动表现出"大体分散、聚向省会"的趋势。流动距离的缩短提升了家属随迁的可能性，降低了随迁子女入学的户籍门槛[306]。夫妻一方单独流动时，非农经济收入提升，但家庭分离带来的心理压力较大，家庭流动圈的扩大在一定程度上阻碍了定居意愿的形成。随着我国劳动力平均工资的上升，成年劳动力留在农村的机会成本上升，部分农业转移人口及其配偶均在经济利益驱动下迁至城市务工。但成年劳动力需要维持城市和农村两个"家"，生活成本上升，农业收入一端的机会成本也在升高[307]。同时，年轻劳动力对于城市所提供的教育、养老、医疗等公共服务并不具有刚性需求。因此，多数务工夫妻还会为了更好的工资和就业继续选择流动。随着中小城镇户籍制度的放开，家庭较为完整的农业转移人口具有适应城市生活的市民化能力以及较高的城市生活效用。可以说，流动距离的缩短，同时降低了居住成本和制度成本，提升了经济收益、心理收益和家庭社会福利的获得，市民化促进效果明显。当全家迁移时，家庭经济性、心理性和社会福利性以及流动距离所暗含的制度成本之间达到最优解。

省外流动时，农业转移人口的家庭经济收益较高，但会带来心理收益和儿童福利的受损。省内跨市等小范围流动允许农业转移人口获得"农民—农民工"职业二重性带来的就业收入和社会福利，也保障了家庭团聚的心理收益。由此，考虑省外与长地理距离迁移的预算约束，为达到家庭总效用的最大化，农业转移家庭更倾向于省内流动或短距离流动以完成市民化。因此，与跨省流动相比，省内流动的农业转移人口定居城市与务工地的意愿更强，同时，与长途流动相比，短途流动的农业转移人口定居城市与务工地的意愿更强。

流动时长的增加，代表着农业转移人口家庭逐渐摆脱传统耕作模式而融入城市工作与生活[308]，代表着家庭成员获得现代化理念和主体意识建构的过程[309]，代表着家庭中弱势群体逐渐脱离传统权力的控制而逐渐走向个体化的过程[310]。因此，流动时长的增加主要通过增加储蓄、增加专用型人力资本和家庭经济条件的改善而实现，并直接促进市民化意愿的产生，随着家庭储蓄水平和职业流动频率的上升，其自我雇佣、稳定就业的可能性也进一步增加[311]；其次，迁移行为是在一定环境认知下开展的决策，流动时长的累积通过增强社会性认知，降低非经济性"心理门槛"，习得城市生活的"习惯"来促进市民化行动的产生[312]；流动作为一种"脱域"方式，打破了传统"聚族而居"的亲眷居住安排，农业转移人口通过长时间流动的方式逐步从农村传统劳动关系、生产资料中"脱序"，弱化了农村传统社会非正式制度对个体自主性发展决策的约束。因此，随着流动时长的增加，农业转移人口定居城市并定居于务工地的意愿更强。

就业稳定性的下降改变了流动时长带来的赋权效应。据欧盟统计局劳动力研究报告统计，欧盟的平均就业期限为 9.7 年[313]。国内学者测算发现城镇流动劳动者职业和岗位变化平均发生在 5 年以内，农村户籍且进城流动的劳动者平均 2 年更换一次工作岗位[314]。这种流动性随着市场需求而变动，另外，流动背后是农业转移人口低工资与低就业保障共同作用的结果。分割性劳动力市场理论认为，行业分割与歧视会导致进城务工者往往在次级劳动力市场上从事着较不稳定的工作。由于"非正规就业部门"大多属于中小企业或个体从业者，其企业整体存续性并不高，现实中员工离职现象普遍，员工极易陷入"低水平流动"的就业格局[315]。雇主对于农村户籍人口的"制度歧视"和"个人偏见"等歧视性因素导致农业转移人口职业与务工地频繁流动。"流而不迁"对市民化存在负面影响：高流动性的工作与生活会增加农业转移人口对于迁移行为的预期风险，降低城市生活保障；职业流动不利于职业经验与业缘关系的积累；较频繁的城市流动降低了农业转移人口在公民心态的方面自我认知，难以实现"城里人"的身份认同。随着工作与职业的频繁变动，农业转移人口工资收入、生活质量与社会认同并未得到改善。因此，与拥有多次流动经历相比，单一流动经历的农业转移人口定居城市并定居于务工地的意愿更强。

二　变量设置

（一）家庭定居意愿

本书从家庭定居意愿类型与模式两个角度对农业转移人口定居意愿进行测量。借鉴传统定居意愿的测量（往往作为农业转移人口市民化意愿的替代变量）方式，本书首先根据问卷中"您以后准备在哪里长期发展或定居？"一题划分农业转移人口定居意愿类型：将选择"1，2，3，6"的样本明确为无城市定居意愿，将选择"4，5"的样本明确为具有城市定居意愿；其次依据该题划分农业转移人口定居意愿模式，并依据学界惯例与数据特征将其分为三类，其中将选择"1，2"的样本划分为"农村老家定居意愿"，将选择"3，4"的样本划分为"老家城镇定居意愿"，最后将选择"5，6"的样本定义为"具有其他城市定居意愿"，通过与"您过去一年主要在什么地方务工？"选项合并，将后者命名为"具有务工地城市定居意愿"。样本分布详见本书第三章第三节第二小节内容。

（二）家庭禀赋特征变量

在家庭禀赋特征的指标设定与测度方面，由于各个维度中涉及的因素多、零碎且复杂，不仅包括各类显而易见的经济类指标，还包括知识、技能、社会交往、家庭关系与影响等生计能力因素。因此在实际调查中，对于家庭禀赋特征与流动特征的测度通过可量化的指标和主观评价指标来获得具体数据。依照本章第一节第一小节研究框架设计，本书参考既有研究和学界共识，在家庭流动特征指标选取与测度方面主要做出以下界定，并进行调研数据样本基本情况的描述分析。具体变量设置如下所示。

1. 家庭经济禀赋

家庭资源与禀赋是影响农业转移人口市民化的主要因素，它使得农业转移人口做诸如外出务工、家人随迁、返乡工作等决策时不仅以迁入地与迁出地的预期工资差异为依据，而且需要将家庭本身固有的和预期可以盘活的资本纳入考虑范围。在经济禀赋方面，本书从经济禀赋的"流量水平—存量结构—结果表现"三方面进行测度，具体包括家庭的货币化年收入、总借贷/储蓄率、社会经济地位。货币化年收入通过问卷中"过去 12 个月里，您家的总收入约为多少元？"一题进行测量，并通过自然对数计算减少非正态分布带来的误差；借贷/储蓄率通过问卷中"过去 12 个月里，您家的总借贷约为多少元，总存款/投资理财约为多少元？"一题进行测量；社会经济地位测度了家庭主要劳动力的职业特征，通过问卷中"您近一年从事的主要工作，属于哪种类型？您配偶/男女朋友目前做的工作，属于哪种类型？（收入最高的职业）"来测度。

表 5-1　家庭经济禀赋变量描述分析表（N = 4474）

变量名称	参照组	取值范围	均值（标准差）/占比（%）	参考文献
家庭年收入的对数	连续变量	9.21 ~ 12.21	10.88（0.69）	陈连磊，2018[316]
储蓄率	连续变量	0 ~ 0.94	0.19（0.25）	王定校，2020[317]
借贷率	连续变量	0 ~ 30	0.26（1.12）	
家庭职业水平	连续变量	20 ~ 70	41.79（11.79）	洪岩璧，刘精明，2019[318]

学界已有研究中对于职业地位的测量有两种较为认可的方式，一是将职业作为连续变量，用基于 1968 年的国际社会经济指数（International Socioeconomic Index，ISEI）进行测度[319]，二是为了更好理解流动部门界限，国内学者倾向于采用分类的职业编码 EGP 进行测量[320,321]。本书需要计算家庭平均职业水平，因此选择 ISEI 进行连续性职业编码。最终，本书

参考成熟的职业社会经济地位测量指标的构建与转换过程，通过计算核心家庭主要劳动力职业 ISEI 编码的平均值表示家庭职业地位。

2. 家庭人力资本

通过借鉴学界已有研究，本书对于农业转移人口的家庭人力资本的测量主要通过以下三类变量进行测度：其一，生产能力指标，主要包含劳动力健康状况与成员平均年龄，通过问卷中"您认为您的健康状况如何？您父亲/母亲的健康状况如何？"两题测量前者，后者通过"您是什么时候出生的？您配偶是什么时候出生的？您成年子女是什么时候出生的？您父亲/母亲年龄是？"等题测量。其二，知识资本存量与增量，主要以家庭成员平均文化程度来体现，其测量方式为计算家庭成员接受的学历教育年限①，通过问卷中"您的受教育程度是什么？您配偶的受教育程度是什么？您成年子女的受教育程度是什么？"等题进行测量。其三，职业培训情况，主要考察家庭主要劳动力的是否曾经接受相关职业培训，通过问卷中"您是否参加过正式的职业技能培训？"一题进行测量。

表 5-2　家庭人力资本变量描述分析表　（N = 4474）

变量名称	参照组	取值范围	均值（标准差）/ 占比（%）	参考文献
身体健康状况				
均较差	—		14.17	
中间组	—		23.21	
均较好			62.62	石智雷等，2011[170]
平均年龄	连续变量	21~60	33.45（8.97）	王孝莹等，2020[322]
平均教育年限	连续变量	3~12	10.23（1.74）	
职业培训状况	未参加		43.55	
参加			56.45	

注：抽样样本中，农业转移人口个体年龄范围为 18~45 岁，若个体无子女且父母任何一方健在，则样本家庭成员平均年龄最高值会略高于个体年龄范围，若个体有子女且父母无任何一方健在，则样本家庭成员平均年龄最低值会略低于个体年龄范围。

---

① 具体赋值方案为：大学本科及以上、大专学历赋值为 15，高中以及中专学历赋值为 12，初中学历赋值为 9，小学学历赋值为 6，小学及以下学历赋值为 0。

3. 家庭情感关系

社会资本的测量方面重点关注了农村家庭在社会活动中与各类网络关系成员的交往状况与密切程度。

表 5-3　家庭情感关系变量描述分析表（N = 4474）

变量名称	参照组	取值范围	均值（标准差）/占比（%）	参考文献
家庭代际支持	代际向上经济支持	—	51.98	杜鹏、李永萍，2018[143]
代际向下经济支持		—	48.02	
家庭社会交往	连续变量	0~1	0.25（0.21）	陆铭、李爽，2008[323]

本书重点考察了被访家庭内部的代际支持状况与家庭外部进行的社会交往状况，前者通过问卷中"在过去一年里，您为父母/父母为您提供的经济帮助（含现金和实物）共多少元？"等题测量，后者通过问卷中"您在务工地城镇是否参与过社区文体娱乐活动、公益志愿活动、卫生绿化活动、邻里互助活动、社区选举、社区事务决策等活动？"等题测量。

4. 家庭物质资源

家庭物质资源的主要测量指标为家庭现有住房状况。综合以往研究细化方案与问卷特征，本书主要以农业转移人口家庭是否在城市购买房屋以及老家房屋状况进行测度，前者通过问卷"您在城镇买房了吗？"一题进行变量赋值，后者通过问卷中"在农村老家，您住的房子结构是什么？"一题进行变量赋值。

表 5-4　家庭物质资源变量描述分析表（N = 4474）

变量名称	参照组	占比（%）	参考文献
城市购买状况	未购买	74.58	李勇辉、刘南南、李小琴，2019[324]
已购买		25.42	
老家房屋状况	土坯/砖混	57.91	
平房/楼房		42.09	

（三）家庭流动特征变量

1. 流动模式

家属随迁模式依据随迁人数及结构划分，但不同学者对家庭化迁移的概念界定存在差异。依据农业转移人口及其家人在流入地的居住特征，以核心家庭为基础，大致可以将流动模式划分为受访者的配偶及子女至少有一人在流入地的"家庭式流动"以及一人单独在流入地的"非家庭式流动"。以往研究中细化了对家属随迁模式的测量，依照流动人口携带家属数量将其划分为四种流动模式：举家迁移、夫妻与子女分居、夫妻一方携子女流动以及夫妻一方单独流动[287]。本书沿用杨中燕和朱宇等对家庭迁移状况的划分，把家属随迁模式划分为夫妻一方单独流动、夫妻与子女分居、夫妻一方携子女流动与举家迁移四种[325]。

表 5-5　流动模式变量描述分析表（N=4474）

变量名称	占比（%）	参考文献
流动模式		
夫妻一方单独流动	47.29	
夫妻与子女分居	19.21	朱金，2016[290]
夫妻一方携子女流动	15.18	
举家迁移	18.32	

2. 流动范围

流动距离是指农业转移人口家庭中，先迁者的农村家乡与务工地点间的距离。学界认为"就近城镇化"的人口流动限于"较小流动范围"。本书首先依照学界共识，以是否出省务工为标志将农业转移人口流动范围分为省外流动与省内流动。通过问卷中"在过去的 6 个月里，你主要在哪里工作？"题项对样本进行分类处理。同时，考虑我国行政区划地理范围差异巨大，部分省份内部人口流动通达时间要远超行政区划边界地区的跨省流动，为了减少通过行政区划划分的流动范围度量偏差，本书还根据农业转移人口流入和流出城市的经纬度信息，计算了地理空间上两地之间流动的时间花费，这一测度方式也符合学界对于人口迁移与流动进行精细化分析的趋势[326]。

表 5-6　家庭流动范围变量描述分析表 （N = 4474）

变量名称	参照组	占比（%）	参考文献
跨行政区划	省内流动	55.64	潘泽瀚等，2020[326]
省际流动		44.36	
时间距离	不足 4 小时车程	51.79	
4 小时车程以上		48.21	

3. 流动时长

已有研究认为，长期居留城市的农业转移人口往往拥有较高水平的继续市民化意愿[328]，这意味着流动人口已经在社会、经济、制度、心理方面完成了向城市融合的过程，老家已经成为回不去的"家乡"。也有研究认为随着流动时长的增加，农业转移人口在一定流动年限后面临着必须返乡的生存压力[327]，市民化在不同流动时间的影响下都是一种"选择"而不是"命运"。因此，本书通过问卷中"您最近一次是什么时候开始在这个地方务工的？"的题项将流动特征中时间因素纳入研究框架。

表 5-7　家庭流动时长变量描述分析表 （N = 4474）

变量名称	参照组	取值范围	均值（标准差）/占比（%）	参考文献
流动时长	连续变量	1~46	5.38（5.47）	王成利、王洪娜，2020[328]
流动时长的对数	连续变量	0~3.83	1.36（0.78）	

4. 流动稳定性

过去工作经历的稳定性反映了农业转移人口的经济适应过程，高流动性就业体现了劳动力市场上仍然存在的户籍歧视[329]。农业转移人口多受雇于私营单位，就业关系偏向简单雇佣、自由雇佣和非正式雇佣的市场交换原则，依赖于市场的职业关系加大了流动性。

为了较好反映工作与生活方面的流动稳定性，本书通过"您第一次外出务工至今，做过几份工作"的题项反映工作更换状况，通过"您最近一次是什么时候开始在这个地方务工的？"以及"您第一次外出务工地为哪里？"的题项判断农业转移人口的务工地更换经历。

表 5-8　家庭流动稳定性变量描述分析表（N=4474）

变量名称	参照组	占比（%）	参考文献
工作更换			
初职组		10.49	
工作较不稳定		38.34	魏万青，2015[266]
工作较稳定		52.17	张春泥，2011[329]
务工地更换	是	38.95	
否		61.05	田北海等，2019[330]

　　自变量的另一部分是模型需要纳入的控制变量，本书主要包含个体特征、流出地社区特征和流入地制度环境因素。首先选用了可以反映家庭户户主（或符合答卷要求的答卷人）个体特征的一系列变量。纳入劳动者个体特征是为了控制各类人口学特征对于个体及家庭市民化意愿的影响，包括户主年龄、婚姻状况等。Sen 在讨论人的可行能力如何影响自由时，认为个体能力不只是体现于人自身的各种素质类因素，还包括其可以使用的社区资源和环境特征[331]。家庭内户主特征主要包括性别与代次，家庭所处区域特征通过流出地所在省份属于西部、中部还是东部进行判断。

表 5-9　控制变量描述分析表（N=4474）

变量名称	占比（%）	变量名称	占比（%）
户主性别		新生代	61.92
男	61.92	流出地	
女	38.08	西部地区	19.16
户主代次		中部地区	56.16
第一代	38.08	东部地区	24.68

三　研究方法与策略

（一）Binary Logit 模型及其原理

　　由于农业转移人口定居意愿类型为 0，1 变量，依据研究分析路径，本书首先构建了如下 Binary Logit 回归模型：

$$\ln\left(\frac{p}{1-p}\right) = \beta_0 + \beta_1 x_1 + \cdots + \beta_i x_i, i = 1, 2, \cdots, n \tag{5-1}$$

模型的提出主要是考察农业转移人口是否决定在城市长久定居意愿的影响因素，其中，p 表示农业转移人口考虑长久定居于城市的概率，x_k 代表 i 个影响因素，即自变量，β_i 表示每个自变量在迁移意愿发生时的回归系数，β_0 为截距。

（二）Multi Logit 模型及其原理

农业转移人口定居意愿模式包含定居于老家农村、定居于老家城镇和定居于务工城市，由于因变量为类别变量，且包含三类，因此，本书采用多元对数回归模型来进行统计估计。该模型可以视为 Binary Logit 模型的扩展形式。其可以通过设置因变量的参照组，灵活比较各类别因变量之间影响因素的差异[332]。例如，本书中既可以通过设置"定居于老家"为参照组，比较定居于老家城镇与定居于老家/定居于务工城市与定居于老家的影响因素，同时也可以直接检验定居于老家城镇与定居于务工城市的影响因素差异[333]。农业转移人口定居意愿第 j 种类型的概率公式为：

$$p(y_i = j) = \frac{e^{x_i \beta_j}}{\sum_{j=1}^{3} e^{x_i \beta_j}} \tag{5-2}$$

其中，i，j 表示 y_i 为第 i 个农业转移人口定居意愿模型；x_i 表示定居意愿的影响因素，包括家庭经济禀赋、家庭人力资本、家庭情感关系与家庭物质资源以及相关流动特征，包括流动模式、流动范围、流动时长与流动稳定性；β_j 为代估计参数。

本书中选择"定居于老家"作为参照组，将其他类型定居模式与其做比较，从而建立 $i-1$ 个 Logit 模型。若 P_1，P_2，P_3 分别为定居于老家、定居于老家城镇、定居于务工城市的概率，则对于 m 个自变量存在以下两个拟合模型如下：

$$logit\left(\frac{p_i}{p_1}\right) = \alpha_i + \beta_{i1}x_1 + \cdots + \beta_{im}x_m \; ; i = 1,2 \tag{5-3}$$

本书采用极大似然估计法估计上述模型，并使用迭代法得到参数估计量，进而考察不同定居模式的影响因素。

（三）似无相关模型（SUR）及其原理

在分别对来自不同群体特征的样本进行回归时，无法避免群组间的"同伴效应（Peer Effect）"的影响。如果多个方程之间存在某种"关联"，则可以将方程联立进行联合估计，似无相关模型是假设两组样本之间没有内在联系，但各方程扰动项之间存在相关性[334]。本书中，比较家庭生命周期视角下的农业转移人口家庭城市定居意愿影响因素效应大小，不能直接进行分样本回归系数的大小，因为其回归置信区间有所交叠。似无相关模型（Seemingly Unrelated Regression，SUR）可以解决这一问题。SUR模型简写如下：

$$y_{1i} = x_{1i}\beta_1 + \varepsilon_{1i} \qquad \text{子样本 A} \tag{5-4}$$

$$y_{2j} = x_{2j}\beta_2 + \varepsilon_{2j} \qquad \text{子样本 B} \tag{5-5}$$

假设 $corr\,(\varepsilon_1\varepsilon_2) = 0$，则可以分别对 A，B 子样本分别进行回归估计。虽然 A，B 样本具有明显的特征差异，但因其所处的同质社会环境，从而导致 $corr\,(\varepsilon_1\varepsilon_2) = 0$ 的假设不成立[335]。因此，分别进行回归后，通过 SUR 组间异质性检验方法可以分别估计样本 A 与样本 B 回归中各个协变量的系数向量，并进行组间异质性检验。

第二节　农业转移人口家庭禀赋特征
与流动特征现状描述

"全国百村外出务工人员调查"中基于个体问卷收集了农业转移人口外出流动的主要原因，尽管简单询问外出流动原因可以很好地理解农业转移人口定居意愿的产生，但这些流动原因可能是同时存在的或者存在相互影响，例如，一个人可能因为外出学习或增强技能而选择于城市稳定居住，但也会同时考虑家庭收支压力而被迫往返循环流动于城乡之间。如表5-10所示，家里需要钱（53.82%）、城市工作机会多（34.36%）、学习/增强技能（23.55%）、见世面（22.32%）是农业转移人口流动的主要原因，这些原因在很大程度上和农业转移人口在城市"安居乐业"的倾向相关。上述关于流动原因的分析可以很好地将农业转移人口生存与发展的社会情境予以呈现。

表 5-10　农业转移人口的流动原因（N＝4474）

单位：%

与定居意愿关联较强		与定居意愿关联较弱	
流动原因（占比）	流动原因（占比）	流动原因（占比）	流动原因（占比）
城市工作机会多（34.36）	不想务农（15.37）	家里需要钱（53.82）	不想读书（10.03）
学习/增强技能（23.55）	婚配需求（2.81）	跟随家人（12.59）	失去土地（2.77）
见世面（22.32）		流动风俗（10.91）	

（一）家庭生命周期差异

基于传统家庭生命周期研究，本书纳入家庭分离和重聚所代表的家庭化迁移过程，从而形成充分考量家庭生命周期所代表的异质性对于家庭市民化发展决策的影响。

表 5-11　不同家庭生命周期内主要自变量描述分析表（N＝4474）

变量名称	家庭生命周期				LR 检验
	形成期	分巢期	稳定期	萎缩期	
家庭年收入的对数	10.87 （0.70）	10.84 （0.66）	11.00 （0.68）	10.76 （0.66）	*
储蓄率	0.35 （0.97）	0.31 （1.04）	0.39 （1.11）	0.27 （0.53）	***
借贷率	0.19 （1.02）	0.27 （1.04）	0.40 （1.51）	0.21 （0.76）	***

续表

变量名称	家庭生命周期				LR 检验
	形成期	分巢期	稳定期	萎缩期	
家庭职业水平	44.71 (12.82)	40.15 (11.09)	41.73 (11.07)	37.43 (9.07)	***
身体健康状况					
均较差	5.52	14.46	15.72	32.83	
中间组	14.59	27.00	25.44	34.06	***
均较好	79.89	58.54	59.04	33.11	
平均年龄	26 (5.60)	38.62 (7.39)	38.32 (7.55)	40.57 (7.64)	***
平均教育年限	10.89 (1.77)	9.78 (1.65)	10.04 (1.67)	9.66 (1.31)	***
职业培训状况					
未参加	34.18	47.15	43.02	60.66	***
参加	65.82	52.85	56.98	39.34	
家庭代际支持					
向上经济支持	49.34	53.94	53.36	55.46	***
向下经济支持	50.66	46.06	46.64	44.54	
家庭社会交往	0.26 (0.22)	0.22 (0.19)	0.27 (0.21)	0.22 (0.20)	***
城市购买状况					
未购买	84.88	74.95	58.28	73.42	***
已购买	15.12	25.05	41.72	26.58	
老家房屋状况					
土坯/砖混	58.22	53.24	62.19	59.81	***
平房/楼房	41.78	46.76	37.81	40.19	
流动模式					
单独流动	72.68	53.46	—	48.77	***
夫妻与子女分居	—	42.50	3.67	46.45	
夫妻一方携子女	27.32	4.04	56.50	4.78	
举家迁移	—	—	39.83	—	

续表

变量名称	家庭生命周期				LR 检验
	形成期	分巢期	稳定期	萎缩期	
行政区划					
省内流动	65.63	59.42	41.40	45.36	***
省际流动	34.37	40.58	58.60	54.64	
时间距离					
不足 4 小时车程	43.33	48.59	64.02	60.93	***
4 小时车程以上	56.67	51.41	35.98	39.07	
流动时长	3.66 (3.02)	5.41 (5.25)	7.09 (6.40)	6.95 (7.41)	***
流动时长的对数	1.12 (0.57)	1.36 (0.78)	1.61 (0.85)	1.50 (0.91)	***
工作更换					
初职组	7.08	12.73	11.04	13.86	***
工作较稳定	33.24	40.38	43.43	39.28	
工作较不稳定	59.68	46.89	45.53	46.86	
务工地更换					
是	33.39	41.88	42.79	43.72	***
否	66.61	58.12	57.21	56.28	
样本量	1818	1458	1130	729	

注：表格数据中括号前为均值，括号内为标准差，其余数据为百分比；显著性水平 *** p<0.01，** p<0.05，* p<0.1。

从家庭禀赋特征来看，处于家庭稳定期的农业转移人口往往具有较好的经济禀赋，但借贷率上升明显。以往研究表明，受传统家庭观念的影响，家庭会因少儿和老年人数量的增加而提升"预防性储蓄"水平[336]，而借贷占收入比重往往与家庭成员年龄呈现正相关[337]。与预期一致，处于形成期的农业转移人口家庭虽然经济禀赋较差，但其人力资本禀赋优势明显，以往研究发现人力资本水平对于市民化意愿产生的影响并不稳健，往往通过结果型变量（身份认同、阶层地位等）的中介作用影响农业转移人口的迁移与定居行为[338]。与其他农业转移人口代际向上经济支持占比较高不同，形成期的农业转移人口家庭往往接受来自家庭内部的经济支持，其社会参与和交往程度更深且范围更广。在家庭物质资本累积方面，处于稳定期的家庭不仅城市住房拥有比例较高，而且其家乡宅基地状况也较好，这表明即便举家迁移至城市，农业转移人口仍通过"汇款"等方式，维持着城乡两个"家"的物资资本累积。这与较高比例家庭化迁移和高涨的农村住房建设热情的现实情况一致，但导致了相当数量的农村住宅处于半闲置状态[179]。

家庭流动特征方面，农业转移人口往往夫妻分巢流动，处于稳定期的家庭往往倾向选择一方外出后携子女流动，而子女成年离巢后，萎缩期家庭内还有一定比例的家庭成员单独流动。农业转移人口离家后的流动范围特征中，处于不同生命周期的家庭对于是否跨越行政边界和是否长时间通勤表现并不一致。处于形成期的农业转移人口往往倾向于就近流动，并且时间花费较短。地理空间临近性是处于稳定期和萎缩期的农业转移人口家庭更为倾向的选择，行政区划临近性是处于家庭扩张期的农业转移人口更为倾向的选择，这佐证了人口流动时倾向于选择与流出地市场信息、联系更为相似的城市[339]，但不同生命周期的家庭在相似性的偏好上并不完全一致。尽管处于家庭生命历程后半程，稳定期与萎缩期家庭流动、更换工作或务工地的频率并未随之上升，其工作稳定性较高。而处于形成期的农业转移人口家庭在生活、就业和收入的稳定性上都存在劣势。

（二）定居意愿差异

表5-12对不同定居意愿的农业转移人口家庭主要特征进行描述，区分了定居意愿的类型和更为具体的定居意愿模式，并通过对比分析不同的定居偏好明确未来城镇化建设的重点。家庭在经济禀赋和人力资本累积中更具优势的农业转移人口与定居于城市地区的意愿存在相关性，并且倾向稳定居住于务工城市的比例更高。家庭内部有更为紧密的经济活动和对外更为积极的社会参与的农业转移人口家庭，虽然倾向于定居城市，但选择回到老家城镇生活的比例也相对较高。这与其在城镇具有较为丰厚的物质资本相关，虽然城市房产的拥有可以促进其稳定居住于城市，但具体分析房产区位后发现，农业转移人口家庭的物质资本多数沉淀于老家城镇。因此，多数农业转移人口家庭还将面临至少一次的"回

流决策"才能实现稳定市民化。

在流动模式方面，倾向定居于城市的农业转移人口往往是举家迁移和省内流动的家庭，流动时长与工作更换频率都与城市定居意愿呈现显著的负向相关。在定居意愿模式方面，前述中的举家迁移和省内流动家庭更倾向于回到老家城镇生活。职业稳定性和务工地的单一性促进了农业转移人口家庭长久定居于务工城市，职业稳定性与定居意愿之间呈现显著正向相关[340]。

表 5-12 不同定居意愿的农业转移人口家庭主要特征差异（N = 4474）

变量名称	定居意愿类型		LR 检验	定居意愿模式			LR 检验
	农村	城市		老家农村	老家城镇	务工城市	
家庭年收入的对数	10.79 (0.67)	11.04 (0.69)	***	10.73 (0.68)	10.97 (0.65)	11.05 (0.71)	ns
储蓄率	0.32 (0.96)	0.37 (1.01)	***	0.30 (0.79)	0.35 (1.08)	0.40 (1.15)	***
借贷率	0.22 (0.86)	0.34 (1.33)	***	0.19 (0.79)	0.27 (0.98)	0.41 (1.64)	***
家庭职业水平	40.35 (11.07)	44.52 (12.59)	***	39.50 (10.54)	42.84 (11.97)	45.38 (13.13)	***
身体健康状况							
均较差	17.45	7.83		19.66	11.02	6.76	
中间组	25.61	18.93	***	26.75	22.24	16.67	***
均较好	56.94	73.24		53.59	66.74	76.57	
平均年龄	35.82 (9.31)	31.51 (8.60)	***	36.50 (9.25)	33.63 (9.19)	30.30 (7.98)	***
平均教育年限	9.90 (1.74)	10.87 (1.57)	***	9.70 (1.72)	10.49 (1.65)	11.03 (1.54)	***
职业培训状况							
未参加	48.73	33.58	***	52.75	37.20	36.84	***
参加	51.27	66.42		47.25	67.80	63.16	

续表

变量名称	定居意愿类型		LR 检验	定居意愿模式			LR 检验
	农村	城市		老家农村	老家城镇	务工城市	
家庭代际支持							
向上支持	52.82	51.97	***	53.20	51.84	52.33	ns
向下经济支持	47.18	48.03		46.80	48.16	47.67	
家庭社会交往	0.24 (0.21)	0.27 (0.23)	***	0.22 (0.20)	0.26 (0.21)	0.29 (0.24)	***
城市购买状况							
未购买	80.33	63.55	***	87.11	62.37	69.36	***
已购买	19.67	36.45		12.89	37.63	30.64	
老家房屋状况							
土坯/砖混	57.90	57.64	***	55.51	60.99	56.69	ns
平房/楼房	42.10	42.36		44.49	39.01	43.31	
流动模式							
单独流动	47.24	49.00	***	48.11	44.57	54.66	***
夫妻与子女分居	21.88	14.47		23.27	18.14	11.66	
夫妻一方携子女	14.20	14.75		13.31	16.02	13.52	
举家迁移	16.68	21.78		15.31	21.27	20.16	
行政区划							
省内流动	50.25	66.32	***	54.72	46.39	79.95	***
省际流动	49.75	33.68		45.28	53.61	20.05	
时间距离							
不足 4 小时	55.80	44.08	***	52.02	60.08	32.17	***
4 小时车程以上	44.20	55.92		47.98	39.92	67.83	
流动时长	5.56 (5.74)	5.03 (4.90)	***	5.57 (5.76)	5.32 (5.42)	5.00 (4.74)	***
流动时长的对数	1.37 (0.80)	1.32 (0.74)	***	1.37 (0.81)	1.34 (0.78)	1.34 (0.73)	***

续表

变量名称	定居意愿类型		LR 检验	定居意愿模式			LR 检验
	农村	城市		老家农村	老家城镇	务工城市	
工作更换							
初职组	11.41	8.89		12.20	9.94	7.56	
工作较稳定	49.42	54.36	***	48.11	51.05	59.19	***
工作较不稳定	39.17	36.75		39.69	39.01	33.25	
务工地更换							
是	40.66	36.94	***	40.23	41.84	31.47	***
否	59.34	63.06		59.77	58.16	68.53	

注：表格数据中括号前为均值，括号内为标准差，其余数据为百分比；显著性水平 *** p<0.01，** p<0.05，* p<0.1。

第三节 农业转移人口家庭禀赋特征、流动特征与定居意愿

一 农业转移人口定居意愿回归结果

表5-13中模型1和模型2描述了农业转移人口家庭定居意愿的影响因素。模型1中控制个体性别、代次与家庭流出地后，可以发现家庭经济禀赋与人力资本的积累与农业转移人口城市定居意愿呈现正向相关。家庭年收入对数每增加一个单位，农业转移人口城市定居意愿概率增加37%（$e^{0.32}-1 \approx 0.37$）。家庭借贷率每增加一个单位，农业转移人口城市定居意愿概率增加6%（$e^{0.06}-1 \approx 0.06$）。家庭职业水平每提升一个单位，家庭定居城市的概率增加1%（$e^{0.01}-1 \approx 0.01$）。以往研究认为流动人口往往由于经济收入脆弱性和主要从事与生产性行业，而缺少进入资本市场的机会，较难通过购买保险、借贷和出售期货等对冲风险，最终导致了迁移动力的降低[341]。较高的自雇水平和稳健的经济适应能力是影响流动人口从候鸟式迁移向永久式迁移转变的重要因素。相对于家庭成员中身体状况较差的群体，健康状况均较好的农业转移人口定居城市的意愿提升52%（$e^{0.42}-1 \approx 0.52$）。核心家庭成员的平均年龄每增加一岁，其定居城市意愿降低约

3%。家庭平均教育年限每上升一年，其定居城市的概率提升约17%。家庭内主要劳动力参加职业培训会提升其定居城市的禀赋与能力。家庭内部的经济支持并未显著改变其城市定居意愿，而在居住地的社会交往代表了家庭社会融入状况，显著提升了家庭定居城市的可能。在物质资源积累方面，本书主要考察了农业转移人口家庭在城市地区的住房状况和农村老家房屋状况，结果显示相较于未购买城市住房的农业转移人口，拥有城市住房可以提升1.48倍的定居城市概率，而农村老家房屋状况较好的农业转移人口更倾向于回农村居住。流动特征中，相对于独自流动的农业转移人口，家庭成员的共同居住会影响其稳定居住于城市的意愿，仅有夫妻一方携子女居住于城市且另一方在农村"照顾"家庭，其定居城市意愿提升46%。行政空间和地理空间的近邻性都显著影响了农业转移人口的城市定居意愿，其中相对于省内流动，省际流动的农业转移人口城市定居意愿下降65%（$1-e^{-1.06} \approx 0.65$），相对于不足4小时车程的就近流动，远途通勤的农业转移人口城市定居意愿下降了36%。在控制变量中，女性、新生代和东部地区的农业转移人口城市定居意愿均较高。

表5-13中，模型2描述了具有不同资源禀赋和流动特征农业转移人口家庭的城镇定居模式偏好。家庭经济禀赋的积累可以显著提升农业转移人口家庭定居城市的可能，其中储蓄与借贷水平的提升代表了以家庭为单元进行资产累积的成效和资产处置的风险偏好，也一定程度上支持了上文提出的"安家成本"假说。具体来说，家庭年收入对数每提升一个单位，农业转移人口定居老家城镇（相对于定居老家农村）的概率提升39%，定居务工城市（相对于定居老家农村）的概率提升51%；家庭储蓄率与借贷率每提升一个单位，家庭定居务工城市（相对于老家城镇）的概率均提升2%；家庭职业水平值每提升一个单位，农业转移人口越倾向于留在务工城市（相较于定居于老家农村或老家城镇）市。以往研究证实农村家庭收入往往和正规借款显著正相关[342]，务工城市往往具有较为稳定的收入回报，从而在经济禀赋的存量积累和流量归并上都给予农业转移人口家庭更为充分的选择空间，并且流量资产对于回流到城镇定居和居住于现务工地的作用都更为积极。在家庭人力资本方面，家庭成员健康状况与教育年限都具有较强的正外部性。其中家庭成员身体健康均较好的农业转移人口家庭更

为倾向定居老家城镇或务工城市（相较于老家农村），但并未显著提升定居务工城市意愿（相较于老家城镇），而无论是否为劳动力，健康状况的损耗会直接降低家庭关于发展决策的自由度。人力资本对其定居城镇或务工城市都具有持续的正向影响。因此，曾外出务工的农业转移人口会在身体健康允许下逐渐"沉淀"于中小城镇，进行家门口的"再市民化"[343]。而教育带来的比较优势会激励家庭做出"为教育而流动"的决策。相对于从未参加职业培训的农业转移人口来说，参加职业培训会提高其回到老家城镇生活的可能，"干中学"机制提升了专业技术人员专项人力资本的积累，"一技之长"会产生返乡创业、就业等"决策溢价"。家庭的社会交往活动提升了个体的"在场感"与"话语权"，相较于回到老家，外出务工时参与一定的社会活动会显著提升农业转移人口定居于务工城市的概率。我们同时计算了调研问卷中"您在城镇购买的房屋位于（多套住房答价值最高的住房情况）"一题的填答情况，其选项为"本镇、本县、外县、外市、外省"，样本数据显示，农业转移人口往往将"本县"（730 人，占 54.07%）作为置业的首选，实现"外县""外省"置业的不足 20%，这显著提升了已购房群体未来回到"县城"的可能，降低了其长久定居在务工城市的概率。老家住宅状况对定居城镇表现出明显的抑制作用，但对定居务工地（相对老家城镇）促进作用不显著。与预期不同，家庭化迁居并未明显提升农业转移人口定居城镇或务工地的可能，举家迁移反而在一定程度上降低了于城市"安居乐业"的概率，夫妻一方携子女流动是家庭内部考量成本与收益后维持城市与农村两个"家"的决策理性体现。行政近邻性与地理近邻表现出较为一致的规律，提升了农业转移人口家庭定居于城镇的可能，降低了其定居于务工城市的概率。在流动稳定性的考察中，仅有流动时长的累积显著促进了农业转移人口留在务工城市，这是流动时代中家庭对于"安居乐业"的朴素追求。而流动稳定性并未带来市民化意愿的提升，这印证了以往学者提出的"流动—市民化悖论"，即高就业流动性是农业转移人口群体性特征，促使其在经济维度上与市民接近一致，但却削弱了家庭化迁移和稳定居住与生活带来的家庭团聚的可能，限制了家庭发展，成为市民化阻力[344]。

表5-13 农业转移人口定居意愿影响因素（N＝4474）

变量名称	模型1（定居意愿类型）				模型2（定居意愿模式）			
	农村 vs 城市	老家农村 vs 老家城镇	老家农村 vs 务工城市	老家城镇 vs 务工城市	农村 vs 城市	老家农村 vs 老家城镇	老家农村 vs 务工城市	老家城镇 vs 务工城市
家庭年收入的对数	0.28*** (0.06)	0.32** (0.06)	0.29*** (0.06)	0.33*** (0.06)	0.36*** (0.08)	0.41** (0.08)	0.09 (0.05)	0.11 (0.07)
储蓄率	0.02 (0.04)	0.02 (0.03)	0.02 (0.04)	0.02 (0.04)	0.05 (0.05)	0.05*** (0.02)	0.05*** (0.01)	0.05*** (0.02)
借贷率	0.06** (0.03)	0.06** (0.03)	0.01 (0.04)	0.02 (0.04)	0.12*** (0.05)	0.12*** (0.05)	0.11*** (0.04)	0.11*** (0.04)
家庭职业水平	0.01*** (0.003)	0.01*** (0.003)	0.03*** (0.003)	0.01*** (0.003)	0.02*** (0.004)	0.04*** (0.004)	0.1* (0.05)	0.11** (0.04)
身体健康状况（参照组：均较差）								
中间组	0.39*** (0.14)	0.31** (0.15)	0.37*** (0.13)	0.27** (0.13)	0.33* (0.20)	0.22 (0.20)	-0.01 (0.21)	-0.01 (0.21)
均较好	0.55*** (0.13)	0.42*** (0.13)	0.42*** (0.12)	0.25** (0.12)	0.57*** (0.18)	0.40** (0.18)	0.08 (0.18)	0.08 (0.19)
平均年龄	-0.05*** (0.005)	-0.03*** (0.007)	-0.04*** (0.005)	-0.01* (0.007)	-0.07*** (0.007)	-0.04*** (0.01)	-0.03*** (0.01)	-0.03*** (0.01)
平均教育年限	0.19*** (0.02)	0.17*** (0.03)	0.13*** (0.02)	0.11*** (0.02)	0.26*** (0.03)	0.24*** (0.03)	0.13*** (0.03)	0.13*** (0.03)

续表

变量名称	模型1（定居意愿类型）				模型2（定居意愿模式）			
	农村 vs 城市	老家农村 vs 老家城镇	老家农村 vs 务工城市	老家城镇 vs 务工城市	农村 vs 城市	老家农村 vs 老家城镇	老家农村 vs 务工城市	老家城镇 vs 务工城市
职业培训状况（参照组：未参加）								
参加	0.22** (0.08)	0.21** (0.08)	0.29*** (0.08)	0.27*** (0.08)	0.30** (0.10)	0.29** (0.10)	-0.03*** (0.10)	-0.01*** (0.10)
家庭代际支持（参照组：向上经济支持）								
向下经济支持	-0.09 (0.07)	-0.07 (0.07)	-0.06 (0.08)	-0.03 (0.08)	-0.11 (0.10)	-0.08 (0.10)	-0.04 (0.10)	-0.03 (0.10)
家庭社会交往	0.12** (0.16)	0.13** (0.07)	0.19 (0.18)	0.24 (0.18)	0.80*** (0.22)	0.82*** (0.22)	0.59*** (0.21)	0.56*** (0.21)
城市住房购买状况（参照组：未购买）								
已购买	0.89*** (0.09)	0.91*** (0.09)	1.34*** (0.10)	1.36*** (0.10)	1.12*** (0.12)	1.17*** (0.12)	-0.22** (0.11)	-0.22** (0.11)
老家房屋状况（参照组：土坯/砖混）								
平房/楼房	-0.09 (0.07)	-0.10 (0.08)	-0.26*** (0.08)	-0.28*** (0.08)	-0.25** (0.10)	-0.22** (0.10)	0.04 (0.10)	0.01 (0.10)

续表

变量名称	农村 vs 城市〔模型1（定居意愿类型）〕	农村 vs 城市〔模型2（定居意愿模式）〕	老家农村 vs 老家城镇（模型1）	老家农村 vs 老家城镇（模型2）	老家农村 vs 务工城市（模型1）	老家农村 vs 务工城市（模型2）	老家城镇 vs 务工城市（模型1）	老家城镇 vs 务工城市（模型2）
流动模式（参照组：单独流动）								
夫妻与子女分居	-0.17 (0.11)	-0.19* (0.11)	-0.09 (0.10)	-0.09 (0.11)	-0.38*** (0.16)	-0.39*** (0.16)	-0.34** (0.16)	-0.36** (0.16)
夫妻一方携子女	0.38*** (0.12)	0.38*** (0.12)	0.25* (0.12)	0.26** (0.12)	0.46*** (0.16)	0.47*** (0.17)	0.23 (0.16)	0.24 (0.16)
举家迁移	0.04 (0.10)	-0.01 (0.10)	0.02 (0.10)	0.01 (0.10)	-0.11 (0.13)	-0.14 (0.13)	-0.21* (0.12)	-0.22* (0.12)
行政区划（参照组：省内流动）								
省际流动	-1.04*** (0.13)	-1.06*** (0.14)	0.30* (0.15)	0.28* (0.15)	-1.33*** (0.18)	-1.34*** (0.18)	-1.59*** (0.17)	-1.59*** (0.17)
时间距离（参照组：不足4小时车程）								
4小时车程以上	-0.41*** (0.13)	-0.44*** (0.13)	-0.13 (0.15)	-0.16* (0.09)	-0.29* (0.16)	-0.35*** (0.17)	-0.1 (0.16)	-0.13 (0.16)
流动时长的对数	-0.01 (0.05)	0.04 (0.05)	-0.05 (0.05)	-0.03 (0.05)	0.13** (0.07)	0.18*** (0.07)	0.23*** (0.07)	0.23*** (0.07)

续表

变量名称	模型1（定居意愿类型）	模型2（定居意愿模式）		
	农村 vs 城市	老家农村 vs 老家城镇	老家农村 vs 务工城市	老家城镇 vs 务工城市
工作更换（参照组：初职组）				
工作较稳定	-0.20 (0.13)	-0.11 (0.13)	-0.05 (0.18)	0.10 (0.18)
工作较不稳定	-0.03* (0.02)	-0.02 (0.13)	0.05 (0.18)	-0.06** (0.18)
务工地更换（参照组：是）				
否	-0.02* (0.08)	-0.07 (0.08)	0.12 (0.10)	0.19* (0.10)
控制变量				
性别（参照组：男）				
女	0.24*** (0.08)	0.24*** (0.08)	0.23** (0.10)	0.01 (0.10)
代次（参照组：第一代）				
新生代	0.58*** (0.12)	0.75*** (0.13)	0.80*** (0.17)	-0.01 (0.16)
流出地（参照组：西部地区）				

续表

变量名称	模型1（定居意愿类型）		模型2（定居意愿模式）					
	农村 vs 城市		老家农村 vs 老家城镇		老家农村 vs 务工城市		老家城镇 vs 务工城市	
中部地区		0.14 (0.10)		0.07 (0.10)		0.25* (0.14)		0.18 (0.14)
东部地区		0.31*** (0.11)		0.09 (0.11)		0.46*** (0.16)		0.33** (0.15)
常数项	-1.80*** (0.68)	-2.78*** (0.73)	-4.48*** (0.70)	-5.809*** (0.75)	-6.621*** (0.93)	-8.53*** (1.00)	-2.42*** (0.91)	-2.84*** (0.97)
LR chi2	824.63	867.92	1265.14	1328.34	1265.140	1328.34	1310.90	1378.34
Prob>chi2	0.0000	0.0000	0.0000	0.0000	0.0000	0.0000	0.0000	0.0000
Psrudo R²	0.1452	0.1531	0.1411	0.1484	0.1411	0.1484	0.1441	0.1518
观测量	4,416	4,416						

注：显著性水平 *** $p<0.01$，** $p<0.05$，* $p<0.1$；括号内为标准差。

二 定居意愿的家庭生命周期异质性分析

不同家庭生命周期内的农业转移人口在成员数量、人力质量、资源禀赋、流动经历和思想观念上各不相同，在进行家庭定居决策时考虑的侧重点也往往与家庭所处生命周期紧密相关。本节主要通过对农业转移人口家庭禀赋水平和流动特征对不同生命周期家庭市民化决策的影响，检验第三章研究框架的适用性，同时通过结果解读描绘更为丰富的家庭迁移画面。其中，模型 3、4 报告了处于家庭形成期的农业转移人口定居意愿，模型 5、6 报告了处于家庭分巢期的农业转移人口定居意愿，模型 7、8 报告了处于家庭稳定期的农业转移人口定居意愿，模型 9、10 报告了处于家庭萎缩期的农业转移人口定居意愿，同时 SUR 模型结果表明不同影响因素对定居意愿的影响存在家庭生命周期异质性。模型回归结果简要报告如下。

第一，对于处在形成期的农业转移人口家庭来说，在城市与务工地定居意愿的产生受到家庭禀赋效应的驱动，流动赋权效应的影响并不显著。模型 3 与模型 4 中，家庭年收入对数每提升 1 个单位，相较于定居于农村或老家农村，定居于城市或务工城市的意愿提升 18.6%（$e^{0.17}-1 \approx 0.186$）与 7.3%（$e^{0.07}-1 \approx 0.073$），家庭借贷率每提升 1 个百分点，定居于城市或务工城市的意愿提升 17.4%（$e^{0.17}-1 \approx 0.174$）与 19.7%（$e^{0.18}-1 \approx 0.197$），家庭平均教育年限与家庭职业培训状况都显著提升了定居于城市或务工城市的可能（约分别提升 18.6%、10.5% 和 28.4%、37.7%）。农业转移人口通过频繁有效的社会交往提升社会融入，在一定程度上也增加了长久定居意愿产生的可能性。形成期家庭所接受的代际向下经济支持验证了"恩向下流"也影响了市民化意愿产生的可能性。形成期家庭若已购买城市房产会促进家庭定居老家城镇，但抑制了定居于务工地的可能，这往往与家庭返乡置业投资相关。流动特征中仅有远距离流动削弱了形成期家庭中农业转移人口定居意愿的产生。并未显著促进家庭定居意愿的产生。储蓄状况、健康状况、老家房屋状况、家庭流动模式、就业与居住稳定性对于形成期家庭的定居决策并未起到关键作用，这可能与形成期家庭无子女牵绊、家庭经济压力小有关，但往往经济积累弱，有旺盛的发展需求和较为薄弱的经济基础决定了其风险规避和进取意识往往较强。

第二，对于处在分巢期的农业转移人口家庭来说，在城市定居与务工地长久居住的意愿因家庭禀赋的累积和个体在流动过程中现代性习得的影响较为明显。模型 5 与模型 6 中，家庭年收入对数每提升 1 个单位，相较于定居农村或老家农村，定居城市、老家城镇与务工城市的意愿提升 44.8%（$e^{0.37}-1 \approx 0.448$）、60%（$e^{0.47}-1 \approx 0.60$）与 56.8%（$e^{0.45}-1 \approx 0.568$）。随着家庭职业水平和教育年限的提升，家庭定居于城市或务工城市的可能性均提升。分巢期家庭定居于老家城镇的意愿受到收入、教育、职业培训、城镇购房等因素的积极影响。家庭内部向下的经济支持减缓了城市定居意愿的形成。原本稳定促进社会融合的社会交往状况也"失效"，成为阻碍因素。家庭流动模式中，由于家庭的分离，流动赋权效应并未显著促进定居意愿的产生，主要表现在亲子团聚和近距离流动上。分巢期家庭往往采用远距离流动和高收入、高流动的风险就业形态，由此削弱了流动过程中"安居乐业"的可能性。

第三，对于处在家庭稳定期的农业转移人口来说，家庭禀赋中的流量收入、人力资本和固定资产获得的促进效应更为明显，流动赋权效应在家庭团聚的过程中有实现最大化的可能。"劳动—消费比"决定了家庭的经济活动量[345]，稳定期家庭往往表现为生存需求低，发展需求高，对家庭固定资产和流量工资水平依赖性较强，有子女的家庭往往对教育、医疗、住房等刚需价格与水平较为敏感，代际向下的经济支持削减了家庭禀赋的市民化促进效应。模型 7 与模型 8 中，家庭年收入对数每提升 1 个单位，相较于定居农村，定居于城市的意愿提升 53.7%（$e^{0.43}-1 \approx 0.537$），相较于定居老家农村，定居于老家城镇风险下降 31%（$1-e^{-0.37} \approx 0.31$），定居于务工城市可能性提升 35%（$e^{0.3}-1 \approx 0.35$），在城市定居两极分化趋势明显。随着家庭职业水平提升，定居于老家农村的可能性有所提升。与拥有城市住房一样，拥有老家房屋促使稳定期家庭定居于城镇或务工地，固定资产满足了降低风险提高收益的家庭发展预期。家庭团聚是稳定期家庭不同于其他生命周期家庭的重要特征。家庭稳定，临近式流动和稳定就业促使了稳定市民化的产生。

表5-14 不同家庭生命周期的农业转移人口定居意愿影响因素 （N=4474）

变量名称	家庭生命周期：形成期			家庭生命周期：分巢期			家庭生命周期：稳定期			家庭生命周期：萎缩期		
	模型3	模型4		模型5	模型6		模型7	模型8		模型9	模型10	
	定居意愿类型（农村）	定居意愿模式（老家农村）		定居意愿类型（农村）	定居意愿模式（老家农村）		定居意愿类型（农村）	定居意愿模式（老家农村）		定居意愿类型（农村）	定居意愿模式（老家农村）	
	城市	老家城镇	务工城市	城市	老家城镇	务工城市	城市	老家城镇	务工城市	城市	老家城镇	务工城市
家庭年收入的对数	0.17** (0.08)	−0.25** (0.13)	0.07** (0.01)	0.37*** (0.13)	0.47*** (0.12)	0.45*** (0.18)	0.43*** (0.13)	−0.37** (0.14)	0.30** (0.18)	0.38** (0.19)	0.41** (0.20)	0.99* (0.43)
储蓄率	0.01 (0.05)	−0.08 (0.10)	0.03*** (0.01)	−0.12 (0.10)	−0.07* (0.08)	0.04 (0.07)	0.10 (0.07)	−0.08 (0.10)	0.03 (0.09)	0.07 (0.25)	0.11 (0.19)	−0.74 (0.69)
借贷率	0.17** (0.09)	−0.12 (0.10)	0.18*** (0.04)	−0.05 (0.07)	−0.01 (0.067)	−0.08 (0.10)	0.10* (0.07)	−0.09 (0.09)	0.12 (0.08)	0.03 (0.21)	−0.10 (0.16)	0.11 (0.34)
家庭职业水平	0.05** (0.004)	−0.08 (0.1)	0.03* (0.02)	0.05* (0.007)	0.07 (0.007)	0.08* (0.01)	0.01 (0.01)	−0.02*** (0.008)	−0.01 (0.01)	0.04*** (0.02)	−0.06 (0.01)	0.04* (0.03)
身体健康状况（参照组：均较差）												
中间组	0.10 (0.29)	−0.19 (0.32)	0.07 (0.38)	0.16 (0.28)	0.01 (0.24)	−0.24 (0.38)	0.69*** (0.29)	−0.59* (0.28)	−0.21 (0.43)	−0.43 (0.43)	0.19 (0.33)	−0.73 (0.71)
均较好	0.18 (0.26)	−0.19 (0.29)	0.11 (0.35)	0.53** (0.26)	0.06 (0.22)	0.06 (0.34)	0.42* (0.27)	−0.35 (0.25)	0.11 (0.40)	−0.20 (0.40)	−0.06 (0.31)	−0.66 (0.68)

续表

变量名称	家庭生命周期：形成期			家庭生命周期：分巢期			家庭生命周期：稳定期			家庭生命周期：萎缩期		
	模型 3	模型 4		模型 5	模型 6		模型 7	模型 8		模型 9	模型 10	
	定居意愿类型（农村）	定居意愿模式（老家农村）		定居意愿类型（农村）	定居意愿模式（老家农村）		定居意愿类型（农村）	定居意愿模式（老家农村）		定居意愿类型（农村）	定居意愿模式（老家农村）	
	城市	老家城镇	务工城市	城市	老家城镇	务工城市	城市	老家城镇	务工城市	城市	老家城镇	务工城市
平均年龄	-0.01 (0.02)	-0.01 (-0.006)	0.01 (0.02)	-0.02 (0.01)	-0.02* (0.01)	-0.03** (0.02)	-0.06*** (0.02)	0.04** (0.01)	-0.04*** (0.02)	0.02 (0.02)	0.01 (0.02)	0.01 (0.04)
平均教育年限	0.17*** (0.04)	-0.13*** (0.04)	0.10*** (0.05)	0.18*** (0.05)	0.10*** (0.05)	0.19*** (0.08)	0.13** (0.06)	-0.09 (0.05)	0.17** (0.08)	0.24* (0.12)	0.18** (0.09)	0.65** (0.22)
职业培训状况（参照组：未参加）												
参加	0.25** (0.11)	0.15 (0.13)	0.32* (0.14)	0.27* (0.16)	0.44** (0.15)	0.21 (0.23)	0.01 (0.17)	-0.38** (0.17)	-0.19 (0.24)	-0.01 (0.30)	0.59*** (0.23)	0.46 (0.50)
家庭代际支持（参照组：向上经济支持）												
向下经济支持	0.07 (0.11)	-0.05 (0.13)	0.04* (0.13)	0.13 (0.15)	-0.14 (0.15)	-0.07 (0.22)	-0.33* (0.17)	0.02 (0.18)	-0.48** (0.24)	-0.20 (0.34)	0.08 (0.26)	-0.93 (0.63)
家庭社交支往	0.32 (0.24)	-0.40 (0.30)	0.61** (0.28)	-0.17** (0.08)	-0.24 (0.37)	-0.32** (0.16)	-0.40* (0.36)	0.29 (0.39)	0.50 (0.49)	0.53 (0.72)	1.32** (0.55)	0.34** (0.17)

续表

变量名称	家庭生命周期：形成期 模型3 定居意愿类型（农村）城市	模型4 定居意愿模式（老家农村）老家城镇	模型4 务工城市	家庭生命周期 模型5 定居意愿类型（农村）城市	模型6 定居意愿模式（老家农村）老家城镇	模型6 务工城市	家庭生命周期：稳定期 模型7 定居意愿类型（农村）城市	模型8 定居意愿模式（老家农村）老家城镇	模型8 务工城市	家庭生命周期 模型9 定居意愿类型（农村）城市	模型10 定居意愿模式（老家农村）老家城镇	模型10 务工城市
城市购买状况（参照组：未购买）												
已购买	1.03*** (0.16)	1.91*** (0.25)	-0.36*** (0.17)	1.02*** (0.16)	1.36*** (0.17)	1.43*** (0.24)	0.81*** (0.17)	1.23*** (0.18)	-0.16 (0.24)	0.98*** (0.30)	1.19*** (0.24)	0.86* (0.51)
老家房屋状况（参照组：土砖/砖混）												
平房与楼房	0.14 (0.11)	-0.01 (0.13)	-0.02 (0.14)	-0.29* (0.16)	-0.20 (0.15)	-0.49* (0.23)	0.49*** (0.18)	0.7*** (0.19)	0.10 (0.24)	-0.08 (0.31)	-0.54** (0.25)	-0.15 (0.50)
流动模式（参照组：单独流动）												
夫妻与子女分居	—	—	—	-0.02 (0.16)	0.04 (0.15)	-0.03** (0.02)	—	—	—	0.02 (0.31)	-0.16 (0.24)	-0.80 (0.54)
夫妻一方携子女	—	—	—	-1.02** (0.53)	-0.61 (0.39)	-0.37** (0.19)	0.30** (0.15)	1.02** (0.48)	0.39** (0.19)	0.15 (0.77)	-0.04 (0.58)	0.63 (1.06)
举家迁移	-0.12 (0.12)	0.07 (0.14)	-0.24* (0.15)	—	—	—	-0.15 (0.45)	0.63 (0.49)	0.62** (0.30)	—	—	—

续表

变量名称	家庭生命周期：形成期			家庭生命周期：分巢期			家庭生命周期：稳定期			家庭生命周期：萎缩期		
	模型 3	模型 4		模型 5	模型 6		模型 7	模型 8		模型 9	模型 10	
	定居意愿类型（农村）	定居意愿模式（老家农村）		定居意愿类型（农村）	定居意愿模式（老家农村）		定居意愿类型（农村）	定居意愿模式（老家农村）		定居意愿类型（农村）	定居意愿模式（老家农村）	
	城市	老家城镇	务工城市	城市	老家城镇	务工城市	城市	老家城镇	务工城市	城市	老家城镇	务工城市
行政区划（参照组：省内流动）												
省际流动	-1.03*** (0.20)	-0.39 (0.23)	-1.42*** (0.24)	-0.93** (0.28)	0.32 (0.28)	-0.80* (0.42)	-1.80*** (0.35)	0.50 (0.48)	-2.73*** (0.39)	-0.22 (0.60)	0.78 (0.52)	-0.44 (0.88)
时间距离（参照组：不足4小时车程）												
4小时车程以上	-0.32** (0.19)	0.14 (0.23)	-0.07 (0.21)	-0.64** (0.27)	-0.32 (0.28)	-0.09 (0.39)	-1.01*** (0.36)	0.68 (0.46)	-0.99*** (0.37)	-0.15 (0.61)	-0.55 (0.53)	0.05 (0.89)
流动时长的对数	0.11 (0.10)	-0.11 (0.11)	0.16 (0.12)	0.04 (0.1)	-0.02 (0.09)	0.23** (0.14)	-0.10 (0.1)	0.17* (0.10)	0.15* (0.14)	0.21 (0.16)	-0.06 (0.13)	0.37 (0.26)
工作更换（参照组：初职组）												
工作较不稳定	-0.18 (0.22)	0.40 (0.26)	0.29 (0.28)	-0.19 (0.24)	-0.23 (0.23)	-0.22 (0.34)	0.19 (0.26)	-0.22 (0.27)	0.29 (0.39)	0.33 (0.49)	0.35 (0.37)	1.66 (1.12)
工作较稳定	-0.22 (0.22)	0.31 (0.26)	0.25 (0.28)	-0.21 (0.24)	-0.12 (0.23)	-0.22 (0.35)	0.18*** (0.06)	0.22*** (0.07)	0.11*** (0.01)	0.28 (0.48)	0.22 (0.36)	1.78* (1.10)

续表

变量名称	家庭生命周期: 形成期 模型3 定居意愿类型(农村) 城市	家庭生命周期: 形成期 模型4 定居意愿模式(老家农村) 老家城镇	模型4 务工城市	家庭生命周期: 分巢期 模型5 定居意愿类型(农村) 城市	家庭生命周期: 分巢期 模型6 定居意愿模式(老家农村) 老家城镇	模型6 务工城市	家庭生命周期: 稳定期 模型7 定居意愿类型(农村) 城市	家庭生命周期: 稳定期 模型8 定居意愿模式(老家农村) 老家城镇	模型8 务工城市	家庭生命周期: 萎缩期 模型9 定居意愿类型(农村) 城市	家庭生命周期: 萎缩期 模型10 定居意愿模式(老家农村) 老家城镇	模型10 务工城市
务工地更换(参照组: 是)												
否	-0.10 (0.11)	0.12 (0.13)	0.07 (0.14)	0.21 (0.16)	0.09 (0.15)	0.53* (0.23)	-0.04 (0.16)	0.35* (0.17)	0.64*** (0.23)	-0.49 (0.30)	0.11 (0.24)	-1.73*** (0.54)
控制变量												
性别(参照组: 男)												
女	0.34*** (0.11)	-0.26* (0.13)	0.11 (0.14)	0.36* (0.16)	0.40** (0.15)	0.21 (0.23)	0.08 (0.16)	-0.28 (0.15)	-0.25 (0.22)	0.23 (0.30)	0.46** (0.23)	0.40 (0.51)
代次(参照组: 第一代)												
新生代	0.47* (0.25)	-0.96*** (0.29)	0.08 (0.32)	0.71*** (0.21)	0.78*** (0.21)	0.73** (0.30)	0.08 (0.24)	-0.08 (0.27)	-0.05 (0.32)	2.82** (1.13)	2.28 (1.13)	4.76*** (1.35)
流出地(参照组: 西部地区)												

续表

变量名称	形成期 模型3 定居意愿类型（农村）城市	形成期 模型4 定居意愿模式（老家农村）老家城镇	形成期 模型4 务工城市	分巢期 模型5 定居意愿类型（农村）城市	分巢期 模型6 定居意愿模式（老家农村）老家城镇	分巢期 模型6 务工城市	稳定期 模型7 定居意愿类型（农村）城市	稳定期 模型8 定居意愿模式（老家农村）老家城镇	稳定期 模型8 务工城市	萎缩期 模型9 定居意愿类型（农村）城市	萎缩期 模型10 定居意愿模式（老家农村）老家城镇	萎缩期 模型10 务工城市
中部地区	0.16 (0.15)	0.32 (0.17)	0.15 (0.19)	-0.12 (0.21)	-0.04 (0.20)	0.29 (0.33)	0.55** (0.21)	-0.49* (0.21)	0.31 (0.32)	-0.39 (0.42)	-0.20 (0.22)	-0.50 (0.74)
东部地区	0.39** (0.17)	-0.24 (0.20)	0.28 (0.21)	0.19 (0.23)	0.20 (0.22)	0.60 (0.35)	0.71*** (0.25)	-0.22 (0.26)	0.66* (0.37)	0.21 (0.44)	-0.42 (0.31)	0.17 (0.75)
常数项	-4.77*** (0.08)	5.97*** (1.36)	-3.32** (1.47)	-7.34*** (1.60)	-5.55*** (1.48)	-8.76*** (2.24)	-4.48*** (1.67)	5.63*** (1.79)	-3.02 (2.25)	-10.8*** (3.26)	-9.22*** (0.33)	-22.1** (5.80)
LR chi2	218.67	392.71	490.40	325.38	250.03	412.29	45.43	142.34				
Prob>chi2	0.0000	0.0000	0.0000	0.0000	0.0000	0.0000	0.0075	0.0000				
Psrudo R²	0.0950	0.1096	0.1362	0.1390	0.1992	0.2103	0.1114	0.1688				
观测量	1,818		1,458	1,130		729						

注：显著性水平 *** p<0.01，** p<0.05，* p<0.1；括号内为标准差。

第四，对于处在萎缩期的农业转移人口家庭来说，禀赋驱动的市民化效应逐渐失效，流动赋权的红利逐渐消失。从模型 9 与模型 10 中可以看出，家庭收入与城市定居之间的促进机制趋于"弹性"，家庭年收入对数每提升 1 个单位，定居于城市或务工城市的意愿提升并不十分明显。社会交往呈现"黏性"，积极参与社区活动可以满足情感需求，提升城市社会的引力。平均教育年限在萎缩期家庭中仍表现出一定的市民化促进作用。城市住房与老家住房对定居意愿的影响完全相反，已购房的萎缩期家庭定居于城市意愿得到较大程度提升，农村老宅质量尚可的萎缩期家庭也将回到农村老家作为其市民化决策中关键一环。家庭化迁移和迁移的近邻性均已失效，只有较为稳定的工作作为拉力因素促使其留在城市或城镇。处于萎缩期家庭的年龄结构趋于"老龄化"，经济负担轻，追求稳定，对于"归宿感"更为敏感，尽早谋好退路是其关于就业、置业和市民化生计联合决策的主要动机。

第四节　关键因素识别与小结

结合对农业转移人口家庭生命周期时序分布与结构形态的分析，本节将家庭生命周期视角纳入农业转移人口定居意愿的影响因素分析框架，并从定居意愿类型与意愿模式两方面分别对家庭禀赋特征、家庭流动特征对"禀赋驱动"与"流动赋权"的效应进行解读。

一方面，从农业转移人口家庭定居意愿的影响因素的数据验证结果来看，家庭禀赋特征中经济禀赋与人力资本水平不仅总体上验证了研究设计，并且也是影响不同家庭生命周期内农业转移人口定居意愿产生的关键变量。家庭代际向下的经济支持会主要在形成期家庭中起到重要的推动作用，与城市社会逐步融合对形成期与萎缩期家庭具有重要的意义。物质资本对于家庭在城镇定居具有普遍的积极意义，但并未促使其定居于务工地，由于"返乡置业"或城乡汇款的方向性，其物质资本累积并未发生在务工城市，因此其未来还面临着再次流动的可能。

另一方面，数据结果还表明，家庭流动特征中流动范围显著影响了农业转移人口家庭定居意愿的产生，成为未来推进农业转移人口市民化过程中的关键变量。家庭虽然可以通过务工距离带来的就业质量提升从而获得更加自由的决策可能，但这一工具性自由的累积并未同时辐射到市民化决策中。家属随迁因素仅在家庭分离事件结束后发挥促进作用，跨地域的家庭模式带来的效用损失会延续影响长期定居意愿的产生。流动时长的累积并非在各个家庭生命周期内都表现为一种流动赋权效应的存在，分巢期家庭定居务工地与稳定期家庭定居城镇与流动时长的累积紧密相关。这一点也可以在流动经历的验证中得到解释。目前农村兼业现象突出，纯农生产小农户或农业经营者占比较少，多数农业转移人口家庭都通过外出务工或务工经历的积累完成了储蓄的积累、新技能或想法的获取。观察流动特征与流动主体发展意愿之间的关系可以为乡村振兴与小城镇发展、大城市流动人口制度设计带来新的议题。

第五节　本章发现及政策启示

本章通过对于第三章研究框架的细化，利用 2018 年获取的"全国百村外出务工人员调查"数据实证检验了不同家庭生命周期的农业转移人口定居意愿在家庭资源禀赋与流动特征影响下的差异性。考虑到定居内涵的丰富性，本章采用 Binary Logit 与 Multi Logit 模型构建定居意愿类型与定居意愿模型影响因素，并通过 SUR 模型检验不同家庭生命周期的农业转移人口家庭影响因素的异质性。

本章实证结果发现家庭禀赋与流动特征对农业转移人口定居意愿的产生具有复杂影响，且其影响存在家庭生命周期异质性。农业转移人口对于定居于城乡还是定居于务工地做出的是不同成本与收益等级的判断。家庭经济资本与人力资本的优势可以促进农业转移人口"安居"于务工城市，家庭人力资本方面，家庭成员健康状况与教育年限都具有较强的正外部性。但物质累积的外部性具有一定的区位限制，在哪里置业和在哪里定居是主要的成本收益比较逻辑，农村住房状况是返回乡村生活的重要拉力，而对回到老家城镇还是继续在务工城市生活的影响不大。夫妻分离并携带子女进城生活是农业转移人口家庭最小化生计风险与最大化迁移收益的重要家庭居住安排方式。夫妻一方携子女流动是家庭内部考量成本与收益后维持城市与农村两个"家"的决策理性体现，而不是以往研究中认为的全家迁移。家庭会因为儿童的留守不断调适家庭迁移方案，特别是从远距离流动更改为近距离流动。流动行政空间和地理空间的临近性都显著提升了农业转移人口在城市定居的意愿。流动的稳定性并未带来市民化意愿的提升，这印证了以往学者提出的"流动—市民化悖论"，再次流动仍是未来农业转移人口个人及家庭的重要生计选择。以居住地为属地化管理基础的城市公共服务体系，需要从政策设计层面适应"流动型社会"管理带来的挑战。

基于本章节的研究结论可以得到以下现实启示：处于不同生命周期的农业转移人口家庭资本禀赋、流动内化资本与城市定居或回乡定居之间存在复杂关系。在人口迁移与流动的时代背景下，家庭生命周期是生计过程中家庭基于"稳态"与"失稳"结构性特征做出决策的重要指征。本章为多元维度、不同侧重的共同推进农业转移人口长久定居于务工地或再次流动后在老家城镇"落地生根"明确了方向，即社会政策应当关注并辅助形成期家庭顺利累积资本，关怀分巢期家庭的情感联结质量，增进稳定期家庭的社会融合水平，承认萎缩期家庭对城市发展贡献等。

第六章

农业转移人口落户意愿的
影响因素分析

本章以专项调查数据为基础，结合政策文本数据与社会经济发展统计数据对农业转移人口落户意愿及其影响因素进行深入分析。本章节的主要内容与结构如下：首先，对农业转移人口进行落户决策时需要面对的制度成本阻碍与福利保障吸引进行分析，以户籍制度对于城乡流动的农业转移人口家庭发展的影响为切入点阐明落户意愿的定义与量化测度；其次，从对于农业转移人口落户决策的影响入手，将城市落户制度成本与社会福利保障因素及个体特征纳入分析框架，运用广义分层线性模型与两阶段模型识别农业转移人口家庭落户意愿的影响因素与落户时间期望的形成机制。

第一节　研究设计

一　研究框架

在城乡二元社会体制中，依附于户籍制度的社会与政策改革大体上经历了严格控制进城或转换户籍身份、尝试完全放开城乡二元区隔、逐步收缩户籍改革力度与范围，再到规范人口迁移与流动等多阶段[346]。"市民化"不仅作为学术概念，而且作为一种政策目标频繁出现在各级政府行政逻辑中，"户籍管理制度改革"逐渐深化并拓展为"户籍制度改革"与"流动人口管理服务"，"农民工"也逐渐消失在政策语言中。在多份中央政府文件中，关于"推进农民工市民化"论证章节首段都论述了"加快推进户籍制度改革，提高户籍人口城镇化率"的政策必要性，并将其作为推进落户以实现公共服务均等化的重要举措[282]。但这并不代表地方政府人口管理的"调节阀"已完全放开，反而意味着人口控制与调节过程更加依赖于市场规律，更加符合现代社会基本价值观念[347]。

根据人口迁移理论和实证研究，农业转移人口市民化的动力主要是收入提升和福利改善[159]，定居于城市的重要因素是预期经济收入的提升[36]，而户籍所附加的公共服务和福利是农业转移人口在流入地转换户籍身份的主要原因[161]。2017 年全国流动人口动态监测数据显示，有意获得流入地城镇户籍的流动人口仅占总体的 39.01%，占具有居留意愿者的一半，在农业转移人口（农村户籍的流动人口）中，有落户意愿者的占比更低。因此，农业转移人口实现市民化转变，会经历"长期居留"和"户籍转换"两个阶段。长期居留于此和转换户籍都是农业转移人口基于比较效益的理性选择，但两者的理性计算逻辑不同。相较于在城市定居而言，落户决策被认为是"个体迁移动力"和"制度合法性压力"作用下的复杂决策[133]，前者被认为包括将个体从农村户籍身份推/拉向城镇户籍的动力，后者主要包括社会性的歧视和排斥、心理性的不安与焦虑以及城市生活中"农村户籍"身份带来的不便。

综上所述，本书首先认为迁移决策背后的理性考量更多是围绕家庭单位的预期收益最大化与预期风险最小化两方面平衡展开的。其次，虽然农业转移人口在市民化不同阶段的决策逻辑有所不同，但定居能力的累积和流动过程中获得的现代性是其落户城市决策的起点。最后，刚性的户籍制度带来的"制度合法性压力"也逐渐演变成户籍身份转变成本与福利保障吸引共存的推拉过程。

目前，政府户籍制度改革与赋权的逻辑与农业转移人口的发展诉求存在一定的张力[112]，呈现出较大的"身份性壁垒"。中央政府户籍制度改革在于推动流动人口有序有效市民化，从而使流动人口可以共享社会发展红利，扩大内需。目前各城市"两率差"仍然存在，在发展主义理念驱使下，地方政府往往基于"当地"利益最大化来调整户籍制度改革方案，提升外来人口可能带来的地方经济增长，减少目前的财政收支压力，因此大中城市主观缺乏完全降低户籍身份的动力，客观具有提升外来人口占比的动力[348]；微观层面上，户籍迁移往往意味着个体在一定程度上放弃农村集体的成员权和农村户籍福利[349]，而定居某地存在不可避免的机会成本，将放大定居意愿与落户意愿之间的差别。这就造成了政府想让人口流入的城市积极推行"应转尽转、想落尽落"的户籍改革举措，但农业转移人口不愿意落户于此，而农业转移人口流向的城市，往往集中于规模在300万人以上城市，各地中心城市等推行"居住证""积分制"政策加大落户难度，降低落户强度。这说明农业转移人口市民化过程中，定居意愿与落户意愿的形成与制约存在着结构性差异。

　　另外，城市提供的福利保障对市民化意愿也产生影响，农业转移人口的长期居留与户籍转换之间的差异主要体现在其对城市住房需求和公共服务的需求差别上。同时，家庭化流动日益增多，对住房、教育、医疗卫生和社会融合的社会性需求随着家庭生命周期演化出现周期性波动。微观层面上，农业转移人口及其家庭的城镇户籍身份与其获得的公共服务需求密切相关。农业转移人口希望获得城镇户籍，让子女享受平等教育资源与就学机会，"双减"教育改革推行时，公办教育资源的获取也与户籍身份形成共生；他们希望成为"城里人"，以获得更加优惠的城市住房、医疗保障；家庭劳动力希望能够获得与当地居民同等的、具有保障的就业机会和保障，实现在城市的"体面生活"。因此本书构建了包含了农业转移人口市民化第一阶段的城市定居意愿水平、户籍身份转换过程中落户成本因素与社会保障因素的系统性落户意愿分析框架，同时结合农业转移人口对于流入地城市综合需求的生命周期性特点，探讨城市落户门槛、农村退出成本、住房水平和公共服务水平对不同家庭生命周期的农业转移人口家庭落户意愿的影响差异。由此形成研究框架，如图6-1所示。

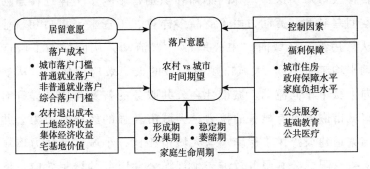

图6-1　农业转移人口落户意愿分析框架

与已有研究相比，本书对以往研究中"居留""落户"等概念的混用，进行了明确区分，并在落户意愿中加入了制度性因素的考察，对农业转移人口家庭在市民化进程中不同阶段决策的影响因素做出了相关解释。同时，目前学界对于农业转移人口户籍转换意愿的研究划分主要以"保留"和"转换"的分类方式进行，而关于何时获得期望户籍的研究较为缺乏。虽然户籍转变对农业转移人口家庭获得城市公共资源和生活权利有较大的改善，但作为生计决策的一环，他们也要充分考虑实现户籍转换的可行性和时效性。如果户籍转换的时间期望较短，说明他们对未来家庭发展保持主动选择和积极争取的态度，而期望时间过长的原因可能在于他们的落户意愿并不强烈，或是被动接受结果[350]。在农业转移人口家庭生命周期异质性的基础上，结合户籍变动的成本因素与社会保障因素对城市落户意愿的影响，可以进一步剖析城市在户籍制度设计和公共服务供给对市民化进程造成的短期和长期效应，从而丰富目前流动人口管理的制度设计，以精准回应人民日益增长的美好生活需要。

二 特征事实

在"一乡多城"的流动过程中，农业转移人口市民化意愿重塑主要通过城市发展的"拉力"因素体现。农业劳动者迁入城市取决于城乡预期收入差异的拉力，劳动力市场回报差异越大，迁入城市的人口越多。但我国农业转移人口进行户籍身份的转变需要考察城乡、区域之间客观存在的制度差异和主要由市场因素决定的非制度差异，个体在收入差异以及微观层面农业转移人口对于这种差异的感知和识别，影响了个体迁移意愿期望与动因的空间差异性。劳动力由于商品多样化、工资水平更高和就业机会的吸引而从"边缘"区域向"中心地带"[351]流动，从而增加了城市岗位需求和劳动平均工资[352]。大城市规模经济的聚集效应促使人口从规模较小的城市向大城市单向流动。城市社会公共服务的普及与质量提升对于农业转移人口城市嵌入具有显著的拉力，大城市较强的经济实力为公共服务支出预算与渠道建设提供了保障。与大城市相比，小城市劳动力市场化与公共政策支持有限，公共服务较难产生规模公共服务的聚集效应，增强了人口向大城市集聚的趋势。所以人口迁徙呈现出极强的经济引力，但涉及户籍转换时，农业转移人口的决策逻辑有所异化，定居能力的累积和流动过程中现代性的积累是其落户城市决策的起点。在实际论证过程中，以往学者将定居与落户决策作为两类独立发展意愿进行分析，而解读两类发展意愿之间的差异与联系才是新型城镇化进程中推进有序市民化的关键问题。因此，与无定居于城市或定居于务工地意愿的农业转移人口相比，具有在城市定居意愿的农业转移人口越倾向于获得城镇户籍。

新一轮户籍制度改革已经消除了人口自由迁移的限制，户籍制度改革的核心是解决大城市公共品供给歧视的现状。但是从户籍制度改革的顶层设计来看，目前中国城镇化过程还存在"两极化"倾向，即大城市急剧膨胀、中小城市与小城镇相对萎缩[353]。落户门槛的限制是基于城市规模而梯度化建立的，随着城市人口规模的扩大，落户条件基于合法稳定居住、合法稳定就业、参保年限和连续居住年限等分类设立。如此一来基于地方户籍制度改革实践，大城市落户门槛实质上并未降低，反而呈现"冲破户籍限制的人口增长"现象。

可以说，城市发展水平对于农业转移人口定居意愿的重构存在政策化的选择作用。流动带来的定居意愿因户籍政策差异而存在不同表现：不同等级城市政府对农业转移人口获得城镇户籍的限制有所不同，城乡户籍制度的权利与福利供给有所差异。目前各城镇户籍制度仍与一系列社会福利和利益相关，户籍身份带有明显的价值化与等级化，前往大城市的农业转移人口会因大城市更为严苛的户籍制度而遭受更大的福利损失。落户门槛和落户意愿之间呈现"双升"的局面，从而在大城市呈现农业转移人口具有较强的落户意愿但面对较高的落户门槛，而中小城镇落户接近"零门槛"，但农业转移人口落户意愿仍较低的局面。因此，城市落户门槛越低，农业转移人口越倾向于获得城镇户籍，一方面，城市普通就业落户门槛值越低，农业转移人口越倾向于获得城镇户籍；另一方面，城市综合落户门槛值越低，农业转移人口越倾向于获得城镇户籍。

农村户籍身份的退出过程也隐含一定程度的制度门槛。户籍制度异化所引致的上层制度建制的改革主要以"城市融入"为户籍制度改革的主导思路。目前农业转移人口家庭的"乡城两栖"仍是主要生活状态[177]，随着城乡利益格局的重塑，依附于农村户籍的土地与制度红利日益显现[179]。

因此，户籍身份转变需要将依附于农村户籍身份的"成员权"及其背后包含的福利水平纳入制度层面的考量中。已有研究表明，现行农地制度引致农村人口依附于土地，土地禀赋对农村人口的农村退出决策具有显著的抑制效应，农地制度并未对人口的农村退出提供土地权益退出与财产价值实现的通道，这使农业转移人口在落户决策时产生机会成本。

要考察劳动力迁移与流出地城市与乡村制度系统的关系，实则是考虑迁移与土地制度中与土地、与集体经济收益相关的变量函数关系。将农村户口转换为城市户口的决定因为农村退出成本的存在而变成一场"赌博"[354]。在新一轮户籍制度改革中，放弃农村土地承包经营权、宅基地使用权与集体收益分配权已不再作为农村户籍退出的条件。但农村成员权的经济收益对农民工的迁移决策仍具有重要的影响，其中土地收益的物质实现与土地权利交易变现预期共同影响其市民化决策。一方面，作为农村居民所拥有或可以长期使用的生产资料和社会保障来源，土地拥有量及其收益水平是土地禀赋的集中体现。在传统农业发展阶段，土地对劳动力转移有较强的替代效应，较多的土地数量将降低农村户籍人口的流动意愿，从而造成宏观上劳动力转移迟滞[355]或城市定居意愿被削弱[270]。西方城镇化进程中，随着农业机械化水平和农业生产率的提升，土地对于农村居民更多具有收入效应和替代效应，即若农村家庭增加土地耕种面积会获得较多的收入从而降低城市务工收入的拉力。但土地数量超过农民农地耕种能力，而机械化、专业化与规模化经营效益并未显现时，土地的生产要素效应会发生转变。由于我国户均耕地面积较小，兼业劳动现象普遍，因此当前时代背景下自然资源禀赋对于农业转移人口外出迁移决策的负向影响更大[356]，即使在回流群体中这种负向影响依旧存在[357]。这与以往学者的实证调查结果也十分吻合[358]，即家庭土地耕种面积、土地耕种收益水平与农业转移人口定居意愿呈负相关。另一方面，集体经济发展带来的经济收益是促进农村社区成员持续增收、实现共同富裕的重要路径，也反向促进了农村集体资源资产的开发利用，是发达地区农村户口"含金量"的重要体现。

法律意义上当转换为城镇户籍时，农村居民仍可以使用农村宅基地，直到土地上的建筑物因自然灾害而灭失。"一户一宅"的宅基地申请"资格制"实则也是"家庭资格权",其将农村居民限制在一处住宅之上,这决定了当涉及农村退出的成本计算时,宅基地价值对其福祉起着心理和物质的双重抑制[359]。因此,农村退出成本越低,农业转移人口越倾向于获得城镇户籍。其一,农村土地经济收入越低,农业转移人口越倾向于获得城镇户籍;其二,农村村庄集体经济越低,农业转移人口越倾向于获得城镇户籍;其三,农村宅基地自评价值越低,农业转移人口越倾向于获得城镇户籍。

户籍城镇化率远落后于常住人口城镇化率,高成本的城市住房制度被视为造成这一事实的重要原因[360]。福利经济学提出了"收入分配均等化"的基本福利命题,认为政府实施社会财富再分配,通过向高收入者征税、向低收入者提供社会保障与救济,伸出"有形之手"进行社会福利干预可以增进社会福利、维护社会公平[361]。住房过滤理论(Housing Filtering Theory)认为高收入群体通常会为了追求更好的生活条件而放弃现有住房,低收入群体往往选择购买或租用这些住房,住房在其"制造—使用—灭失"的生命周期中不断在不同收入水平住户间进行迭代。农业转移人口家庭属于城市中的低收入群体,通常进入低端住房市场[362],国家力求通过建设保障房改善农民工的城市居住条件[363],强化其城市居留意愿、进而逐步摆脱"半城市化"的窘境[364],其中扩大住房的福利性质是住房推动城镇化高质量发展的有效路径。

已有研究认为收入、房价、城市公共服务等非制度因子是影响人口在城乡间、城市间流动的重要因素[365],在非制度因子如何影响市民化意愿的研究中,学者提出了四类不同的研究假说:"促进假说"认为,城市住房收入比的提升有助于个体通过房产、常住身份增加资产套利的可能,城市房产的获得也提升了公共服务需求满足的质量,从而吸引劳动力的流入,Andrew J. Plantinga通过分析美国291个大城市的住房成本分布发现,城市住房和公共服务的获得促进了劳动力向大城市流入[366];"抑制假说"认为房屋和城市公共服务的"购买"成本过大会降低个人效用从而抑制人口流入并促进人口流出,我国东部大城市的房价上涨对人口流动倾向具有门槛效应,以致出现了"用工荒"现象[367];"不确定假说"认为房屋购买和常住居民身份的获得一方面会降低个人可支配收入或增加非必要劳动时长，从而将普通劳动力推出城市"核心"区域，另一方面福利保障供给质量的提升意味着城市生活的预期效应的提升，家庭非劳动力成员由于公共服务的刚需，从而促进家庭往往在"能力范围之外"通过借贷等方式完成城市定居；"无作用假说"认为农业转移人口往往租住或居住在低廉的非普通商品房中，其常住身份并没有带来公共服务的有效供给，房价收入比过大突破合理范围后，对其市民化意愿并未产生实质影响，"回流"仍是其未来决策的首选[368]。

城市福利保障的供给可能通过挤出家庭消费支出和公共服务的满足降低家庭效用，从而降低市民化意愿；也有可能通过定居和常住身份的获得提升预期收入水平和资产套利水平，提升家庭效用，从而提升市民化意愿。本书认为虽然落户需求并非当前农业转移人口市民化需求的主体，但随父母迁移的子女会提升家庭对教育等公共服务的需求，而教育等公共服务往往与住房产权和住房区位等市场产品相关联[369]。保障性住房的建设和供给由政府主导，具有"准公共物品"的属性，低成本的保障性住房有利于改善家庭在城市生存状况，使其在"流动"中获得再发展的可能[191]，总体支持"促进假说"。因此，在考虑农业转移人口家庭自身的住房负担水平和城市准"公共物品"供给状况的影响下，拥有城市住房将成为城市非制度影响户籍转换的重要路径。因此，城市住房水平越高，农业转移人口越倾向于获得城镇户籍，一方面，城市保障性住房供应水平越高，农业转移人口越倾向于获得城镇户籍；另一方面，家庭城市房价收入比越低，农业转移人口越倾向于获得城镇户籍。

劳动力是否为了更好的公共服务而流动是 Tiebout "用脚投票"理论的主要论证内容，但中国是否存在"用脚投票"机制仍存在一定争议[370]。该理论最早将地方政府公共服务供给和人口迁移相结合，并认为迁移决策实质是居民对公共服务的"选购"，地方政府对公共物品的供给和税收率进行"自由裁量"与"主动竞争"式的"供给"，"供给"与"选购"需求匹配，即迁移行为的生效。因此，往往是公共服务越好、税率越低的地方能够吸引越多的外来人口，并证实了公共服务成本和税收都被资本化到房地产价值中去[371]。这一结论在加拿大、美国等国家的区域发展研究中得到了证实[372]。以往学者使用第四次全国人口普查数据和 2005 年 1% 人口抽样调查中的省际人口迁移数据后发现，地方财政支出增加时该省份人口净迁入，基础教育、公共卫生、文化氛围和劳动力市场福利等软社会保障的支出更吸引人口流入[373]。因此，城市公共服务供给水平越高，农业转移人口越倾向于获得城镇户籍。其中，城市基础教育服务供给水平越高，农业转移人口越倾向获得城镇户籍，城市公共医疗服务供给水平越高，农业转移人口越倾向获得城镇户籍。

三 变量设置及测量

（一）家庭落户意愿

落户意愿指农业转移人口，将家庭农村户籍转换为城镇户籍的意愿，本书通过"如果您打算获得城市户口，希望未来多少年内获得？"题项测量，不打算获得城市户口者填"99"，将选择"99"的样本视为无获取城镇户籍意愿。同时，由于不同的落户时间期望背后的生计含义会存在差异[374]，因此本书还通过"如果愿意获得城市户口，你觉得多少年内获得？"一题测度了城镇户籍获取意愿的强度，并根据学界已有研究将其以年为单位构建成连续变量[350]。由于意愿类别与落户时间期望之间存在选择性关系[375]，即只有愿意转换为城镇户籍的被访者才会生成落户时间期望变量[376]，因此，为解决样本选择性偏误造成的参数估计误差，本书后续加强了对研究方法选取依据的论述。样本描述详见第三章第六节第二小节内容。

（二）城市落户门槛

Sen 在讨论人的可行能力如何影响其自由时认为，个体能力不只是体现于人自身的各种素质类因素，还包括其可以使用的制度特征和社区资源。在诸多农业转移人口落户意愿的影响因素中，城市落户门槛是本书制度维度纳入的关键变量。

1. 测算指标体系

确定户籍门槛的主要办法有三种，第一种是使用代理变量来表示户籍阈值，例如使用农业转移人口和城镇户籍人口的比例[377]，或者是农业转移人口数量占城市总人口的比例[375]。第二种是通过对历年大中城镇户籍制度改革的效果进行检验[302]，并通过描述户籍制度文件的数量和质量或一定的计量方法描述严格的户籍管理制度[379]。第三种是从落户方式出发，描述各类城市通过投资门槛和就业门槛如何管理城市新增人口的数量及质量[380]。代理变量及采用分类描述的办法对户籍制度改革后果进行评价从而形成户籍门槛的间接测度，虽然可以较为清晰地表明户籍制度是否以及如何影响外来人口落户该城市，但仍有以下缺点：其一，测度指标过于粗糙，测量结果不够科学，导致无法将户籍门槛指标纳入计量回归模型；其二，城镇户籍制度管理后果的测度无法避免内生性问题，因此通过户籍制度改革的后果来描述制度因素对市民化意愿的影响会存在较大程度的误差。

依据目前户籍制度改革各类政策与法规，城市落户门槛可以大致分为投资落户、纳税落户、购房落户、普通就业落户、家庭团聚（投靠）、特殊人才引进与其他七类渠道。中央对于诸项落户渠道进行了严格规定，地方政府在改革过程中的决策空间不大。另外，由于城市自身发展需求，我国户籍人口增量中有一定比例来源于建制转变，例如乡改街道、乡镇农地转变为城镇建设用地带来的整村的户籍性质改变，抑或是承包地由地方政府进行有偿征收而转变了户籍类型，这类落户方式具有极强的外生性，与各地方政府设立户籍门槛的初衷并不相符，因此本书并不做指标层面的分析。因此，本书中农业转移人口落户主要依靠投资与纳税落户、购房落户、普通就业落户、特殊人才引进四类。

投资与纳税落户量化规则为各地落户文件中规定的落户的实际投资或纳税额数值，若文件中仅规定了一人落户投资额，则具体操作中乘以第七次全国人口普查数据中家庭规模数据（2.62 人/户），若只规定了一人落户所需纳税额度，则具体操作中乘以平均家庭人口规模。对于投资落户的其他附件条件予以累积计算。

购房落户指标依据房屋获取难度予以量化赋值，分为购房面积、购房金额、购房区域 3 个二级落户渠道。其中无房屋要求赋值为 0，要求必须拥有商品房（或经济适用房、成套住房）的赋值为 1，要求必须拥有某一区域商品房或自建房的赋值为 2。购房面积要求为实际购房要求面积。若给出人均购房面积要求，折算为三口之家所要求的总面积。购房金额方面使用实际购房金额。若给出人均购房金额要求，折算时乘以平均家庭人口规模。购房区域中无要求（或全市都可）赋值 0，主城区（或特定区域）赋值 1。落户人群要求父母需退休，赋值 1，要求子女未婚（或未成年），赋值 1，累加计算。没有以上任何一种要求，赋值 0。附加条件：实行累加，与投资落户附加条件的量化一致。

普通就业落户量化标准分为学历要求、稳定就业条件、稳定住所条件、缴纳社保条件、其他附加要求 5 个二级落户渠道，其中学历要求分为小学、初中、高中（职高）、大（中）专、本科、硕士研究生、博士研究生，分别量化赋值为：6、9、12、15、16、19、22。稳定就业中无要求赋值 0，要求有稳定就业赋值 1，要求达到具体年限则赋值为年限值。稳定住所中无要求赋值 0，要求有稳定住所赋值 1，要求达到具体年限则赋值为年限值。缴纳社保条件中无要求赋值 0，要求缴纳社保赋值 1，要求达到具体年限则赋值为年限值。附加条件：实行累加赋值计算办法，与投资落户附加条件的量化一致。

特殊人才引进量化标准分为职称要求、学历要求和其他附加条件 3 个二级落户渠道。其中，职称赋值标准分为初级（助理职称、三级/四级/五级职业水平）赋值 1，中级（技师、职业二级水平）赋值 2，高级（包括高级技师、职业一级水平）赋值 3。学历要求分为小学及以下、初中、高中（职高）、大（中）专、本科、硕士研究生、博士研究生，分别赋值为：6、9、12、15、16、19、22。其他附加条件实行累加赋值办法，具体与投资落户附加条件的量化一致。

本书户籍门槛基础数据来自西南财经大学经济与管理研究院公共经济与行为研究平方台和中国国家金融调查与研究中心联合公布的中国城市落户门槛指数。具体要求可以总结为以下具体落户渠道及落户门槛量化标准。

2. 数据来源与质量控制

户籍制度改革由 2000 年全面开启[381]，2014 年 3 月，《国家新型城镇化规划（2014—2020）》的出台开启了各省市新一轮户籍制度改革浪潮。由此产生的丰富地方户籍改革文本，为本书户籍改革水平与落户门槛的评价提供了丰富的数据。户籍制度相关文本数据主要来自北大法宝、法律之星、北大法律信息网、各市政府网站、各市公安局公开文件与各市人力资源和社会保障局网站。其中包含各省市出台的户籍制度改革实施意见、户口管理规定、积分落户政策及实施细则。根据研究特点与需要，本书在获取基础算法与数据①基础之上进行了如下操作：第一，匹配调查样本流入地城市数据，进行更为详尽和细致的政策文本收集工作；第二，增加新的户籍改革文本分析数据；第三，剔除失效户籍制度改革文件；第四，尽可能提取文件中可以标准化的信息，并进行分类整理与计量测算。

3. 样本选取与数据处理

表 6-1　城市具体落户渠道及落户门槛量化标准

渠道类别	落户渠道内容	量化标准	示例1②	示例2③
投资与纳税落户	投资额	（单位：万元）	近3年累计获得经备案的投资机构投资不少于500万元人民币	投资额达到50万元人民币
	其他要求	有无投资行业限制等（单位：条）	3年内；企业完税证明；房屋所有权，赋值为5	企业完税证明；固定住所，赋值为2
	纳税额	（单位：万元）	240	3
	其他要求	有无行业限制等（单位：条）	3年内稳定纳税；企业完税证明；房屋所有权连续3年累计；固定住所；连续3年担任负责人；无犯罪记录；员工达100人，赋值为9	经营2年且缴纳税款。经营2年赋值2；缴纳税款赋值为1。累加后，赋值为3
购房落户	购房（面积）④	（单位：平方米）	120	80
	其他要求	其他条件中：0=无要求，依要求数量予以累积	房产持有3年，其间不得卖出，赋值为3	有完税证明，赋值为1

---

① 本书使用的落户门槛基础数据来自西南财经大学经济与管理研究院公共经济与行为研究平台和中国家庭金融调查与研究中心。

② 北京市人民政府办公厅：《关于印发北京市积分落户管理办法（试行）》的通知【法宝引证码】CLI. 12. 1210471。

③ 哈尔滨市公安局：《哈尔滨市公安局户籍政策业务办理工作规范》【法宝引证码】CLI. 12. 1168066。

④ 部分省份未明确要求住房面积与购房金额，在实际数据测算时以该市区人均住房面积与常住人口家庭规模的乘积作为代理变量。

续表

渠道类别	落户渠道内容	量化标准	示例1①	示例2②
普通就业落户	学历要求	6=小学及以下；9=初中；12=高中（职高）；15=大（中）专；16=本科；19=硕士研究生；22=博士研究生	本科及以上，赋值为16	高中及以上，赋值为12
	职称要求	1=初级（助理、三级/四级/五级水平）；2=中级（二级水平）；3=高级（一级水平）	无该项要求，赋值为0.01	无该项要求，赋值为0.01
	稳定就业条件	0=无要求赋值1=要求有稳定就业要求达到具体年限则赋值为年限值	稳定就业3年及以上，赋值为3	要求稳定就业，赋值为1
	稳定住所条件	0=无要求拥有稳定住所1=要求有稳定住所要求达到具体年限则赋值为年限值	连续居住自有住所或配偶自有住所累计满一年的	无该项要求，赋值为0.01
	缴纳社保条件	0=无要求缴纳社保1=要求缴纳社保要求达到具体年限则赋值为年限值	在京连续缴纳社会保险满7年，赋值为7	无该项要求，赋值为0.01
	其他附加要求	有无签署经过政府劳动主管部门认可的劳动合同等（单位：条）	在京居住证，赋值为6	需签订就业合同，赋值为1

---

① 北京市人民政府办公厅：《关于印发北京市积分落户管理办法（试行）》的通知【法宝引证码】CLI. 12. 1210471。
② 哈尔滨市公安局：《哈尔滨市公安局户籍政策业务办理工作规范》【法宝引证码】CLI. 12. 1168066。

续表

渠道类别	落户渠道内容	量化标准	示例1①	示例2②
特殊人才引进落户	职称要求	1＝初级（助理职称、三级/四级/五级职业水平）；2＝中级（技师、职业二级水平）；3＝高级（包括高级技师、职业一级水平）	高级及以上，赋值为3	无该项要求，赋值为0.01
	学历要求	6＝小学及以下；9＝初中；12＝高中（职高）；15＝大（中）专；16＝本科；19＝硕士研究生；22＝博士生研究生	博士毕业，赋值为22	本科及以上，赋值为16
	其他附加要求	有无劳动合同年限的限制、有无缴纳社保限制等（单位：条）	出国1年以上，赋值为1	持有该区域房产证，赋值为1

由于落户渠道的原始文本经过量化处理后仍具有非线性、非正态分布特征，以往研究往往采用层次分析法或模糊综合评价法对隶属于多维变量的属性特征进行评分。为了客观反映城市落户难度并进行多维比较，可以选用由原始样本数据驱动的、并被广泛应用的投影寻踪模型（Projection Pursuit，PP）处理该问题[382,383]。投影寻踪模型可以用于分析和处理非线性、非正态与高纬度数据[384]，并且可以规避主观设定维度权重带来的系统性误差和将高维度数据直接纳入模型的"维度祸根"问题③。投影寻踪模型本质上是通过找到一个方向，使得两个总体在该方向上的投影的分离性最好，而各个总体内部的聚集性最强[385]。该方法在企业发展[386]、人口竞争力[387]、区域发展[388]、城市资源承载力[389]等方面的评价研究中得到

---

① 详见北京市人民政府办公厅关于印发《北京市积分落户管理办法（试行）》的通知【法宝引证码】CLI. 12. 1210471。
② 哈尔滨市公安局公布《哈尔滨市公安局户籍政策业务办理工作规范》【法宝引证码】CLI. 12. 1168066。
③ "维度祸根"指模型内纳入变量维度增高时，可用的数据变得稀疏，从而使本可以产出稳健统计结果的数据量呈现指数下降的趋势。因此，在高维数据中，众多对象在许多方面都看起来是稀疏和不相似的，这使得在数据处理的过程中无法使用通用的数据处理方法。

了广泛应用，研究效果较好。

具体操作过程如下。

第一，评价指标标准化处理。

假设 X_{ij} 为第 i 个城市的第 j 个落户渠道，n 为城市样本的个数，p 为落户评价指标的个数。因此，可以形成一个以评价指标为样本的数量集，即 $X=(X_{ij}\mid i=1,2,\cdots,n;j=1,2,\cdots,p)$。同时，为了消除各个落户渠道 j 中 p 的量纲差异和数值范围的影响，需要对评价指标变量进行标准化处理。由于在数据收集与量化处理中，各指标变量具有同向性，即数值越大代表落户门槛越高，所以在标准化处理过程中采用无量纲化处理办法，即：

$$X'_{ij}=\frac{X_{ij}-minX_{ij}}{maxX_{ij}-minX_{ij}} \qquad (6-1)$$

第二，构造落户门槛投影值 z_i。

将 X 综合成一个以 n 维单位向量 $a=(a_1,a_2,\cdots,a_p)$ 为投影方向的一维投影值 z_i，即：

$$z_i=\sum_{j=1}^{p}a_jX'_{ij},i=1,2,\cdots n \qquad (6-2)$$

第三，构造投影函数 $Q(\alpha)$。

由于 PP 模型要求 z_i 的局部投影尽量密集，最好可以凝聚成团，而团间尽量分开，基于 Friedman-Tuke 投影指标函数表达式[390]，令 $Q(\alpha)=S(\alpha)D(\alpha)$，其中 $S(\alpha)$ 为 z_i 的标准差，表示类间散开度，$D(\alpha)$ 为 z_i 的局部密度，表示类内聚集度，具体计算公式为：

$$Q(\alpha)=S(\alpha)D(\alpha)=\left[\frac{\sum_{i=1}^{n}(z_i-E)^2}{n-1}\right]^{1/2}\sum_{i=1}^{n}\sum_{j=1}^{n}(R-r_{ij})*u(R-r_{ij}) \quad (6-3)$$

$$Q(\alpha)=S(\alpha)D(\alpha)=\left[\frac{\sum_{i=1}^{n}\left(\sum_{j-1}^{n}(a_jX'_{ij}-E)\right)^2}{n-1}\right]^{1/2}\sum_{i=1}^{n}\sum_{j=1}^{n}(R-r_{ij})*u(R-r_{ij})$$

$$(6-4)$$

其中 E 是落户门槛投影值 z_i 的均值，R 是 z_i 局部密度的窗口半径，取决于第 i 个城市的第 j 个落户渠道的数据特征，r_{ij} 为样本间的距离，$r_{ij} = |z_i - z_j|$，$u(R - r_{ij})$ 表示局部密度的窗口半径与样本间距离的关系，若 $(R - r_{ij}) \geqslant 0$ 时，函数值赋值为 1，$(R - r_{ij}) < 0$ 时，函数值赋值为 0。

第四，优化投影指标函数 $Q(\alpha)$。

当样本集给定时，投影指标函数只随着投影方向的变化而变化，不同的投影方向反映出不同的数据结构特征。公式 6-5 构造了最大目标函数及其约束条件以解决投影指标函数最大化问题：

$$\begin{cases} maxQ(\alpha) = S(\alpha)D(\alpha) \\ s.t. \displaystyle\sum_{j=1}^{p} a_j2 = 1 \text{ 且 } a_j \geq 0, \text{其中 } j = 1,2,\cdots,p \end{cases} \tag{6-5}$$

上述目标函数及约束条件是以 a_j 为优化变量的复杂非线性优化问题，本书借鉴以往户籍门槛计算文献的做法[391]，最终采用实码加速遗传算法（Real Coded Accelerating Genetic Algorithm，RAGA）进行数据处理[392,393]。

第五，计算落户门槛值。

将第四步得出的最佳投影方向 a_j^* 代入 z_i 中，即可得到各样本点的投影值，即落户门槛值 z_i^*，将 z_i^* 依照一定逻辑进行排序，生成有序样本序列，各样本城市落户门槛值依次为 z_1^*，z_2^*，$\cdots z_i^*$。

4. 城市落户门槛时空特征与相关性分析

基于上述指标体系构建与数据合理计算，得到 2018 年"全国百村外出务工人员调查"中所有个体样本流入地城市的落户门槛数据。Z-core 标准化（或称标准差标准化①）后各类落户门槛值的基本信息如下表所示。

---

① Z-core 标准化也称标准差标准化，经过处理的数据的均值为 0，标准差为 1。转化公式为 $x^* = (x-x)/\sigma$，其中 σ 为原始数据标准差，x 为原始数据均值。经过标准化处理后可以回答"给定数据距离其均值多少个标准差"的问题，从而消除量纲的影响。

表 6-2　城市落户门槛及标准化数值描述表（N=197）

变量名称	参照组	取值范围	均值（标准差）/占比	参考文献
普通就业落户	连续变量	0.0013~1.5082	0.4922（0.3414）	张吉鹏，2019[391]
非就业落户	连续变量	0.0078~1.0297	0.5634（0.1314）	
综合落户门槛	连续变量	0.0467~2.6284	0.7511（0.5371）	
Z-core 标准化后				
普通就业落户	连续变量	−1.431~2.939	0（1）	
非就业落户	连续变量	−3.425~3.554	0（1）	
综合落户门槛	连续变量	−1.071~3.444	0（1）	

（二）农村退出成本

出于对乡村振兴背景下农村经济发展、文化繁荣和生态环境保护有良好预期，农业转移人口在进行户籍身份转换时会理性考量退出农村隐含的成本。其中农村居民对进城后宅基地房产灭失、土地经济权失效和集体成员身份退出心存担忧。制度层面的农村退出成本主要纳入来自农业转移人口农村户籍身份退出的"沉没成本"，主要是通过问卷调查中农村土地经济收入和集体经济收益状况以及宅基地自评价值三方面来测度，分别通过"您的家庭拥有的土地（包括承包耕地、承包林地、水塘等）每年收益多少元？""您的农村集体资产（集体所有的土地等自然资源和其他固定资产等）是否还有收益？""您在老家居住的房屋建于多少年，现在大约值多少钱？"三道题进行测度。

表 6-3　农村退出成本数值描述表（N=4474）

变量名称	参照组	取值范围	均值（标准差）/占比	参考文献
土地经济收益（万元）	连续变量	0~20	0.65（1.33）	Gu，2020[394]；Hao，2015[359]；朱要龙，2020[183]
集体经济收益	无收益	—	47.89	
有收益	—	—	52.11	
宅基地价值（万元）	连续变量	0.2~70	14.49（15.03）	

（三）城市住房水平

在农业转移人口落户的福利保障因素中，本书主要纳入城市住房特征和公共服务特征，前者主要包括流入地政府的住房保障支出水平和农业转移人口家庭是否可以负担流入地住房成本两方面，后者主要指流入地政府在公共服务均等化方面做出的制度供给，主要包括公共服务中与民生关系最为紧密的基础教育与公共医疗两方面。

关于流入地城市保障性住房供应水平，本书以保障性住房用地供地之比作为解释变量。由于高价出让住宅用地是地方政府获取土地出让收入的主要方式，本书采用该城市市辖区内该年度保障性住房用地供给量与住宅用地供给量之间的比值作为城市住房保障水平的度量[395]。考虑到数据的可得状况，所使用土地出让数据来自《中国国土资源统计年鉴》。考虑保障性住房的建设周期普遍为1.8~2.2年，因此本书将城市层面数据延后2年。最终，本书选取《中国国土资源统计年鉴（2015）》的市辖区相关土地供应量对该城市住房保障水平进行计算，并与微观问卷调查数据进行逐一匹配。其他未在《中国国土资源统计年鉴（2015）》中进行公示的数据，本书从各省市《2015年国民经济和社会发展统计公报》或各城市住房和建设局官方公布当年市本级土地出让信息明细、保障性安居工程年度计划等进行数据补充。需要说明的是，本书所使用的市辖区概念虽然在地理范围上更接近城市空间实体和功能地域的范围，但是严格意义上来讲仍是行政区划概念上的城市，相对缩小了地级市的范围。但这种近似的处理方法一方面是基于数据的可得性，另一方面以市辖区范围测量城市可以避免城市外围边界变动、村改居行政区划微调，并且更为贴近市区是目前农业转移人口迁移的经济引力来源这一现实[396]。

另外，房价是城市生活成本的重要方面[397]，在实际市民化决策过程中只有控制了房价，名义工资的影响才更接近于实际工资的影响。因此，本书主要采用家庭年收入与流入地城市商品房房价均价之比作为家庭住房负担水平的度量。家庭年收入变量选取与第五章第二节第一小节中表述一致。城市商品房房价均价由《中国区域经济统计年鉴（2014）》"固定资产投资和房屋销售"信息中商品房中住宅销售额与住宅销售面积之比计算所得，进而求得该家庭的住房负担水平。依据宏观统计数据和微观调查数据的地理空间一致性，本书最后获得 197 个城市市辖区住房保障水平数据和对应的 4474 个家庭层面住房负担水平数据。

表 6-4　城市住房水平数值描述表　（N = 197）

指标	参照组	取值范围	均值（标准差）	参考文献
住房保障水平	连续变量	0.001~0.959	0.323（0.379）	
标准化后住房保障水平	连续变量	−0.905~4.325	0（1）	李辉，2019[398]
住房负担水平（平方米）	连续变量	0.116~74.245	12.382（9.664）	

（四）城市公共服务供给

在经典经验研究中，对于地方政府公共服务供给主要关注公共服务投入与支出、公共服务产出与质量、公共服务满意度评价。基于政府供给侧的财政投入与支出往往只能反映投入端的变化，而不能知悉这种投入是否给流动群体带来实际效用。基于主观评价的公共服务供给满意度评价可能会存在选择性偏误，即被试者已经做出了定居某地的决策，而再次评价该地公共服务供给则会得到虚高的结果。考虑公共服务供给的数据可得性与评价质量并参考已有实证研究，本书采用流入地城市义务教育阶段生均教师数衡量城市基础教育服务供给水平，采用流入地城市每千人床位数衡量城市公共医疗服务供给水平[14]，主要数据来源于《中国城市统计年鉴2017》。需要说明的是，生均教师数与每千人床位数的缺失值由《国民经济与社会发展统计公报》数据进行补充。

表 6-5　城市公共服务及其标准化数值描述表　（N = 4474）

指标	参照组	取值范围	均值（标准差）	参考文献
生均教师数	连续变量	0.004~0.537	0.056（0.024）	梁若冰等，2008[399]
标准化后生均教师数	连续变量	−2.301~20.029	0（1）	
每千人床位数	连续变量	0.135~9.994	3.415（2.133）	Porell，1982[400] Gyourko and Tracy，1989[401]
标准化后每千人床位数	连续变量	−1.538~3.084	0（1）	

注：未特别注明的情况下，回归中均使用标准化后的指标值。

自变量的另一部分是以往研究中关注的其他影响因素，本书主要关注流入所属地域和是否为省会城市两项因素，这两项因素也是在以往落户行为研究中较为关注的城市特征变量[402]。同时，参照以往研究，研究中应当纳入家庭禀赋因素、家庭迁移状态等因素，但基于前文构建的市民化阶段框架和实证研究设计，本书并未再次控制定居意愿形成中的重要内生决定因素，仅控制了重要的外生变量，以免陷入循环论证误区。

表 6-6　农业转移人口落户意愿的控制变量

其他影响因素	参照组	占比（%）
流入地		
东部	—	44.38
中部	—	34.63
西部	—	20.98
是否为省会城市		
否	—	59.78
是	—	40.22

四　研究方法与策略

随着宏观数据的公布，用个体微观数据与区域特征数据匹配进行研究已被学界所接受并广泛应用[403]。相较于仅包含地区加总数据或仅包含个体特征数据的模型，宏观数据与微观数据相结合并纳入回归模型可以体现三方面的计量优势。首先，人口迁移行为与地区设置户籍制度改革政策客观上存在双向因果关系，人们往往在预期收入差距或公共服务供给的影响下产生流动、迁移定居或落户的行为，但人口迁移的现象也会影响以地区发展为己任的地方政府制定相关落户门槛，从而促使调整辖区人口的政策出台。因此，人们在城市发展优势的影响下而流动，同时也在某种程度上影响了准许进入城市的门槛。换言之，一个地区的落户门槛可能是推动人口迁移的原因，也在一定程度上成为限制人口迁移的结果，纳入宏观数据表征微观个体决策过程中的影响机制，可以在一定程度上减少互为因果导致的内生性。其次，将城镇户籍特征变量纳入回归后可以清楚地比较包括个体因素和户籍变动成本因素在内的系列变量对于人口制度性迁移决策的影响。最后，有利于区分个体因素和结构因素在宏观制度的调节效应下的具体影响，从而区分个体异质性和宏观环境异质性对农业转移人口市民化意愿产生带来的影响。

（一）广义分层线性模型

本书采用广义分层线性模型（Hierarchical Generalized Linear Models，HGLM）以降低可能存在的空间自相关问题。广义分层线性模型的基本原理在于将因变量变异归结于两部分因素的影响，一部分为从属于群体内部的个体特征差异造成了因变量变异，另一部分为寓于不同群体间的特征造成了因变量的波动，从而揭示群体变量和个体变量对于行为或意愿的影响。本书将影响市民化意愿的因素分为个人和流入地城市两个层次，第一层寓于第二层，第二层容纳了第一层的所有个体。首先，同一城市不同个体生计特征的个体未来发展意愿可能相互关联，违背了样本间必须相互独立的原则。其次，理论上个体生计特征无疑会受到城市发展水平的影响，即城市层面的变量极有可能导致因变量的变异。最后，通过零模型检验因变量的变异是否因被调查者务工城市的差异而不同。通过零模型检验，可以将影响市民化意愿的方差分解为农业转移人口家庭层面与城市层次两方面，利用两个方差之比可得组内相关系数 $\rho = \tau^2 / (\sigma^2 + \tau^2)$，$\rho$ 越大则表示城市层面对因变量的影响越大，而这种情况也预示着仅从家庭层面对市民化意愿进行常规回归存在较大偏差[404]。

本书在农业转移人口户籍门槛对农业转移人口的落户意愿影响的分析中，先不考虑空间自相关的问题，采用 Binary Logit 回归方法进行零模型的构建，在控制农业转移人口其他个体特征、流出地社区特征后，针对农业转移人口定居意愿对于户籍转换意愿的直接影响进行了量化分析，直接影响效应的模型公式为：

$$y_i = \ln\left(\frac{p}{1-p}\right) = \beta_0 + \beta_1 \, settlement_i + \beta_2 \, barriers_i + \beta_3 \, exit_i$$

$$+ \beta_4 \, house_i + \beta_5 \, pubser_i \cdots + \beta_i x_i + \varepsilon_i; i = 1, 2, \cdots \qquad (6\text{-}6)$$

其中$settlement_i$表示农业转移人口在城镇长久居住意愿，包含定居于老家农村、定居于老家城镇和定居于务工城市三类定居模式，$barriers_i$表示流入城市落户门槛值，在具体回归中纳入综合落户门槛和不同落户渠道门槛值，$exit_i$表示农村退出成本，包含农村户籍身份隐含的农地收益、集体经济收益，$house_i$代表福利保障因素中农业转移人口可及的城市住房水平，$pubser_i$指流入地城市公共服务供给水平。x_i代表农业转移人口其他控制变量。β_0、β_1、β_2、β_3、$\beta_4 \cdots \beta_i$为待估计参数，ε_i为随机扰动项。

在零模型基础上，使用零模型的截距项的斜率与截距作为因变量，纳入城市层次变量后形成如下组合变量，其中城市落户门槛值、住房水平中保障房供给和城市公共服务供给为城市层次变量。使用广义分层模型可以增加数据结果的稳健性，同时增加不同层次变量对因变量影响关系的解读。

农业转移人口个体层面：

$$P(w_{ij}=1)=\pi_{ij}$$
$$Log[\pi_{ij}/(1-\pi_{ij})]=y_{ij} \tag{6-7}$$
$$y_{ij}=\beta_{0j}+\gamma_{ij}$$

城市层面：
$$\beta_{0j}=\mu_{oi}+\gamma_{ij} \tag{6-8}$$

组合模型：
$$y_{ij}=\gamma_{00}+\beta_{0j}+\gamma_{ij} \tag{6-9}$$

公式（6-7）中，π_{ij}表示流入城市j的第i个农业转移人口家庭愿意转换户籍为城镇户籍类型；π_{ij}表示流动到城市j的第i个农业转移人口家庭获得城镇户籍的概率；y_{ij}表示流动到城市j的第i个农业转移人口家庭的落户意愿函数，与公式（6-6）所纳入的影响因素一致；β_{0j}与μ_{oi}表示流动至城市j的落户意愿函数截距及城市层面模型残差项。

本书采用随机截距模型表示不同流入地城市的农业转移人口落户意愿具有不同的随机截距，在个体层次的截距项方程中纳入反映城市层次特征的自变量及误差项，并将个体层次误差项设定为固定值，最终形成广义分层线性模型表达式为：

$$\ln\left(\frac{p}{1-p}\right)=\beta_0+\beta_1 settlement_i+\beta_2 barriers_i$$
$$+\beta_3 exit_i+\beta_4 house_i+\beta_5 pubser_i \cdots +\beta_i x_i+\mu_{oi}+\gamma_{ij}+\varepsilon_i \tag{6-10}$$

（二）　两阶段模型

由于落户意愿的决策包括两个连续的过程：一是农业转移人口决策是否转换为城镇户籍，这是一个二值选择问题，使用 Probit 模型来验证；二是如果选择转换成城镇户籍，进一步再判断时间预期大致范围，这是一个连续型因变量构成的回归模型。仅采用具有落户意愿的样本数据来研究户籍变动的成本因素与福利保障因素对于农业转移人口落户时间期望的影响，可能会造成结果有偏。本书应用两阶段模型对农业转移人口落户意愿及其水平的主要影响因素进行实证研究。Heckman 模型可以很好地纠正由样本选择造成的选择性偏差[405]。具体而言，建立 Probit 模型估计农业转移人口是否转换为城镇户籍的二元选择方程，对所有样本计算逆米尔斯比率 $\widehat{\lambda}$。基于具有户籍转换意愿的农业转移人口样本数据，运用 OLS 回归方法估计其落户时间期望方程，这一回归中将逆米尔斯比率 $\widehat{\lambda}$ 作为修正因子放入回归方程。如果 $\widehat{\lambda}$ 在回归中显著影响了农业转移人口的落户时间期望，则证明样本选择性偏差的存在。具体模型设定如下：

$$P(trans=1)=\Phi(\beta_0+\beta_1 settlement_i+\beta_2 barriers_i$$
$$+\beta_3 exit_i+\beta_4 house_i+\beta_5 pubser_i\cdots+\beta_i x_i+\varepsilon_i) \tag{6-11}$$

其中，从 Probit 的回归结果中计算逆米尔斯比率 $\widehat{\lambda}$。

$$\widehat{\lambda}=\frac{\varphi(\cdot)}{\Phi(\cdot)} \tag{6-12}$$

其中，分子为标准正态分布的密度函数，分母为相应的累计分布函数。将逆米尔斯比率 $\widehat{\lambda}$ 纳入农业转移人口落户时间期望方程中后得到：

$$LnTtrans_i=\delta_0+\delta_1 settlement_i+\delta_2 barriers_i+\delta_3 exit_i$$
$$+\delta_4 house_i+\delta_5 pubser_i\cdots+\delta_i z_i+\omega\,\widehat{\lambda}+\varepsilon_i \tag{6-13}$$

其中，δ_i 为待估计系数，z_i 为影响落户时间期望的其他控制变量，ω 是逆米尔斯比率 $\widehat{\lambda}$ 的估计系数，ε_i 为随机误差项。另外，为了消除农业转移人口落户时间期望的非正态分布对于回归结果稳健性的影响，本书对样本的落户时间期望进行了对数化处理。

此外，Heckman 模型回归要求 z_i 为 x_i 的严格子集，因此至少应该存在一个变量影响农业转移人口落户的可能性但对于其时间期望的影响并没有偏效应[405]①。本书将通过剔除模型中不同的自变量后的拟合效果进行对比，从而选择合适的 z_i 变量，最终选取了是否签署了就业合同作为识别变量。经模型检验，是否签署就业合同对落户具有影响，而对于家庭落户时间期望无显著影响。

（三）IV-Probit 模型与 2SLS 模型

尽管基准回归（包含广义分层线性模型与两阶段模型）结果可以显示农业转移人口城市定居意愿与城镇落户意愿之间存在显著的正向相关关系，但回归结果并没有考虑到农业转移人口在进行未来不同阶段的生计决策时存在互为因果的内生性问题。若农业转移人口倾向于长期定居于目前的务工城市，其城市融入成本会随着有益的未来预期逐渐下降，因此提升了落户定居地或再次流动最终落户家乡城镇的可能。但反过来，高度流动社会放大了农业转移人口进城定居过程中的风险体验。大城市产业疏散政策、高难度的落户条件与伴生的市场机制成为"落户难"的主要不确定因素，由于难以在城镇获得充足且稳定的保障预期，农业转移人口会因难以落户而返回家乡，从而抑制了其定居意愿的产生。因此，由于特殊的市民化阶段性与选择性，我国城镇化进程中农业转移人口定居意愿与落户意愿之间可能存在正向因果关系，即定居意愿的升高意味着落户意愿的提升，落户意愿的强弱也会影响农业转移人口未来的定居预期。

本书预期使用工具变量来解决这一内生性问题，在地区层面的聚集数据集中寻找工具变量是解决微观个体意愿与行为之间互为因果所导致的内生性问题最为常见的思路。选取的工具变量需要同时满足相关性与排他性条件，基于前文探讨和相关文献借鉴，本书最终选取流出地（村级）农地撂荒程度作为工具变量，一方面，伴随农村人口外流，农村土地抛荒、闲置

---

① 据 Heckman 两阶段模型对于不同阶段变量设置的要求，本书通过数据拟合发现第二阶段纳入户主（或符合答卷要求）劳动合同签署情况可以显著改变其家庭户籍迁移意愿，但不影响户籍转换的时间期望，且模型拟合效果较好，因此，该变量未纳入时间期望的结果方程。

浪费现象日益凸显，这是人口外流与农村退出背景下的重要现实情景，农地撂荒程度与人口外出定居城镇存在相关关系；另一方面，目前各地都纷纷加大政策力度推进有条件的农村居民进城落户，支持依法自愿有偿转让农地。无论采取何种具体农村退出机制，都在一定程度上促进了农村生产要素的流动，提高了要素使用效率。因此，农地撂荒往往成为劳动力外出的后果，而与农村居民城镇落户现象并不存在相关关系，满足外生性条件。

　　研究设计中通过村问卷中"总体上来讲，本村的农田是否撂荒？"一题收集到了村庄单位内的农地撂荒或抛荒程度，并通过与个人问卷进行了匹配。本书对于农业转移人口家庭落户意愿主要通过其是否愿意转换城镇户籍考量，使用传统 Logit 模型无法去除因互为因果导致的内生性问题，因此采用 IV-Probit 模型，其模型基本数学表述如下：

$$Y_i^* = \beta_0 + \beta_i x_i + \beta_i' x_i' + \mu_i \tag{6-14}$$

$$x_i' = x_i \gamma_1 + z_i \gamma_2 + \nu_i \tag{6-15}$$

$$(Y_i^* = 1, if \quad Y_i^* > 0)$$

　　除 IV-Probit 模型外，本书还呈现了采用条件混合过程估计（Conditional Mixed Process，CMP）进行内生性剔除的数据结果，与 IV-Probit 模型相比，CMP 对内生解释变量的要求较为宽松，既可以是连续变量，也可以是非连续变量，汇报数据结果可以进一步提供回归模型的稳健性检验[406]。

　　如果选择转换成城镇户籍，进一步再判断时间预期大致范围，这将形成一个连续型因变量构成的回归模型。使用普通 OLS 回归进行分析难免会遇到内生性问题。一方面，内生性源于落户时间期望本身存在选择性偏差，另一方面在于定居意愿与落户时间期望之间可能存在互相影响的关系。农业转移人口在某地具有长期居住打算，他们在社区或工作组织中预期收益更强，预期风险更小，因此更容易产生尽快转换户籍身份，提升社会融入水平的期望；如果农业转移人口往往是倾向于保留农村户籍身份，常将回到农业生产方式作为未来生计预期，则其对于城镇定居的期待是暂时的。因此，为处理内生性问题，本部分选择农业转移人口家庭原户籍地村级单位的土地撂荒程度作为工具变量，建立两阶段最小二乘回归模型

（2SLS）进行内生性检验。工具变量的选取主要考虑：农业转移人口村级单位农地撂荒程度不会受到其转换户籍身份预期的影响，但与该村落人口外流状况和外出定居情况紧密相关。以 1 个工具解释变量为例，其基本数学表述为：

$$\begin{cases} Y = \beta_0 + \beta_1 x_1 + \beta_2 x_2 + \cdots + \beta_k x_k + \mu \\ x_1 = b_0 + b_1 z + b_2 x_2 + \cdots + b_k x_k + \nu \end{cases} \qquad (6\text{-}16)$$

公式（6-16）中，z 为本书所选取的工具变量。使用 2SLS 进行内生变量计算式，首先进行了内生性检验，本书选取了 Drubin-Wu-Hausman（DWH）检验方法以兼顾异方差问题并保持较佳的稳健性[407]。

第二节　户籍变动的成本与福利保障现状描述

一　人口迁移与城市落户政策现状

户籍制度改革是新型城镇化建设的主要内容，也是推进经济与社会和谐发展的重要战略选择。但如何对各地户籍制度的变化进行定量分析，从而更好地理解户籍制度对于国家和地区发展的影响机制仍值得深入探讨。户籍制度改革对于地方经济发展的影响主要体现在以下三方面：首先，户籍制度影响了劳动力在空间范围上的配置水平，较高的户籍门槛会提升劳动力流动成本和居住成本，进而提升了该地区随人口数量与结构变动的产业培育、土地审批和资本投入。其次，户籍制度直接指向了流动人口对于公共服务的可得性，这跟城市公共产品的供给安排密切相关，其中包括社保、公积金、教育培训和社会救助等方面的支出。最后，户籍制度的改变还直接影响了较为落后地区的发展，包括欠发达地区土地生产率、农村基础设施建设、农业经营方式和农村基层治理等。

现有研究认为在不考虑城市特征的影响下可以将落户政策制定分为两类：条件准入型落户、积分资格型落户。其中内容较为丰富的是准入型落户，例如稳定就业 6 个月、购房落户、亲友投靠、投资与纳税、人才引进（主要针对大学生和留学归国人员）和蓝印户口等。各个类别之间大致不同，在实际操作中往往以可以实现的较低条件作为准入门槛。积分资格型落户机制常见于较大城市人口管理政策体系中。

2013年12月中央城镇化工作会议正式提出要将农业转移人口市民化作为中国城镇化的首要任务，也明晰了各个城市如何基于城市规模制定落户政策。有学者依据《中国城市建设统计年鉴（2018）》中"城区人口"与"城区暂住人口"之和，对目前城市分类后，利用2011~2018年《中国城市统计年鉴》中市域户籍人口数量与人口自然增长量作差求得各市域户籍人口迁移状况，并将其分为人口净迁出与人口净迁入两类，并得到其变化趋势（见表6-7）。户籍迁移的趋势明显，大城市仍是人口户籍迁移的首选，其中，户籍改革政策导向对特大城市人口规模控制起到非常有限的作用；I型与II型大城市持续吸引着外来人口的户籍迁入；大多数中小城镇户籍管理的规划导向为全面或有序放开，但并未吸引大量人口落户，反倒是本地户籍人口外迁趋势明显。因此，如果仅考虑户籍改革政策导向而忽略"以人为核心"的城镇化发展需求，会抑制人民群众对于美好生活的追求与市场活力，而若仅根据个人意愿进行城镇化建设与资源配套布局，则会造成诸如"大城市病"与"乡村衰落"等发展问题。因此，将城镇户籍制度改革力度与方向纳入微观群体的决策系统中，不仅可以拓宽目前市民化意愿研究中微观与宏观剥离的研究视野，还可以从地方政府设置落户门槛的角度对目前户籍制度改革实际进程和"路径依赖"进行评估，从而进一步明确目前城镇化进程中的改革阻力与动力，最终达成宏观制度设计与微观意愿倾向之间的平衡。

表6-7　城市规模视角下户籍政策导向与人口户籍迁移特征事实

单位：万人

城市规模	政策导向	人口户籍迁移均值		人口户籍迁移特征
		2011~2013年	2015~2017年	
小城市	全面放开落户限制	-0.17	-0.99	户籍加速迁出
中等城市	有序放开落户限制	-0.45	-0.70	户籍加速迁出
II型大城市	合理放开落户限制	0.16	1.45	户籍平稳迁入
I型大城市	合理确定落户条件	2.59	6.76	户籍加速迁入
特大城市	严格控制人口规模	12.03	25.50	户籍加速迁入

注：刘涛等人（2021）[396]的计算中不含新疆、西藏、中国港澳台地区及三沙市、儋州市、海东市、呼伦贝尔市、巴彦淖尔市、芜湖市、蚌埠市、郑州市、平顶山市、南阳市、黄石市数据。

二 变量描述性统计分析

本节将对城市层面数据（落户门槛、住房保障水平、公共服务供给水平等）的总体特征表现、空间差异、城市规模差异等特征进行深入分析。同时，将对家庭层面数据（农村退出成本、城市住房等）的总体特征表现、家庭生命周期差异、落户意愿差异等特征进行深入分析。

（一）城市层面变量

1. 区域差异

从表 6-8 中可以看到东部城市综合落户门槛最高，中部城市其次，西部城市最低。其中，北京市、上海市、深圳市、广州市和东莞市综合落户门槛最高，图 6-2 绘制了样本主要流入城市的综合落户门槛值。相反的是，东部地区住房保障水平最低，西部城市保障性住房供给充分。教育与公共卫生服务供给并不完全与区域经济发展同步，例如西部城市生均教师数普遍较高，中部城市每千人床位数普遍较高。

表 6-8　城市层面变量的区域差异

变量名称	区域差异				LR 检验
	东部城市	中部城市	西部城市	东北城市	
普通就业落户	0.652（0.420）	0.314（0.164）	0.456（0.203）	0.714（0.145）	***
非普通就业落户	0.568（0.156）	0.554（0.114）	0.564（0.096）	0.659（0.055）	***
综合落户门槛	1.066（0.674）	0.589（0.161）	0.551（0.196）	0.599（0.111）	***
住房保障水平	0.292（0.373）	0.326（0.360）	0.384（0.412）	0.017（0.008）	***
生均教师数	0.054（0.009）	0.049（0.026）	0.068（0.035）	0.060（0.009）	***
每千人床位数	4.002（1.099）	4.152（3.977）	2.154（1.821）	5.539（0.443）	***

注：由于流动至东北地区的样本量较少，该部分不将东北城市落户门槛与其他城市做比较，仅展示基本数据；括号前数值为均值，括号内为标准差；显著性水平 *** p<0.01，** p<0.05，* p<0.1。

2. 城市规模差异

表 6-9 将流入地城市划分为五类，并分别描述各城市层面变量的城市规模差异。结果显示，落户门槛值的设定该城市规模等级基本一致，城市规模与住房保障水平城乡呈 U 形相关，特大城市及超大城市的公共服务供给优势更为明显。

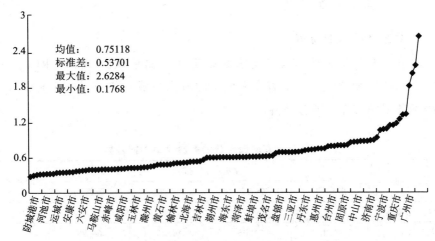

均值： 0.75118
标准差： 0.53701
最大值： 2.6284
最小值： 0.1768

图 6-2 人口主要流入城市综合落户门槛值

表 6-9 城市层面变量的城市规模差异

变量名称	城市规模					LR 检验
	小城市	中等城市	大城市	特大城市	超大城市	
普通就业落户	0.441 (0.202)	0.340 (0.186)	0.535 (0.249)	0.566 (0.196)	2.062 (0.441)	***
非普通就业落户	0.564 (0.128)	0.538 (0.134)	0.575 (0.207)	0.587 (0.104)	2.062 (0.441)	***
综合落户门槛	0.508 (0.235)	0.533 (0.213)	0.757 (0.287)	0.851 (0.268)	1.269 (0.229)	***
住房保障水平	0.489 (0.371)	0.269 (0.418)	0.338 (0.299)	0.282 (0.306)	0.592 (0.443)	***
生均教师数	0.065 (0.022)	0.055 (0.031)	0.052 (0.013)	0.052 (0.017)	0.058 (0.005)	***
每千人床位数	3.409 (3.370)	3.566 (4.59)	3.566 (2.944)	3.968 (2.251)	3.815 (1.983)	***

注：基于《关于调整城市规模划分标准的通知》对城区人口规模的划分，将城市划分为五类：城区常住人口 50 万以下的城市为小城市；城区常住人口 50 万以上 100 万以下的城市为中等城市；城区常住人口 100 万以上 500 万以下的城市为大城市；城区常住人口 500 万以上 1000 万以下的城市为特大城市；城区常住人口 1000 万以上的城市为超大城市。（以上包括本数，以下不包括本数）；括号前数值为均值，括号内为标准差；显著性水平 *** $p<0.01$，** $p<0.05$，* $p<0.1$。

（二）家庭层面变量

1. 家庭生命周期差异

表6-10中农业转移人口老家城镇定居意愿呈现倒M形，即"高—低—高—低"变化趋势，随着家庭成员的分离或成年离家，农业转移人口定居于务工城市比例明显下降。

表6-10　家庭层面变量的家庭生命周期差异

变量名称	家庭生命周期				LR 检验
	形成期	分巢期	稳定期	萎缩期	
定居意愿模式					
老家农村	33.01	52.06	40.26	64.79	
老家城镇	40.22	37.70	44.10	29.58	***
务工城市	26.77	10.24	15.64	5.63	
土地经济收益	0.70（1.30）	0.71（2.93）	0.67（1.53）	0.50（0.95）	***
集体经济收益					
无收益	45.42	48.94	49.68	49.07	
有收益	54.58	51.06	50.32	50.93	ns
宅基地价值（万元）	14.44（15.10）	15.14（15.16）	14.50（15.13）	13.32（14.35）	ns
家庭住房负担水平（平方米）	11.85（9.82）	11.65（9.07）	14.76（10.42）	11.47（8.57）	***

注：括号前数值为均值，括号内为标准差；显著性水平 *** $p<0.01$，** $p<0.05$，* $p<0.1$。

形成期与分巢期家庭土地收益和集体经济收益都较高，稳定期与萎缩期家庭并无较高的农村退出成本。宅基地价值在不同家庭生命周期中都较为稳定。稳定期家庭具有较强的家庭住房负担能力。

2. 落户意愿差异

老家农村仍是首要选择，愿意落户城镇的农业转移人口更倾向于5年内获得自己老家城镇的户口，期望长久定居于务工城市的农业转移人口更倾向于5~10年获得务工城市的户口。土地经济收益、集体经济收益、宅基地价值与家庭住房负担水平更高的居民更易做出落户城市的决策，并且更为迫切。

表 6-11　家庭层面变量的落户意愿差异

变量	落户意愿类别		LR 检验	落户时间期望			LR 检验
	农村户籍	城镇户籍		5 年以内	5~10 年	10 年以上	
定居意愿模式							
老家农村	52.37	23.88		20.49	24.13	29.07	
老家城镇	36.20	45.91	***	47.33	44.55	45.93	ns
务工城市	11.43	30.21		32.18	31.32	25.00	
土地经济收益	0.66 (2.13)	0.70 (1.44)	***	0.75 (1.44)	0.77 (1.58)	0.75 (1.60)	*
集体经济收益							
无收益	48.48	46.76	ns	41.85	45.25	48.84	ns
有收益	51.52	53.24		58.15	54.75	51.16	
宅基地价值（万元）	14.44 (15.00)	14.60 (15.07)	ns	14.54 (15.33)	13.29 (13.73)	13.20 (13.40)	ns
家庭住房负担（平方米）	11.56 (8.88)	13.96 (10.86)	***	13.00 (10.32)	11.80 (8.45)	11.69 (10.55)	***

注：括号前数值为均值，括号内为标准差；显著性水平 *** p<0.01，** p<0.05，* p<0.1。

第三节　落户的阻碍——基于户籍变动的成本与福利保障因素的分析

"十四五"时期我国城镇化率将处于60%~70%，有序推进农业转移人口市民化仍是城镇化发展的中后期新型城镇化发展的首要任务[408]。全面提升城镇化发展质量，需要正视在户籍制度改革过程中通过家庭成员迁移与流动累积家庭资源禀赋和获得流动现代性的农业转移人口家庭的户籍转换过程，从而加快城市存量人口全面融入城市，增加基本公共服务全面覆盖潜在的城市增量人口。

本节在第三章第三节及第六章第一节研究框架指导下，对农业转移人口户籍转换意愿的影响因素展开分析。

一 农业转移人口落户意愿的影响因素

农业转移人口落户意愿包括落户意愿类别与落户时间期望两方面。由于流入地特征和农业转移人口家庭特征之间存在数据嵌套（分层）的结构，若采用传统的统计方式会加大估计偏差，并且仅可以从家庭层面回答农业转移人口的城市落户状况。同时，调查数据中存在大量的无落户时间期望样本，存在内生性问题。因此，针对本书数据的特征，一方面利用广义分层回归模型揭示不同层面变量对落户意愿类别的总效应、群体效应和个体效应。另外，使用 Heckman 回归模型以减少样本选择性偏差[405]。

（一）广义分层回归结果分析

1. 零模型检验结果

根据研究需要，本章首先进行了零模型分析，即带随机效应的单因素方差分析，通过不纳入解释变量，求得组内相关系数（Intra-class Correlation，ICC）。结合数据计算结果，表 6-12 显示 ICC 为 0.1318，说明城市层面收集的变量特征可以解释 13.18% 的农业转移人口落户意愿类型的改变，进行分层回归分析具有现实意义与操作可能。

表 6-12　落户意愿类型零模型分析结果

	固定效应截距	随机效应组间变异	随机效应组内变异	组内相关系数（ICC）	Log Likelihood	LR test
系数	-1.865	0.192	1.2648	0.1318	-2417.2862	11.65 ***
标准误	0.089	0.040	0.271	0.106		

注：最终进入回归的家庭层面样本量为 4474，城市层面样本量为 197；显著性水平 *** p<0.01，** p<0.05，* p<0.1。

2. 广义分层回归结果

为了比较家庭层面变量与城市层面变量如何影响农业转移人口的城镇户籍获得意愿，表 6-13 显示了广义分层模型回归结果并与未考虑空间自相关的 Probit 回归比较。

第一，通过对比户籍变动的成本与福利保障因素在不同回归模型中的影响方向及置信区间，可以发现，在一定程度上，忽略城市层面特征与个体特征的嵌套结构，直接针对落户意愿类别变量进行 Probit 回归时会低估户籍变动成本的抑制效应，会高估福利保障因素中住房保障水平、公共医疗服务对农业转移人口的户籍吸引力，低估城市基础教育服务带来的影响。

第二，农业转移人口的城市定居的稳定化、长期化会通过浸染效应促使其落户城市。在一定程度上，第五章对于农业转移人口城市定居意愿具有推动影响的因素也成为其获得城镇户籍的推力。目前人口流动仍呈现出向大城市、向省会城市流动的现象，同时也有大量"回流"劳动力做出了回乡决策。从广义分层回归模型结果中，可以看出，相较于想长期定居在老家农村的农业转移人口，愿意以后生活在老家城镇的群体其转换为城镇户籍的意愿提升了 2.1 倍（$e^{1.14}-1 \approx 2.1$）。同时，相较于想长期定居在老家农村的农业转移人口，愿意以后生活在务工城市的群体其转换为城镇户籍的意愿提升了 5.11 倍（$e^{1.81}-1 \approx 5.11$）。这表明不同层面的农业转移人口市民化意愿具有"联合决策"的特征，同时两者之间存在稳健的递进与促进作用。

第三，研究分析了家庭单位中户籍变动的成本与福利保障因素对于农业转移人口落户意愿类别的影响。首先，在制度变迁视角下，地方政府在发展主义理念指引下通过设定城市中非户籍人口的落户条件影响户籍改革进程和实效。广义分层回归模型显示城市综合落户门槛的设置会显著降低农业转移人口的落户意愿，对以普通就业者身份获取城镇户籍群体有着显著的负向影响，购房、人才引进等主要针对非普通就业者的落户门槛在纳入城市区位与行政级别因素后对农业转移人口的落户意愿的抑制影响不显著。其次，在与农村制度改革相关的农村退出成本中，土地经济收益和集体经济收益均促进了农业转移人口落户城市。宅基地因为具有极强的"心理成本"因素和"祖产"价值，其蕴含的市场价值越高，农业转移人口越倾向于保留着村集体成员身份。最后，在农业转移人口家庭城市定居的核心因素内，研究选取了家庭城市住房负担水平这一因素，体现农业转移人口城市住房获得能力是否抑制了落户意愿的产生。

回归结果显示，家庭年收入与务工城市商品房单价之比每增加一个单位，农业转移人口的转户意愿仅提升 20%（$e^{0.18}-1 \approx 0.20$）。这表明，房屋作为一种特殊商品，其可负担性是农业转移人口是否转户的关键因素。在过去 40 多年，中国城市商品房价格大幅上涨，这一事实显然对农业转移人口的户籍身份转换会带来消极的影响。一方面，住房负担水平的上升意味着劳动力将收入的绝大部分用于房产购买或进行相关储蓄，降低其他消费支出才能获得城镇户籍转换意愿的上升。另一方面，城市住房获得能力不仅代表着以"资产"定阶层认同在城镇户籍身份获得中的作用，同时也同城市公共服务供给绑定，这决定了农业转移人口及其家庭是否可以享受同等的城市公共服务。因此，虽然住房负担水平显著增大了农业转移人口转换为城镇户籍的可能性，但也可能向内挤压家庭其他支出带来的福利效用，向外表现为城镇户籍所依附的公共服务等逐步通过商品房而"资本化"。城市作为住房保障供给主体，针对弱势群体的住房"安居工程"通过财政支持和土地资源倾斜使家庭层面购房能力的提升，进而影响农业转移人口的户籍转换意愿。但这一影响过程并未如预期显著。最后，在城市公共服务供给的影响中可以看到，城市基础教育与医疗等公共服务对农业转移人口户籍身份转变的显著拉力作用，纳入城市区位与行政级别后"用脚投票"机制依然存在。

表 6-13　农业转移人口落户意愿类别影响因素分析

变量	落户意愿类别（保留农村户籍 vs 转为城镇户籍）		
	广义分层回归模型	Probit 回归模型	IV-Probit 回归模型
家庭层面变量			
定居意愿模式（参照组：老家农村）			
老家城镇	1.14 *** （0.085）	1.12 *** （0.08）	0.65 *** （0.02）
务工城市	1.81 *** （0.10）	1.79 *** （0.10）	1.06 *** （0.04）
土地经济收益（万元）	0.07 *** （0.03）	0.07 *** （0.03）	0.03 ** （0.02）
集体经济收益（参照组：无收益）			
有收益	0.16 ** （0.07）	0.15 ** （0.07）	0.09 ** （0.04）
宅基地价值（万元）	−0.01 （0.003）	−0.003 （0.003）	−0.02 （0.02）
住房负担水平（平方米）	0.18 ** （0.04）	−0.08 ** （0.04）	−0.05 ** （0.02）

续表

变量	落户意愿类别（保留农村户籍 vs 转为城镇户籍）		
	广义分层回归模型	Probit 回归模型	IV-Probit 回归模型
城市层面变量			
普通就业落户门槛	-0.12** (0.06)	-0.03 (0.05)	-0.01 (0.03)
非普通就业落户门槛	0.01 (0.05)	0.005 (0.04)	0.002 (0.02)
综合落户门槛	-0.08** (0.14)	-0.02 (0.04)	-0.07*** (0.02)
住房保障水平	0.05 (0.05)	0.03 (0.04)	0.02 (0.02)
生均教师数	0.19*** (0.06)	0.19*** (0.06)	0.12*** (0.03)
每千人床位数	0.07* (0.05)	0.07* (0.04)	0.04* (0.02)
控制变量			
流入地（参照组：东部）			
中部	-0.24** (0.11)	-0.25*** (0.1)	-0.16*** (0.06)
西部	0.19 (0.12)	0.18* (0.1)	0.11* (0.06)
是否为省会城市（参照组：否）			
是	0.20** (0.1)	0.20*** (0.08)	0.12*** (0.05)
截距	-1.94*** (0.13)	-1.92*** (0.13)	0.70*** (0.02)
Log likelihood	-2404.376	-2406.6304	—
Chi2 test	0.0000	0.0000	—
一阶段估计 F 值	—	—	1.59
工具变量 T 值	—	—	40.04
Wald χ^2	—	—	50.13***
P 值	—	—	0.000*
观测值	4474	4474	4474

注：括号前数值为均值，括号内为标准差；显著性水平 *** p<0.01，** p<0.05，* p<0.1。

表 6-13 同时给出了农业转移人口城市落户意愿的 IV-Probit 模型的估计结果。Wald 内生性检验结果显示 χ^2 值为 50.13，p 值为 0.000，在 1% 的统计水平上拒绝了农业转移人口城市定居意愿外生的原假设，表明定居模式为内生解释变量，在统计意义上，IV-Probit 模型的估计结果会比 Probit

回归结果更为可靠。IV-Probit 模型的结果还表明，农业转移人口城市定居意愿显著提升了其落户城市的意愿，且相较于想长期定居在老家农村的农业转移人口，愿意以后生活在老家城镇的群体其转换为城镇户籍的意愿提升了 91.55%（$e^{0.65}-1\approx0.9155$）。同时，相较于想长期定居在老家农村的农业转移人口，愿意以后生活在务工城市的群体其转换为城镇户籍的意愿提升了 1.89 倍（$e^{1.06}-1\approx1.89$）。通过对比 Probit 模型与 IV-Probit 模型结果可以看到，在分析市民化意愿两阶段之间"联合决策"强度时，忽略市民化意愿两阶段间互为因果导致的内生性问题会高估市民化前一阶段意愿对后一阶段意愿形成的影响。

因此，通过广义分层回归模型控制了数据嵌套结构可能带来的空间自相关问题后，研究表明户籍变动的成本因素中，地方政府在人口承载力和管理能力约束下设立的城市落户门槛会显著降低农业转移人口的城镇落户意愿，其中针对普通就业者所设门槛影响更为显著。现实中各地"零门槛"落户的政策宣传不绝于耳，但忽视了对于落户政策内容的细分，其中针对普通就业者"零门槛"是否存在、是否合理，还需要针对不同类型流动人口分别讨论。农村制度改革中需要重点关注宅基地有偿退出的政策设计与实践，研究结果表明农村土地使用权与集体经济收益权的资产功能转化促进了户籍转换意愿的产生，而户籍制度改革对于如何保护并实现农村居民的宅基地资产和地权诉求是下一阶段农村退出的核心问题。

同时，福利保障因素中的城镇户籍身份所代表的公共服务供给水平与质量对户籍转换表现出较为稳健拉力。尽管控制了存在落户门槛的"歧视"，城市的教育资源、医疗资源对农业转移人口的流入仍具有不可忽视的作用。对于大城市，应当关注户籍限制与日益增长的公共服务需求之间的社会分割，这可能累积着社会矛盾与冲突。对于中小城市来说，尽量以城市间的公共服务均等化作为减少人口与人才流失的可能路径，但也要面对大城市就业机遇与工资收入对人口流动的吸引。同时，结合住房保障建设的实际情况可以看出住房保障建设的积极效用仍未发挥。一方面，农村户籍流动人口并非目前住房保障工程的主要对象，保障住房的申请需要以本地户籍作为前提条件。另一方面，保障性住房作为住房商品中的一种，供给与需求之间存在不可忽视的时间差，持续关注诸如"安居工程""保障性住房"

"共有产权"等措施实施，才能切实回应外来人口的居住与发展需求。

（二）两阶段模型回归结果分析

因为 Heckman 两阶段模型的第一阶段为纳入识别变量的 Probit 模型，因变量为是否选择转换为城镇户籍。因此与表6-13的 Probit 回归模型结果类似，其中识别变量为是否签署正式劳动合同，签署与否显著影响了农业转移人口落户意愿，而对户籍转换的时间期望影响不显著（见表6-14）。同时，为了比较忽视落户时间期望的样本选择性偏差可能带来的错误估计，本书还同时对照了仅使用 OLS 计算农业转移人口落户时间期望的结果。最终纳入选择方程样本量为1276，删截样本量为3198，纳入时间期望方程样本量为4474，逆米尔斯比率显著，说明落户时间期望分析中存在样本选择性偏差，需要使用 Heckman 回归进行修正。

第一，通过对比两阶段模型与 OLS 回归中家庭层面因素与城市层面因素对于落户时间期望的影响方向及其置信区间，可以发现，仅通过 OLS 回归结果的解读会低估或错误估计制度与非制度变量对于农业转移人口落户时间期望的影响。

第二，从两阶段模型中对于定居意愿对时间期望方程的影响中可以看到，对定居意愿类型具有推动作用的稳定定居等因素，并不一定同时促使时间期望的降低，"又快又好"地推动农业转移人口成为城镇居民在一定程度上存在"悖论"。具体来看，相较于定居于老家农村，定居于老家城镇会促使农业转移人口家庭尽快转移户籍类型，平均时间期望降低0.63年（$1-e^{-0.97} \approx 0.63$）。但同时，定居于务工城市的农业转移人口会减缓自身获得城镇户籍的时间安排，平均时间期望提高3.31年（$e^{1.46}-1 \approx 3.31$）。因此农业转移人口会根据外部制度与非制度环境对自身发展状况和家庭发展需求进行调适与计划，使其达到合意均衡。

第三，家庭单位中户籍变动的成本与福利保障因素对于农业转移人口落户意愿期望的影响都较为显著。与农村相关制度改革相关的农村退出成本中，土地经济收益和集体经济收益虽然促进了农业转移人口落户城市，但同时降低了落户意愿的强度。土地经济收益每提升1万元，农业转移人口对于落户行为的时间期望会延长0.2年（$1-e^{0.18} \approx 0.2$）。集体经济有收益的农业转移人口会推迟转户的时间，约 0.15 年（$1-e^{0.18} \approx 0.15$）。时间期望方程回归模型显示，家庭年收入与务工城市商品房单价之比每增加一个单位，农业转移人口的转户时间期望降低 0.14 年（$1-e^{-0.15} \approx 0.14$），即农业转移人口会因收入的增加而提升落户概率，但由于社会经济地位劣势，其对城镇户籍仍是较为谨慎的态度。

第四，城市层面的成本与福利保障因素中，农业转移人口受到城市落户门槛的推力和不同类型公共服务需求的拉力共同作用，结果不仅影响其是否落户，还影响着落户意愿的时间期望。回归结果中，标准化的城市综合落户门槛每提升一个单位，农业转移人口的转户时间期望提升 0.13 年（$e^{0.12}-1 \approx 0.13$），城市住房保障和公共服务供给方面都对其落户时间期望表现出合理的"用脚投票"过程，并随着人口流动的长期化和家庭化，其对公共服务需求更为敏感。作为福利定价产品的一种，城市保障性住房供给仍具有属地化管理和本地化供给的特殊属性，其背后仍是获得本地城镇户籍身份的驱动力，因此住房保障水平越高，农业转移人口获得本地城市户口时间期望越短。同时，生均教师数所代表的城市教育资源的供给水平提升也促使农业转移人口尽快获得城镇户籍。

表 6-14　农业转移人口落户时间期望影响因素分析

变量	落户时间期望			
	Heckman 两阶段模型		OLS 回归模型	2SLS 回归模型
	选择方程	时间期望方程		
家庭层面变量				
定居意愿模式（参照组：老家农村）				
老家城镇	1.12 *** （0.09）	-0.97 ** （0.38）	-0.02 （0.06）	-0.54 ** （0.28）
务工城市	1.79 *** （0.11）	1.46 ** （0.59）	-0.06 （0.07）	0.67 ** （0.08）
土地经济收益（万元）	0.02 （0.05）	0.18 * （0.11）	0.16 *** （0.06）	0.17 （0.20）
集体经济收益（参照组：无收益）				
有收益	0.15 ** （0.07）	0.15 （0.10）	0.06 ** （0.05）	1.34 （0.89）
宅基地价值（万元）	-0.002 （0.002）	-0.004 （0.003）	-0.001 （0.002）	-0.02 （0.02）

续表

变量	落户时间期望			
	Heckman 两阶段模型		OLS 回归模型	2SLS 回归模型
	选择方程	时间期望方程		
住房负担水平（平方米）	-0.08** (0.02)	-0.15*** (0.06)	-0.07** (0.03)	-0.21 (0.52)
城市层面变量				
普通就业落户门槛	-0.02 (0.03)	-0.02 (0.06)	0.02 (0.03)	0.50 (0.42)
非普通就业落户门槛	0.005 (0.02)	0.003 (0.05)	-0.003 (0.03)	-0.09 (0.26)
综合落户门槛	-0.02 (0.04)	0.12*** (0.04)	0.12*** (0.04)	0.14*** (0.04)
住房保障水平	0.02* (0.02)	-0.02* (0.05)	0.01** (0.03)	0.37 (0.35)
生均教师数	0.19*** (0.06)	-0.14* (0.08)	-0.005 (0.04)	-0.41 (0.51)
每千人床位数	0.07* (0.04)	0.07** (0.05)	0.07* (0.03)	0.18 (0.27)
控制变量				
流入地（参照组：东部）				
中部	-0.13** (0.06)	-0.21** (0.14)	-0.03** (0.07)	0.29 (0.63)
西部	0.17** (0.06)	0.15** (0.13)	0.02** (0.07)	0.01 (0.70)
是否为省会城市（参照组：否）				
是	0.13*** (0.05)	0.20* (0.12)	0.02** (0.06)	0.17 (1.49)
签署就业合同（参照组：否）				
是	0.17*** (0.04)	—	-0.24*** (0.05)	—
截距	-1.24*** (0.07)	-1.55** (1.20)	1.78*** (0.09)	12.4*** (4.21)
$\hat{\lambda}$	—	1.95*** (0.72)		
一阶段估计 F 值	—	—	—	16.05***
Shea's partial R^2	—	—	—	0.052
Wald chi2 (11)	—	134.85***		118.4
P 值	—	0.000		0.054
观测值	4474	1276	4474	4474
删截值	—	3198		—

注：括号前数值为均值，括号内为标准差；显著性水平 *** p<0.01，** p<0.05，* p<0.1。

对于连续型因变量，表 6-14 还反映了采用 2SLS 回归模型分析农业转移人口定居意愿模式对其落户时间期望的影响，以村庄农地撂荒程度作为工具变量。DWH 内生性检验结果显示 p = 0.3378，即接受了土地撂荒状况是落户时间期望模型的外生解释变量的原假设，接受了应当在 OLS 回归中纳入工具变量以提升分析结果准确性的假设。根据 OLS 基准模型和工具变量回归结果可以看到预期定居于老家城镇与落户时间期望之间存在负向相关，但未来期望于务工城市长居的农业转移人口更换户籍的生计决策并不迫切。这与时间期望模型得到的结论一致，已有研究认为落户无望会导致农业转移人口快速返乡[160]，这一结论在异地务工的农业转移人口中成立，而返乡人群则会是未来"再城镇化"的重点群体[343]，忽略农业转移人口城市定居意愿的内生性特征会过大估计这一重点群体的体量，而忽视了在务工地即转换户籍群体的发展意愿。

二 落户意愿的家庭生命周期异质性分析

表 6-15 呈现了处于不同家庭生命周期的农业转移人口落户意愿回归分析结果，同时 SUR 模型结果表明不同影响因素对落户意愿的影响存在家庭生命周期异质性。为清晰呈现不同落户意愿与时间期望的异质性，表 6-15 中落户意愿类别模型汇报了广义分层回归结果，落户时间期望模型汇报了纳入逆米尔斯比率后的 Heckman 模型的时间期望方程。

从数据结果可以看出，城市定居意愿与户籍转换倾向之间具有较强的正相关，但并不代表落户行为发生时间的缩短，其中对于稳定期和萎缩期的家庭来说，定居于城市在很大程度上代表着尽快尽早地转换为城镇户籍，享受市民待遇。例如，相较于以后定居在老家农村，稳定期家庭定居于务工城市可以将稳定期家庭转换户籍的可能提升 4 倍以上（$e^{1.67} - 1 \approx 4.31$），时间预期平均缩短 0.72 年（$1 - e^{-1.28} \approx 0.72$），这与家庭对于未落户风险与成本更为敏感相关[10]。城市落户门槛在一定程度上抑制了落户意愿与行为的产生，但这一机制未在形成期家庭中发现。主要面向普通就业者的落户门槛抑制了大部分农业转移人口的落户倾向，形成期家庭除外。主要面向非就业落户的门槛设置抑制了形成期家庭的落户倾向，而提升了稳定期家庭落户的可能，但仍需要较长的时间予以实现，萎缩期家庭在非就业落户制度设计中落户意愿较高且落户时间预期较短。综合落户门槛均未影响农业转移人口家庭的落户倾向，但都增加了未来可能成为"新市民"家庭的预期时间。这意味着目前城市制度设置的主要对象并未与实际落户群体需求在生命历程上实现吻合，理论上具有较高安家成本支付能力、人力资本优势和职业发展前景的形成、分巢与稳定期家庭都表现出一定程度的"期望损失"。

在农村退出成本方面，土地经济收益稳定提升了形成期、稳定期与萎缩期家庭落户城镇的期望（分别为 6.18%、18.53% 与 23.37%），降低了平均落户时间预期（分别为 0.06 年、0.19 年与 0.20 年）。这一影响过程在分巢期家庭中产生了异化，分巢家庭因为土地经济收益的上升更倾向以家庭分离的方式降低个人迁移与落户难度。这一成本与收益的比较逻辑也在城市住房实现过程中得到验证。

城市公共住房保障水平显著影响了分巢期与稳定期家庭的落户倾向，家庭自身住房负担水平同样对分巢期与稳定期家庭落户城市具有正向影响，但同时仅有分巢期家庭在家庭住房负担水平上升时才会期望尽快完成落户，这也预示了家庭分离是一种家庭经济收益最大化的选择，这不仅验证了"安居成本假说"也表明在公共服务获取中家庭也在通过迁移行为做出成本优化的选择。在公共服务因素中，处于形成期的农业转移人口家庭并未表现出明显的"用脚投票"动因，综合以往研究推测可能由于其处于公共服务需求的"弹性"时期，对于工资收入和城市软文化的需求更为刚性。城市生均教师数每提升一单位，分巢期家庭与稳定期家庭落户倾向分别提升 18.53% 与 19.72%，落户时间预期平均减少 0.29 年与 0.1 年；城市每千人床位数每增加一单位，稳定期家庭落户倾向提升 8.33%，落户时间预期平均减少 0.02 年。以往学者质疑中国是否存在"用脚投票"的迁移机制，伴随着户籍制度的深化改革，可以看出这一过程在分巢期家庭与稳定期家庭中更有可能出现，并且促进了有能力有意愿的农业转移人口积极实现市民身份的转变。

表6-15 家庭生命周期视角下农业转移人口落户意愿影响因素分析

变量 模型	形成期		分巢期		稳定期		萎缩期	
	意愿类别 HGLM	时间期望 Heckman	意愿类别 HGLM	时间期望 Heckman	意愿类别 HGLM	时间期望 Heckman	意愿类别 HGLM	时间期望 Heckman
家庭层面变量								
定居意愿模式（参照组：老家农村）								
老家城镇	0.84** (0.14)	0.92** (0.42)	1.45*** (0.16)	2.83*** (0.37)	0.94*** (0.18)	-0.62*** (0.13)	1.10*** (0.28)	-1.10*** (0.76)
务工城市	1.52*** (0.15)	1.37** (0.69)	1.71*** (0.22)	3.34*** (1.40)	1.67*** (0.23)	-1.28*** (0.05)	1.86*** (0.43)	-2.06*** (0.72)
城市层面变量								
普通就业落户门槛	0.05* (0.03)	-0.02 (0.10)	-0.09** (0.05)	0.16 (0.32)	-0.12** (0.06)	-0.12 (0.15)	-0.02 (0.18)	0.33 (0.41)
非普通就业落户门槛	-0.07* (0.04)	-0.09 (0.10)	-0.11 (0.08)	-0.22 (0.47)	0.09* (0.03)	0.13* (0.06)	0.24* (0.12)	-0.26*** (0.07)
综合落户门槛	-0.17 (0.19)	0.17*** (0.02)	0.10 (0.09)	0.12** (0.05)	0.49 (0.36)	0.37* (0.17)	0.29 (0.11)	0.43*** (0.02)
土地经济收益（万元）	0.06* (0.03)	-0.06* (0.04)	-0.05 (0.17)	-0.20** (0.08)	0.17** (0.06)	0.03** (0.01)	0.21** (0.11)	-0.22 (0.21)

续表

变量	形成期 意愿类别 HGLM	形成期 时间期望 Heckman	分巢期 意愿类别 HGLM	分巢期 时间期望 Heckman	稳定期 意愿类别 HGLM	稳定期 时间期望 Heckman	萎缩期 意愿类别 HGLM	萎缩期 时间期望 Heckman
模型								
集体经济收益（参照组：无收益）								
有收益	0.16 (0.11)	-0.20 (0.16)	0.02 (0.14)	-0.05 (0.42)	0.21 (0.15)	0.26 (0.25)	0.06 (0.25)	0.11 (0.56)
宅基地价值（万元）	-0.66* (0.38)	-0.02* (0.01)	-0.25* (0.11)	-0.02 (0.02)	0.07* (0.03)	0.03 (0.08)	-0.02* (0.01)	0.07 (0.04)
住房保障水平	-0.09 (0.06)	-0.08* (0.03)	0.11 (0.09)	0.20 (0.36)	0.07** (0.03)	0.18*** (0.02)	-0.06 (0.16)	-0.02 (0.39)
住房负担水平（平方米）	-0.02* (0.01)	-0.08 (0.08)	0.12** (0.05)	-0.39** (0.78)	0.19** (0.09)	-0.26 (0.14)	-0.16 (0.15)	0.15* (0.07)
生均教师数	0.07 (0.09)	-0.14 (0.15)	0.17*** (0.01)	-0.34** (0.16)	0.18*** (0.03)	-0.10** (0.04)	-0.27 (0.22)	0.54** (0.25)
每千人床位数	0.06 (0.06)	0.3 (0.08)	-0.02 (0.08)	0.31** (0.11)	0.08** (0.04)	-0.02 (0.01)	0.11* (0.05)	-0.03** (0.01)

控制变量

流入地（东部）

续表

变量	形成期		分巢期		稳定期		萎缩期	
模型	意愿类别 HGLM	时间期望 Heckman	意愿类别 HGLM	时间期望 Heckman	意愿类别 HGLM	时间期望 Heckman	意愿类别 HGLM	时间期望 Heckman
中部	-0.06 (0.15)	-0.09 (0.20)	-0.25 (0.20)	-0.29 (0.86)	-0.34* (0.17)	-0.48* (0.25)	-1.02*** (0.35)	0.68*** (0.24)
西部	0.17 (0.17)	0.05 (0.22)	0.34 (0.22)	0.66 (1.36)	-0.09 (0.23)	-0.25 (0.35)	0.52 (0.32)	-0.32 (1.79)
是否为省会城市（否）								
是	0.20 (0.12)	0.29 (0.18)	0.19 (0.17)	0.29 (0.91)	0.09 (0.18)	0.10 (0.28)	-0.33 (0.30)	0.29 (1.08)
截距	-1.45*** (0.16)	-1.29 (1.51)	-2.20*** (0.20)	-6.15*** (1.66)	-1.89*** (0.21)	-1.57 (2.18)	-1.93*** (0.32)	5.77*** (1.29)
内生性检验（ρ=0）								
ICC	0.102	—	0.129	—	0.194	—	0.108	—
$\hat{\lambda}$	—	2.13*** (0.04)	—	4.52*** (0.29)	—	2.21 (1.31)	—	-2.58 (7.71)
Log Likelihood	-953.50	—	-642.90	—	-514.19	—	-243.79	—
Wald chi2	123.39***	75.34***	116.20***	86.97***	72.68***	51.15***	46.22***	64.15***
家庭层面样本量	1548	—	1299	—	984	—	643	—

续表

变量	形成期		分巢期		稳定期		萎缩期	
模型	意愿类别 HGLM	时间期望 Heckman	意愿类别 HGLM	时间期望 Heckman	意愿类别 HGLM	时间期望 Heckman	意愿类别 HGLM	时间期望 Heckman
城市层面样本量	157	—	168	—	154	—	143	—
观测样本量	—	556	—	290	—	237	—	193
删截样本量	—	968	—	974	—	723	—	533

注：农业转移人口家庭生命周期分析中，落户意愿类别模型汇报广义分层回归结果，落户时间期望模型汇报纳入了逆米尔斯比率后的 Heckman 模型的时间期望方程回归结果；显著性水平 ***p<0.01，**p<0.05，*p<0.1。

第四节　关键因素识别与小结

结合对于农业转移人口家庭生命周期时序分布与结构形态的探讨，本章将家庭生命周期视角纳入农业转移人口落户意愿的影响因素分析框架，并从转户意愿类型与时间期望两方面对城市定居意愿、城市落户门槛、农村退出成本、城市住房水平与城市公共服务作用机制进行解读。

第一，人口流动与迁移是转型时期中国社会的重要现象，城市定居意愿的明确预示着户籍制度的改革有了进一步拓展的空间。农业转移人口的城镇定居意愿的稳定在一定程度上代表着其对于落户城镇的期待。分巢期家庭对于落户的期待并未随着定居意愿的产生而缩短，观望或犹豫的状态意味着家庭分离带来的市民化红利的损失。

第二，城市落户门槛的设置对农业转移人口的户籍转换决定和预期时间均产生抑制作用。地方政府拥有更大的城市落户决定权限[409]，并通过不同的准入门槛偏向对倾向落户的农业转移人口及其家庭进行"筛选"[410]。分巢期家庭受到落户门槛的抑制作用并不显著，这可能与大城市家庭分离更为严重相关。同时，家庭分离并未完全决定了"一家两户"状态的产生，"接力"迁移模式在农业转移人口城市落户阶段仍然成立。

第三，农村资产感知价值的提升意味着农业转移人口将出于退出成本的考量而降低落户意愿，但减弱了落户意愿的强度。在新型城镇化改革中，必须对城市和农村两个系统的户籍制度与土地制度进行联合改革，逐步将土地承包使用权、集体经济收益权进行资产化变现，宅基地是农业转移人口退出农村与进入城市享受城镇居民公共服务之间的衔接桥梁和转换机制。农村退出成本在稳定居住于城市的农业转移人口群体的落户决策中，并未表现出显著的抑制作用，家庭供养和资本累积关系并不依附于农村权益。宅基地等农村退出成本已不是形成期家庭"成本—收益"核算中的重点，萎缩期家庭更关切农村社区提供的稳定住所、心理皈依和人情关系，转户意愿整体较低。

第四，住房代表着农业转移人口有独立于职业之外重要的城市生活机会[123]。相较于城镇单位就业人员，农业转移人口面临更高安家成本和经济融合压力，自给自足或政府保障都能缓解城市安居压力对落户意愿的抵消作用。这一过程在稳定居住于城市的农业转移人口家庭更为显著，对于形成期农业转移人口家庭并不显著，并对落户意愿强度产生了普遍的"迟滞效应"。

第五，作为"用脚投票"的关键，城市公共服务在农业转移人口"定居"和"迁出"中均起到了拉力作用。随着公共服务需求的弹性变动，城市公共服务的拉力在稳定期农业转移人口家庭中作用显著，在形成期与分巢期作用不明显。随着家庭成员增加和平均年龄增大，为了更好地发挥公共服务对于市民化质量的关键作用，其供给应当由基础教育服务转向基础医疗服务及其配套公共产品。

第五节 本章发现及政策启示

本章通过对第三章研究框架的细化，利用 2018 年获取的"全国百村外出务工人员调查"数据与城市落户门槛、流入地商品房价格、流入地住房保障水平、流入地教育与医疗资源供给水平等宏观统计数据，实证检验了不同家庭生命周期的农业转移人口落户意愿在户籍变动的成本与福利保障因素影响下的差异性。考虑到落户意愿内涵的丰富性，本章采用广义分层线性模型将宏微观数据结合讨论落户意愿类型的影响因素，将落户决策分为两阶段，并纳入 Heckman 两阶段模型讨论落户时间预期的影响因素，再次通过 IV-Probit、2SLS 模型验证了定居与落户意愿之间互为因果而导致的内生性问题，最后使用 SUR 模型验证了不同家庭生命周期的农业转移人口家庭落户意愿影响因素的异质性。本章主要发现如下。

第一，农业转移人口城市定居的稳定化、长期化会通过浸染效应促使其落户城市。对定居意愿类型具有推动作用的稳定定居因素，并不一定同时促使时间期望的降低。推动农业转移人口"又快又好"地成为城镇居民在一定程度上存在"悖论"。

第二，地方政府在农业转移人口户籍转换过程中起到了复杂的作用。在发展主义理念指引下，城市地方政府会通过设定城市中非户籍人口的落户条件影响户籍改革进程和实效，通过城市房价和公共服务供给水平作用于落户时间预期。农村土地经济收益和集体经济收益均促进了农业转移人口落户城市。但农村制度设计中并未很好构建宅基地等资产与城镇居民公共服务之间的桥接机制，总体上抑制了落户意愿的形成。

第三，基于本章节的研究结果可以发现，处于不同生命周期的农业转移人口家庭定居意愿以及农村退出、城市进入过程中户籍变动的成本与福利保障因素与其落户城市之间存在复杂关系。形成期家庭会因为入户难而主动调适自身落户意愿强度，宅基地等农村退出成本已不是其"成本—收益"核算的重点；分巢期家庭对于落户时间的期待并未随着定居意愿的产生而缩短，来自落户门槛的阻碍显著推迟了落户行为的产生；稳定居住于城市的农业转移人口家庭更加敏感于城市商品住房价格与自身收入水平的关系，以及公共服务供给水平的弹性变动；萎缩期家庭中更关切农村社区与涉农社区所提供的稳定住所、心理皈依和人情关系，倾向于回到落户难度较低的小城镇地区。

基于本章节的研究结论可以得到以下政策启示：城市定居与城市落户意愿是两类并不完全类似的家庭生计决策，在城镇化高质量发展的后期应当对以往市民化政策进行调整以适应家庭定居和落户两阶段的不同政策需求。首先，研究结论为通过城市落户门槛的设置调节农业转移人口的户籍转换决定和预期时间提供了实证参考。城市落户门槛设置过程应当纳入对形成期家庭未来禀赋优势的考量、提升对家庭分离成本的补偿、重视家庭团聚带来的市民化效应，同时在非就业落户制度设计中关注萎缩期家庭的落户时间急迫的需求。其次，在农村一端的社会政策改革中，必须对城市和农村两个系统的户籍制度与土地制度进行联合改革，逐步将土地承包使用权、集体经济收益权进行资产化变现，通过宅基地腾退实现退出农村与进入城市享受城镇居民公共服务之间的衔接桥梁和转换机制。最后，作为农业转移人口家庭"用脚投票"的关键因素，城市公共服务在农业转移人口"定居"和"迁出"中均起到了拉力作用，公共政策供给需要随着家庭生命周期的更迭而有所侧重。随着家庭成员增加和平均年龄增大，为了更好发挥公共服务对于市民化质量的关键作用，政策供给应当由基础教育服务转向基础医疗服务及其配套公共产品。

第七章

结论与展望

本章首先对前文主要研究结论进行总结；其次依据本书第四章至第六章的实证研究发现，系统提出城镇化中后期面对我国人口迁移流动形式，应当如何从全家庭生命周期推进以稳定定居与户籍身份获得为代表的市民化政策启示；再次总结并提炼本书的主要创新点；最后总结本书还存在的不足之处，对下一步研究内容进行展望。

第一节　本书主要研究结论

农业转移人口进入城市与公共服务均等化是新型城镇化进程中面临的重要人口发展与社会治理问题。本书在总结西方一般人口迁移行为决策理论的基础上，结合中国人口流动与户籍管理制度的社会情境，聚焦农业转移人口家庭，构建了家庭生命周期视角下的农业转移人口市民化理论分析框架；在此框架指导下，本书分析了农业转移人口家庭生命周期异质性，并讨论了不同代次、流动空间、职业类型与家庭生命周期视角下家庭市民化决策的现状；检验了农业转移人口定居意愿与落户意愿之间的因果关系；系统分析了家庭内部禀赋驱动、流动过程赋权与户籍变动的成本与福利保障因素对农业转移人口市民化意愿的影响；探究了不同家庭生命周期内农业转移人口市民化决策影响机制。本书的主要研究结论总结如下。

第一，宏观城镇化发展历程与微观个体年龄层面，农业转移人口家庭生命周期的时序差异明显，将对未来公共政策供给提出新的挑战。①农业转移人口家庭正在面临形成期与分巢期家庭占比增大，稳定期与萎缩期家庭占比减小的数量"挤压"情况，家庭形成期与稳定期推迟，分巢期提前的时序"挤压"情况，即形成期与分巢期家庭约占半数，稳定期家庭占比略有下降；对比2013年与2016年全国流动人口动态监测数据发现，各个出生年代的农业转移人口其家庭形成期推迟1年发生，家庭团聚推迟4~5年发生，离巢务工提前1年发生。②农业转移人口家庭生命周期的时序差异与人口流动过程中家庭分离可能性提升、婚姻年龄推迟以及劳动力市场对于"高龄"就业者存在排斥等现象有关。③数量与时序的双向"挤压"代表着家庭发展需求旺盛期会较集中的出现，进而导致针对家庭的公共服务供给时间窗口缩小，需求密度提升，"以人为核心"的新型城镇化过程中市场制度与政策制度设计更需"家本位"的关怀。

第二，农业转移人口家庭生命周期的结构形态变化既与其禀赋特征和流动特征紧密相关，也与其市民化意愿紧密相关。①随着家庭生命周期的演进，农业转移人口家庭的"收入—消费"呈现收入主导、消费主导和依赖性消费转变过程，流动呈现省际流动向省内流动的"回缩"过程，定居与落户决策呈现倒N形与倒U形转变过程。②从农业转移人口不同家庭生命周期来看，家庭经济特征会受到不同生命周期的约束，总体呈现收入主导、消费主导和依赖性消费转变的过程。③家庭生命周期与农业转移人口务工选择紧密相关。省内流动的家庭更容易实现在城团聚，促使家庭尽快进入稳定期。较多的分巢期家庭进行着省际长距离流动。④处于不同家庭生命周期的农业转移人口对市民化相关政策敏感度存在差异，稳定期的农业转移人口家庭对于长久定居与落户意愿需求旺盛，发展需求的表达也更为直接，而萎缩期家庭更犹豫不决，分巢期家庭虽然处于成员分离的状态但其对家庭稳态发展的追求也在一定程度上提升了定居意愿的产生。

第三，农业转移人口家庭市民化意愿分化存在明显的代次差异、流动空间差异与职业类型差异。①微观层面的农业转移人口市民化与个体代次特征、流动范围以及职业类型紧密相关。新生代农业转移人口回到老家城镇或留在务工城市为主流选择；其更倾向于获得城市户口，第一代农业转移人口倾向于回到老家农村选择不更换户籍类型。远距离的省外流动带来了更高能量的"流动赋权"，使各种维度的市民化意愿都更强，但落户意愿由于制度与市场因素的影响仍然显著低于定居意愿，这一特征在第一代农业转移人口中更为明显。跨省农业转移人口落户行为由政策供给决定，中小城镇农业转移人口落户行为由家庭需求所主导。②通过代次与流动的联合观察我们发现，来自中部与西部的农业转移人口家庭更有可能在20~32岁定居于城市，其家庭普遍处于分巢期与稳定期；东部省内流动的农业转移人口家庭实现市民化的年龄大致分布于家庭形成期与萎缩期；返乡意愿集中在41~46岁的农业转移人口中；21~28岁和40~46岁的农业转移人口其落户意愿整体较高，与定居意愿存在一定的"同频共振"。③无论职业类型如何，均有四成左右的农业转移人口表示愿意回到老家城镇，从事脑力劳动的个体选择回乡的比例显著高于体力劳动者，选择转换户籍的比例显著低于体力劳动者，这部分群体成为未来乡村振兴时需要关注的"新乡贤"群体。

第四，实证结果发现农业转移人口家庭禀赋的提升并不一定带来定居意愿的提升。①经济禀赋与人力资本可显著提升定居意愿，也是不同家庭生命周期内农业转移人口定居意愿产生的关键因素。家庭代际经济支持主要在形成期家庭中起到重要的推动作用，与城市社会逐步融合对形成期与萎缩期家庭具有重要意义。②物质累积的外部性具有一定的区位限制，在哪里置业、哪里定居是主要的"成本—收益"比较逻辑，农村住房状况是农业转移人口返回乡村生活的重要拉力，但对他们是回到老家城镇还是继续在务工城市生活的影响不大。夫妻分离并携带子女进城生活是农业转移人口家庭生计风险最小化与迁移收益最大化的重要方式。③流动时长的累积并非在各个家庭生命周期内都表现为一种流动赋权效应的存在，仅有分巢期家庭定居于务工地与稳定期家庭定居于城镇意愿与流动时长累积紧密相关。流动的稳定性并未带来市民化意愿的提升，流动行政近邻性与地理临近性都显著提升了农业转移人口的城市定居意愿，这印证了以往学者提出的"流动—市民化悖论"，再次流动仍是未来农业转移人口个人及家庭的重要生计选择。

第五，处于不同生命周期的农业转移人口家庭资本禀赋、流动内化资本与城市定居或回乡定居之间存在复杂关系。①在人口迁移与流动的时代背景下，家庭生命周期是生计过程中家庭基于"稳态"与"失稳"结构性特征做出决策的重要指征。②对处在形成期的农业转移人口家庭来说，城市与务工地定居意愿的产生受到家庭禀赋效应的驱动，流动赋权效应的影响并不显著，这可能与形成期家庭无子女牵绊、家庭经济压力小，但经济积累弱、发展需求旺盛和较为薄弱的经济基础决定了其风险规避和进取意识往往较强有关。③对于处在分巢期的农业转移人口家庭来说，城市定居与务工地长久居住的意愿受家庭禀赋的累积和流动过程中现代性习得的影响较为明显。分巢期家庭内部向下的代际经济支持削弱了城市定居意愿的产生。原本稳定促进社会融合的社会交往状况也"失效"，成为阻碍因素。而分巢期家庭往往采用远距离流动和高收入、高流动的风险就业形态也削弱了流动过程中获得"安居乐业"的可能性。④家庭稳定居住于城镇的农业转移人口，其家庭禀赋中的收入流量、人力资本和固定资产获得的促进效应更为明显，流动赋权效应在家庭团聚的过程中获得最大化的可能。稳定期家庭往往表现为生存需求低，发展需求高，对家庭固定资产和流量工资水平依赖性较强，有子女的家庭往往对教育、医疗、住房等刚需价格与水平较为敏感，代际向下的经济支持削减了家庭禀赋的市民化促进效应。⑤萎缩期的农业转移人口家庭，禀赋驱动的市民化效应逐渐失效，流动赋权的红利逐渐消失。

第六，农业转移人口的城市定居的稳定化、长期化会通过浸染效应促使其落户城市。对定居意愿类型具有推动作用的稳定定居因素，并不一定同时促使时间期望的降低，因此推动农业转移人口"又快又好"地成为城镇居民在一定程度上存在"悖论"。城市定居意愿的明确代表着人口流动与迁移的是转型时期重要的社会现象，也预示着农业转移人口通过流动与迁移产生的定居意愿通过户籍制度的改革有了进一步表达的空间。农业转移人口的城镇定居意愿的稳定在一定程度上代表着其对于落户城镇意愿的期待。预期定居于老家城镇与落户时间期望之间存在负向相关，但未来期望于务工城市长居的农业转移人口更换户籍的生计决策并不迫切。这与对农业转移人口户籍身份转变的时间期望分析结论一致，落户无望会导致农业转移人口快速返乡[154]。

第七，地方政府在农业转移人口户籍转换过程中起到了复杂的作用。在发展主义理念指引下，地方政府会通过设定城市中非户籍人口的落户条件影响户籍改革进程和实效，通过城市房价和公共服务供给水平作用于落户时间预期。农村土地经济收益和集体经济收益均促进了农业转移人口落户城市。但农村制度设计中并未很好构建宅基地等资产与城镇居民公共服务之间的桥接机制，总体上抑制了落户意愿的形成。城市层面的成本与福利保障因素中，农业转移人口受到城市落户门槛的推力和不同类型公共服务需求的拉力共同作用，结果不仅影响其落户，还影响着落户意愿的时间期望。

第八，农业转移人口落户意愿的影响因素存在显著的家庭生命周期异质性。①城市定居意愿与户籍转换倾向之间具有较强的正向相关，形成期与分巢期落户时间预期并不同步缩短，来自落户门槛的阻碍显著推迟了落户行为的产生；②城市落户门槛对形成期与萎缩期家庭影响较大，农村退出成本中较高的土地经济收入延长了落户时间预期，村庄集体经济发展仅在形成期家庭中起到重要作用，宅基地价值抑制了分巢期与稳定期家庭落户意愿的表达；③稳定居住于城市的农业转移人口家庭更加敏感于城市商品住房价格与自身收入水平的关系，以及公共服务供给水平的弹性变动，城市住房保障及商品房自付能力与城市公共服务供给水平仅在稳定期家庭中起到刚性作用。④萎缩期家庭中更关切农村社区与涉农社区所提供的稳定住所、心理皈依和人情关系，倾向于回到落户难度较低的小城镇地区。

第二节 针对农业转移人口高质量市民化的政策建议

有质有序推动农业转移人口市民化进程是未来较长一段时间里乡村振兴与新型城镇化健康发展的重要目标。推动 1 亿农业转移人口稳定进入城市，有序定居，有质量转换户籍身份是社会经济发展新常态，更是在创新体制、制度创新的宏观格局下对经济社会发展的新挑战。

以系统性改革推动"十四五"期间新型城镇化高质量发展，需要从保障农业转移人口市民化权利完整性出发，以家庭为施策单位，关注市民化发展三阶段中的阻碍因素。具体而言，城镇化高质量发展必须关注农业转移人口市民化质量，以保障农业转移人口市民化权利的完整性作为主要政策出发点；以家庭为单位施策指必须强化市民化政策设计时对家庭发展影响的认知，必须关注流动中的家庭而不仅是流动中的个人，必须营造"农村—城市"两家激励相容的政策环境；关注市民化发展三阶段中的阻碍因素指必须全面转变市民化政策供给推进思路，转变乡城两地政府公共服务供给策略，以常住地登记制度促进区域户籍改革联动化，完善城镇化发展统计与监测工作。

第一，城镇化高质量发展必须关注农业转移人口有序有效市民化进程，促进农业转移人口保持较高活力的社会性流动，以扩大中等收入群体规模。第七次全国人口普查再一次确认了"流动中国"的发展形态，城镇发展对于人口迁移的引力作用不断增强，未来一段时间内乡城流动人口仍将是城镇新增人口的主要组成，省际流动的农业转移人口约占农业转移人口总量的六成以上。学者预期到 2030 年，我国城镇化率将达到 70%，未来 20 年城镇化增长速度与居民收入上升速度将明显放缓，在此番改革场景下，保持较高水平的人口流动规模将是城乡与城城之间生产率同步提升的关键路径[4]。解除人口流动性约束可以使劳动力资源在传统农业部门与工业与服务业部门间进行转移，提升劳动力配置效率，提高收入水平，从供给角度提振经济，从需求角度缓解了经济结构的调整压力。未来，我国成为高收入国家的良好条件是使城市地区供给有效的要素市场，并通过释放集聚效应推动经济转型与生产率提升。当前，国际形势发生着深刻复杂变化，经济社会的不确定挑战不断增多，我国国内市场需求增长速度及重要性日益凸显，促进劳动力和人才保持较高活力的社会性流动以扩大中等收入群体规模。因此，审视新型城镇化发展阶段速度与质量间的平衡关系，正视人口流动需求，不将大规模人口流动现象视为"洪水猛兽"，重视区域间因人口流动带来的联系与发展机遇，将有助于提升城镇化集聚效应的发挥。

第二，城镇化高质量发展必须以保证农业转移人口市民化权利的完整性为出发点。以政策工具视角来看，现有农业转移人口市民化政策主要以营造良好环境、促进能力提升与满足多元需求三类视角对农业转移人口的市民化权利进行保障。其中，部分政策关注作为生产力的个体劳动权利的实现，例如清零拖欠工资现象、维护劳动关系等，其政策目标是生产市民化，但"政策拥挤"的现象明显；部分政策关注现有城市居住者良好的公共服务和社会保障的基本供给，例如在岗培训资金投入、信息技术服务等，其政策目标是实现身份的市民化，但政策的供给对象模糊；仅有少部分政策关注到城镇化需求、发展观念革新、公民权益保障等政策前沿需求，其政策目标是要实现全体公民行为意识层面上的市民化，但目前新旧政策的合力尚未显现。因此，"十四五"期间系统推进城镇化高质量发展需要加强政策体系互动，在多维度、多对象、多层面关注政策目标的整合，优化政策工具供给以回应农业转移人口完整市民化的需求。

第三，明确市民化政策设计对于家庭单元的关切，提升乡村振兴背景下以家庭为施策单位的常住市民化政策成效。作为理性经济人，迁移能力是基础，农业转移人口家庭会对家庭结构和所处生命周期阶段进行综合考虑，不断调整迁移行动、定居意愿与落户倾向。

随着个人对于家庭成员的共同发展有了更强的意识，家庭禀赋积累和流动赋权过程都有效提升了市民化意愿。同时随着家庭生命周期演进，影响因素由代际经济支持、流动赋权向社会融入转变。面对人口迁移模式复杂化、家庭少子化、人口老龄化的趋势，"以人为核心"的城镇化发展应当促进家庭结构和市民化过程的完整性，保证家庭在不同地域都可以实现完整的常住市民化。因此，本书在保障农业转移人口家庭的整体性、积极推进就地就近城镇化和保障省外流动家庭均等化享有公共服务三方面提出了可能的政策空间。首先，建立家庭的"整体性治理"（Holistic Governance）理念是未来人口流动管理的前提。目前关于家庭发展的公共政策囿于贫困扶助和生育政策等方面。家庭结构的保护、家庭资源的输送、家庭风险的预防尚未成为"现代化家庭建设"的治理对象。"接力迁移"是家庭对于经济收益、心理收益和福利收益之间"平衡"的追求，若家庭受到外部经济冲击与制度变革，极易采取"再分离"策略，从而使亲情的联结再次断裂。面对"易碎"的团聚，流动人口服务与管理政策的制定应当以满足不同发展阶段与家属迁移模式中现代家庭发展需求为主，平衡"地区—家庭—个人发展"之间的取向，从而显化家庭团结带来的社会效用。只有家庭团结、家风文明、劳动力自身文化素质与社会技能提升，家庭才有内生的发展动力。其次，宏观层面的制度改革是实现稳定家庭化迁移的重要基础，补齐人口流迁与城市发展中的断裂环节，能使新型城镇化进入良性发展循环。中小城市的户籍制度改革将带来巨大的心理收益与福利，如果施策得当，农业转移人口家庭将在家庭团聚的前提下，增加消费与提升人力资本投资，提升社会稳定性。中小城镇户籍制度的改革成本较低，家庭团聚的效用也不可忽视。中小城镇户籍人口的增加会提升税收，并倒逼城市管理服务的升级，也会减少教育、医疗等公共服务供给的边际成本，从而更快实现规模经济。最后，较为发达的城市与地区，由于吸纳了大量外来人口带来的"红利"，更应该关注迁移家庭在本地区工作生活的状态。农业转移人口携子女进城并不是抢占城市福利、摊薄公共资源。作为家庭整体，进城享受现代化进程是基本权利，也是不可逆转的趋势。流入地政府应当为务工人员配偶提供多样的就业培训，简化务工人员子女随迁的异地就学审批流程，给予其较为平等的入学机会。流入地将公办教育、公办学校作为基础教育的主体，将常住人口纳入发展规划和财政保障的政策主体中，政策实践中减少粗放式管理，采用一种更为开放和怀柔的创新模式，增加家属随迁的机会。

第四，不仅关注流动中的家庭而且关注流动个人，以市民化政策供给、福利制度设计和住房市场改革为抓手，提升"以家明需求""以家固发展"落户政策施策的精准性。以往户籍制度改革往往关注个体人口学特征与社会经济发展水平，而忽视了城镇生活基本面和农业转移人口新的迁移趋势的影响：农业转移人口城镇落户主要受到市民化政策攻击、福利制度设计和住房市场的影响；迁移扩大化，即由个体迁移向家庭迁移转变；迁移稳定化，即由候鸟式迁移向永久迁移转变；迁移结构复杂化，即由夫妻分居、亲子分离向核心家庭多地分离转变。从提升未来市民化政策施策精准性角度来说，家庭稳定与完整以及与家庭成员相关的城市居住因素、福利权益诉求和政策精准供给在"十四五"期间城镇化发展质量的提升过程中作用凸显。

关注流动中的农业转移人口家庭如何在流动中完成市民化转变，首先需要科学认知家庭在不同生命周期内流动的规律及其异质性，研究结果显示农业转移人口家庭发展需求旺盛期提前出现、集中迸发、迅速回落，公共服务与户籍制度联合改革窗口期缩短，市民化意愿集中于消费主导、省内流动和家庭团聚的稳定期内，家庭分离的生命事件抑制了定居发生可能性进而阻滞了落户意愿的实现。其次，以流动着的家庭为主体的福利制度设计应与传统文化相结合，与家庭伦理界定的个体角色相吻合。家庭结构残缺和关系单一会影响家庭结构的稳定，家庭主体成员的年龄增加也会降低家庭结构的稳定，现有政策设计应当与传统社会文化对社会角色的锁定结合，以积极回应家庭功能结构残缺是家庭成员对外部支持的需求，如让在城团聚的农业转移人口可以有平等权利享受廉租房、公租房以及经济适用房等社会保障和福利，随迁子女可以就近入学，享受城市公办教育服务，父母逐步被纳入城镇社会保障体系内，就业、生产、生活都不再被地域所割裂。若短期内无法在城市团聚，建立"远方的家"专项互联网计划，通过资费补贴、网络普及、提供免费设备、纳入劳动工时等方式，让迁移者与未能迁移的农村儿童、妇女、老人等家庭成员可以低成本地维持情感纽带。最后，我国人口态势的转型影响了家庭功能的需求与供给，制度变迁对家庭发展提出了更高要求。关注因家庭成员迁移而遭受分离、离散而无法保持家庭结构完整的社会状况，将家庭整体发展和福祉提升纳入市民化政策框架中，将公共政策与私人领域追求从个体劳动者为中心转向重视家庭共同发展为中心，进一步提升迁移者与未迁者的政治参与、社会参与、家庭团结意识，增强家庭发展目标的话语权重。例如针对流动妇女、流动儿童与流动老人的女性就业、基础教育、医疗卫生、住房保障等全生命周期的社会发展问题，加快制定有利于促进农业转移人口家庭婴幼儿照料、儿童保健、义务教育、就业保护、适老设施改造等相关法律法规和政策措施。构建积极的、开放的、包容的农业转移人口家庭化公共服务体系，提升多样化服务管理供给能力，满足流动家庭的多元化需求。

第五，制定"城市—农村"两个家的激励相容政策，降低施策对象的发展风险。在中国"家本位"伦理统摄下，公共政策的完善应当具有平等、共享与协同的旨趣，尤其地方政府一方面要维持乡村社会基本公序良俗，另一方面为农村居民疏通前往城市劳动力市场的基本秩序通道。一方面，面临"城市—农村"两个家的发展之困，需要发掘先迁者改变家庭命运的共同愿景，要形成家庭聚合的行为共识，引导其发挥主观努力，优化家庭策略，逐步改变家庭的离散状态，积极向城市迁移并定居。另一方面，不完全的市民化发展现状与滞后的乡城制度改革密切相关，农地政策、土地依附情结与农业转移人口难以实现农村退出与城市进入的顺畅衔接紧密相关。在城镇户籍预期收益较高，而农村户籍预期收益不明的趋势下，涉农政策框定了农村家庭在城乡间的劳动力配置形态。尽管"两权"分置的农地制度一定程度解放了劳动力与生产资料之间关系，实现了劳动意义上的"人地分离"，但依然无法突破集体化与村社地权的制度困局。推动户籍人口城镇化健康发展的深层矛盾逐步由明确的"人地分离"转向模糊的"人地依附"之间的矛盾。当前的户籍制度改革应不止步于城市有序进入等户籍制度改革，还应将农村有序退出等涉农政策改革作为题中应有之义，积极释放农村改革制度红利，建立市场化产权交易共享机制，完备目前的城乡建设用地指标增减挂钩机制与宅基地地表用益物权机制。目前多地试点并推广这一举措，但未将家庭发展目标置于经济回报目标之上，反而加重了施策对象的发展风险，有效的过程监督与事后评估是未来降低风险、提升福利效益的重要政策手段。

第六，转变市民化政策供给思路，针对不同市民化阶段中的典型问题明晰顶层设计。一方面，将市民化政策供给的着眼点从异地市民化向就地市民化转变。农业转移人口采取循环流动，而不在首次流入城市就落户是当前市民化阶段中家庭的常见选择，并且多数家庭会选择最终回到家乡附近的小城镇定居。现阶段市民化政策主要是针对农业转移人口流入地城市后的发展困境问题而设置的，目的是让农业转移人口在流入地城市实现市民化，但未考虑到农业转移人口二次、多次、循环迁移的发展需求。无论是落户条件的规定还是"人地钱挂钩"政策的制定，都是着眼于那些吸纳了异地转移数量较多的东部发达地区和大城市，或者说是一种异地市民化政策。新冠肺炎疫情发生后越来越多的农业转移人口倾向于返乡就业和就地转移。服务于就地市民化目标的政策，首先应遵循当下农业转移人口循环流动的特点，进一步建立完善城市间、城乡间农业转移人口养老保险等社会保障体系的转移接续制度，消除农业转移人口循环流动和最终返乡定居的制度障碍。此外，应探索建立针对将吸纳从返乡农业转移人口的中西部地区和中小城市的财政支持政策。常年外出务工的农业转移人口，将家庭生命周期中的黄金年龄贡献给了异地流入城市，而将家庭生命周期中的"负债期"留在了本地，通盘考虑，理应对曾经面临人才外流，当下面临返乡人口压力的中小城镇予以财政支持。

另一方面，户籍政策空间开放应当由有能力者优先转变为有意愿者优先，甚至向有需求者、有贡献者优先。当前，部分大城市和特大超大城市的积分落户制度仍然是以有能力者优先为基本导向，这种做法类似于西方发达国家对待跨国移民入籍和申领绿卡的要求。试图通过一套筛选机制使高禀赋的劳动者落户，留下人口红利、退回人口负债，则可能加大地区发展差距。当下，城市内部利益扩散的需求在一定程度仍将存在，面对未来市民化需求的不确定性，城市地方政府应及时推动各类落户政策导向从有能力者优先向有意愿者优先转变。具体而言，应督促各地取消购房落户、投资落户等明显具有能力导向性的地方性落户政策，同时在政策表述中取消对落户重点人群的认定，无论农业转移人口家庭的迁移目的如何、年龄大小、是否就业居住满五年以及是否举家迁徙，只要有落户意愿，都考虑给予满足。由于农业转移人口在中小城市落户的意愿并不强烈，全面放开落户后可能并不会出现扎堆落户和财政压力骤增的现象；对于少数特大超大城市，可以在短时间内继续保留积分落户政策，但应对积分设置规则进行大幅度修改，切实减少学历、职称、纳税、购房等带有禀赋倾向性的加分项目，以合法稳定就业和居住年限为主要的积分依据，并且通过严格督察防止地方政府在执行这类政策过程中出现"打折扣"的情况。

第七，转变乡城两地政府公共服务供给策略，将政府服务价值观由服务生产转变为服务家庭，重新定位经济发展的新比较优势。乡村振兴发展中仍不可避免乡村人口的外流和城乡资源的流转，人口流出地将产生经济发展新比较优势和开展规模化经营的空间。乡村振兴战略发展过程中要弥合城乡之间资本、人才和保障的循环系统仍要激励城乡人口的双向流动，让愿意外出"闯荡"的农村居民无后顾之忧，并顺利融入城市，愿意"落叶归根"的农村居民大有空间作为。同时也要尊重我国人口迁移长期以来的顽健性，乡城及省际人口迁移模式较少出现颠覆式波动，社会型、发展型和宜居型流动比重增加。目前多数地方政府仍然扮演着鼓励生产、招商引资的角色，而针对社会生活中城乡流动人口家庭功能发挥的公共政策较少显现。同时城市公共资源分配依旧以城市行政等级配置为主，以实际管理人口规模为辅，大城市面临着资源分配不均和外来人口公共服务供给稀薄的实质性矛盾。调整地方政府的工作绩效考核方式与晋升评定指标体系，将经济任务的完成作为未来政府职能的基础工程，将公共服务供给数量及质量作为城市地方政府和乡村基层政府"强身健体"的法宝。一是做好城镇基本公共服务规划工作，坚持主动服务、精准服务、精细服务，大力实施就业稳定、家庭和谐、发展保障为主的公共服务均等化覆盖；二是将农业转移人口作为城市治理不可忽视的一环。在进行重大公共卫生事件应急预案设置和应对能力构建时将城市常住人口列为同等重要的城市居民，确保城市集合体的可持续发展；三是做好城市公共服务的宣传与优化工作，将城市竞争力从直接要素的价格竞争转向公共服务要素的价值竞争，提升城市本位的竞争优势，吸引企业与农业转移人口"用脚投票"。

第八，以居住地登记制度促进区域户籍联动改革，协调城镇化政策平台关系。目前区域间城镇化发展政策进行对接或对话的平台尚未建立，仅有部分城市群形成了常住人口居住年限互认、社保缴纳互认等机制，城市群，都市圈的协同发展还要求继续建设新的城镇化政策对话平台。如城市群内户口通迁、居住证互认制度计划在全国有条件的30余个都市圈内先行同步推开，各都市圈可根据城市间资源禀赋、人口现状进行积分累积转换与折算细则的协商。这一举措与农业转移人口城市落户的时间期望息息相关，地方政府进行定居年限认定细则时，要精确对接登记人群未来落户时间预期，登记人群主要生命周期阶段的群体需求特征。同时，我国的城镇化发展史也同时是一部城市收缩简本，最终城市收缩与扩张形成平衡。对处于收缩周期的城市仍要进行城镇化政策改革以积极应对规模降低、人口密度减小过程中的公共危机，地方政府应当借势缩小城市面积，拆除外围，改造公共空间，借助区位优势打磨城市标签，打造精明收缩的"小而精"城市，同时注重引资"再增长"。对处于扩张周期的城市需要建立城镇化政策改革平台以平衡人口迁移活力和公共财政压力，借助卫星城发挥引流效能，借助区域热度打造都市圈共赢局面。

第九，完善城镇化发展统计与监测工作，为实务管理与科学研究夯实基础。具有一套系统的、可追踪的、可比对的城镇化发展数据库是总结已有城镇化发展历史经验、发现现有制度不足和提出未来发展规划的重要基础，也是把握城镇化方向和指导政策制定方向的实践源泉。目前我国的国民发展统计和人口服务工作中存在多个不同口径的人口城镇化发展指标和统计端口，这些指标间是否存在对话的可能是学界与政府管理中一个重要的课题，而全国统一口径的人口数据缺失对把握当下城镇化进程造成了较大的困扰。随着新型城镇化与乡村振兴的协调有序推进，人口发展形势与区域经济发展更加休戚相关，城市发展质量与动能更加依赖"以人为核心"的政策设计。因此，应以国家发改委作为主要牵头单位，国家统计局提供技术支持，公安户籍管理提供基础资料，设计科学合理的城镇化总体指标、人口指标、非人口指标等，包含社会、人口、地理空间等多维度，包含县域、市辖区、省城、都市圈、城市群等多层级的综合指标体系，尽量做到一以贯之、综合多元和自上而下的城镇化发展统计与管理体系，为城镇化理论创新、实证研究和实务工作提供准确、可靠的数据支持。

第三节　本书所取得的主要突破和未来研究空间

第一，整合推拉理论、可持续生计框架并辅以新迁移经济学，依据市民化过程的"阶段性"和"选择性"特征，纳入家庭生命周期异质性分析视角，本书构建了农业转移人口市民化意愿的综合影响因素框架。本书从人口迁移推拉理论出发，结合中国二元制度及人口流动社会背景，将农业转移人口市民化意愿内涵修正为"包含农村人口向城镇流动以实现地理空间转移的意愿，同时包含城镇定居后由城镇常住居民向城镇户籍人口转变以实现制度身份转移意愿，前者是后者发生的基础，后者是市民化质变过程体现"，从而揭示了农业转移人口市民化意愿多阶段特征及其成因；聚焦不同层面市民化的实现过程，通过融合传统迁移研究中推拉理论、可持续生计框架与新迁移经济学的理论思想与中国新型城镇化进程社会情境，提出了涵盖禀赋驱动、流动赋权与制度阻碍三个维度，涵盖家庭生命周期异质性视角的农业转移人口市民化意愿分析框架。该框架弥补了以往市民化意愿研究对市民化过程的单一认知，丰富了对农业转移人口家庭整体性和异质性认知，为了系统理解市民化现实与面临的治理风险提供了基础。

第二，通过观察时空维度上家庭生命周期演化与市民化过程，发现了家庭生命周期的时序分布与结构形态的节律性变化，并明晰了市民化意愿波动的多维来源。结合全国流动人口动态监测数据，纳入家庭团聚分离生命事件，改进了农业转移人口家庭生命周期的划分依据，发现农业转移人口家庭发展需求旺盛期集中呈现，其家庭形成期与分巢期占比上升并提前、稳定期与萎缩期占比下降并推迟，双向倒逼着公共服务的供给速度及质量；随着家庭生命周期的演进，农业转移人口"收入—消费"呈现收入主导、消费主导和依赖性消费转变过程，流动呈现省际流动向省内流动的"回缩"过程，定居与落户意愿呈现倒 N 形与倒 U 形转变过程。深入剖析典型人口流出省份农业转移人口市民化意愿发现，新生代、体力劳动为主的家庭倾向定居老家城镇，省内流动促进了家庭"安居乐业"，城镇落户意愿总体低于定居意愿，落户更有可能发生在新生代、省际流动、体力劳动为主的家庭中。验证了家庭形态与功能在不同生命周期中展现出节律性变化，并同市民化意愿间存在显著相关关系，对全面把握城镇化进程中农业转移人口家庭特征与社会影响具有积极意义。

第三，发现了农业转移人口定居意愿主要受到家庭禀赋驱动与流动赋权过程的影响。随着家庭生命周期演进，影响因素由代际经济支持、流动赋权向社会融入转变；针对家庭生命周期施策是进一步推动有序有效市民化的重点。基于禀赋驱动、流动赋权的定居意愿分析框架，发现经济禀赋与人力资本是不同家庭生命周期内农业转移人口定居意愿产生的关键变量；物质累积的外部性具有一定的区位限制，"哪里置业哪里定居"是主要的成本收益比较逻辑；代际经济支持在形成期家庭中起到重要的推动作用，与城市社会逐步融合对形成期与萎缩期家庭具有重要的意义；流动时长累积在分离期家庭定居务工地与稳定期家庭定居城镇意愿中表现为流动赋权；流动行政空间和地理空间临近性都显著提升了农业转移人口的城市定居意愿，但流动的稳定性并未带来定居意愿的提升。研究有利于正确认识家庭异质性对农业转移人口家庭城市定居模式的重要意义，对推进流动人口常住市民化的政策设计具有较强的借鉴意义。

第四，发现了农业转移人口落户意愿并未与定居意愿同步变动，其主要受到城市市民化政策供给、福利制度设计与住房市场的影响。在现有城乡二元户籍制度中，城市定居意愿与户籍转换倾向之间具有较强的正向相关，形成期与分巢期家庭落户意愿强度并不随定居意愿增强同步上升；城市落户门槛对形成期与萎缩期家庭影响较大，农村退出成本中土地经济收入制约了落户时间预期的减少，村庄集体经济发展仅在形成期家庭中起到重要作用，宅基地价值抑制了分巢期与稳定期家庭落户意愿的表达；城市住房保障水平，商品房自付能力与城市公共服务供给仅在稳定期家庭中起到刚性保护作用。户籍变动的成本因素与社会保障因素对落户意愿的影响因家庭生命周期而异，并对农业转移人口家庭市民化发展具有损伤效应。研究提出了准确认识落户意愿与市民化进程间关系的视角，为公共政策与市场机制相结合以优化市民化供给空间提供了合理解读。

本书对我国人口迁移流动与城镇化进程中，家庭生命周期视角下农业转移人口市民化意愿的现状、影响因素进行了较为系统、深入的分析，在内涵剖析、阶段性特征解析和实证分析过程中取得了系列较有价值的研究成果，但本书仍存在一定的研究局限与可拓展空间。

第一，本书选用的数据来自全国 2018 年常住人口城镇化率低于 60% 的省份及区域，对于农村人口向城镇迁移这一过程中的市民化进程解读具有一定的代表性。其中与城镇化发展水平一致，样本中中部地区城市居多，西部地区城市占比次之，东部地区城市样本较少。一方面得益于乡村战略的实施，西部地区城镇化后发优势明显，西部地区如何衔接乡村振兴战略与新型城镇化发展并以此促进高质量发展已经成为学术界新兴议题，具有单独分析的必要性；另一方面，我国人口高流动性特征稳定，其中包含城乡迁移人口的市民化，也牵扯城际流动人口的市民化。但两类人群禀赋特征、流动趋势、面对的制度与非制度阻碍都存在着有限对称性，市民化推进过程中关键环节也存在着天然差异。本书主要关注了常住人口城镇化率与户籍人口城镇化率之差所揭示出的重点群体——农业转移人口家庭的市民化路径，未来研究中，首先需要聚焦与中西部战略衔接的"热点"地区。其次，有必要将研究框架拓展到更大范围内的流动人口，更加关注城际流动人口的市民化状况。以此提升本书研究框架的可靠性、稳健性与适用性。最后，应当根据各类市民化主体特征进行全国范围内的概率抽样，从而提高抽样样本的代表性。

第二，本书关注于市民化意愿形成这一核心议题，可以直接对标未来政策制定与执行过程，但对于市民化行为的关注较少。原因在于，市民化行为的代理变量较难寻找与定义。已有研究多使用生计转型、就业选择、举家迁移、非农化率等方式代表农业转移人口已经完成了某些维度的市民化。本书研究较为关注主观变量的影响，而忽视了已发生的境况转变，尽管研究过程中通过多次询问、多项选择与多重落户判断来减少意愿研究的不稳健性，但仍有意愿发生微调、转换甚至突变等测不准情况，有待于下一步研究使用客观变量对市民化进行双向评价。同时，既已发生市民化行为的群体——"农转非"居民，在时间空间上较为分散，社会属性上也分为进城农业转移人口的市民化、失地农民的市民化与居村农民的市民化等多种类型。使用"农转非"居民作为后测实验组对城镇化发展政策进行评估是当下市民化意愿研究的前沿方向。未来研究中还应当更切实地从实践生活去考察行动，例如关切"农转非"居民、失地农民、返乡市民化等群体的生存与发展状况。

第三，农业转移人口家庭可以区分为多个亚群体，本书依据家庭与个体的类型学特征，对其进行新颖简洁的划分并重点关注于家庭生命周期所带来的节律性变化与社会身份的锁定含义，并对非传统家庭事件的周期归属性进行了重新定义。尽管理论论证、调查过程以及数据划分中都尽量避免区分不明确和不互斥的误区，但由于该理论的中国化应用研究还比较广泛，各个研究领域的解读也有所不同，同时针对农业转移人口家庭已有论证较为不足，其产生、发展和背后的机理仍需要继续深入挖掘。因此未来研究中对于家庭生命周期与其他家庭异质性特征还需要进一步细化、系统化。

第四，需要指出的是研究主要论证了市民化意愿是禀赋驱动、流动赋权与制度阻碍与家庭生命周期多向交融的互动过程及结果，在横截面数据的解读上无法进行因果方向的推断，这是方法论的局限性也是未来数据收集与研究论证的重要空间。例如，文中虽然论证了稳定期家庭更易受到"用脚投票"过程中公共服务供给水平的影响，但同时公共服务供给也有可能是人口迁移带来的聚集发展、学习效应和成本互担的结果，由此引起了人口户籍倾向的转变。未来需要通过纵贯调查数据的引入，桥接传统定量研究与计算社会学，应用大数据实现市民化意愿研究的因果推断过程。

注　释

［1］ 国务院发展研究中心与世界银行联合课题组：《2030 年的中国：建设现代化和谐有创造力的社会》，中国财政经济出版，2013。

［2］ 陆大道、陈明星：《关于"国家新型城镇化规划（2014~2020）"编制大背景的几点认识》，《地理学报》2015 年第 2 期，第 179~185 页。

［3］ 周皓：《中国人口流动模式的稳定性及启示——基于第七次全国人口普查公报数据的思考》，《中国人口科学》2021 年第 3 期，第 28~41 页。

［4］ 国务院发展研究中心和世界银行联合课题组、李伟、Sri Mulyani Indrawati、刘世锦、韩俊、Klaus Rohland、Bert Hofman、侯永志、Mara Warwick、Chorching Goh、何宇鹏、刘培林、卓贤：《中国：推进高效、包容、可持续的城镇化》，《管理世界》2014 年第 4 期，第 5~41 页。

［5］ 金一虹：《流动的父权：流动农民家庭的变迁》，《中国社会科学》2010 年第 4 期，第 151~165、223 页。

［6］ 盛亦男：《中国的家庭化迁居模式》，《人口研究》2014 年第 3 期，第 41~54 页。

［7］ 吴存玉：《打工经济背景下农村婚姻脆弱性与留守家庭困境》，《中国农业大学学报》（社会科学版）2020 年第 4 期，第 112~123 页。

［8］ 国家卫生健康委员会：《中国流动人口发展报告 2018》，中国人口出版社，2018，第 67~82 页。

［9］ 吴越菲：《谁能够成为市民？》，博士学位论文，华东师范大学，2017。

［10］ 邹一南：《农民工落户悖论与市民化政策转型》，《中国农村经

济》2021 年第 6 期，第 1~13 页，http：//kns. cnki. net/kcms/detail/11. 1262. F. 20210712. 1738. 002. html，2021 年 8 月 3 日。

[11] 姚先国、冯履冰、周明海：《中国劳动力迁移决定因素研究综述》，《中国人口科学》2021 年第 1 期，第 117~125、128 页。

[12] Massey D. S. Immigration Policy Mismatches and Counterproductive Outcomes：Unauthorized Migration to the US in Two Eras [J]. Comparative Migration Studies，2020，8（1）：1-27.

[13] 李斌：《城市住房价值结构化：人口迁移的一种筛选机制》，《中国人口科学》2008 年第 4 期，第 53~60 页。

[14] 夏怡然、陆铭：《城市间的"孟母三迁"——公共服务影响劳动力流向的经验研究》，《管理世界》2015 年第 10 期，第 78~90 页。

[15] 衡阳市统计局：《可通过调整城区行政区划，大幅增加常住人口》，https：//baijiahao. baidu. com/s？id=1624224695257960196&wfr=spider&for=pc。

[16] 车蕾、杜海峰：《就地就近城镇化进程中"农转非"居民的收入获得——基于陕西汉中的经验研究》，《当代经济科学》2018 年第 5 期，第 36~46、125 页。

[17] 詹新宇、曾傅雯：《行政区划调整提升经济发展质量了吗？——来自"撤县设区"的经验证据》，《财贸研究》2021 年第 4 期，第 70~82 页。

[18] 罗红光：《"家庭福利"文化与中国福利制度建设》，《社会学研究》2013 年第 3 期，第 145~161 页。

[19] 辜胜阻、李睿、曹誉波：《中国农民工市民化的二维路径选择——以户籍改革为视角》，《中国人口科学》2014 年第 5 期，第 2~10、126 页。

[20] 谢宝富：《居住证积分制：户籍改革的又一个"补丁"？——上海居住证积分制的特征、问题及对策研究》，《人口研究》2014 年第 1 期，第 90~97 页。

[21] 杨菊华：《新型城镇化背景下户籍制度的"双二属性"与流动人口的社会融合》，《中国人民大学学报》2017 年第 4 期，第 119~128 页。

[22] Hausenblas H. A.，Carron A. V.，Mack D. E. Application of the Theories of Reasoned Action and Planned Behavior to Exercise Behavior：A

Meta-analysis〔J〕. Journal of Sport and Exercise Psychology, 1997, 19（1）: 36-51.

〔23〕肖璐、蒋芮:《农民工城市落户"意愿-行为"转化路径及其机理研究》,《人口与经济》2018年第6期,第89~100页。

〔24〕Böhning, W. R. Studies in International Labor Migration〔M〕. UK: Palgrave Macmillan. 1984: 71-77.

〔25〕朱宇、林李月:《流动人口的流迁模式与社会保护:从"城市融入"到"社会融入"》,《地理科学》2011年第3期,第264~271页。

〔26〕杜巍、仝一晴、车蕾:《农地政策回应如何影响农业转移人口市民化意愿——基于生计资本的中介效应分析》,《甘肃行政学院学报》2021年第2期,第82~92、127页。

〔27〕陆铭、李鹏飞、钟辉勇:《发展与平衡的新时代——新中国70年的空间政治经济学》,《管理世界》2019年第10期,第11~23、63、219页。

〔28〕史清华、侯瑞明:《农户家庭生命周期及其经济运行研究》,《农业现代化研究》2001年第2期,第65~70页。

〔29〕吴帆:《家庭生命周期结构:一个理论框架和基于CHNS的实证》,《学术研究》2012年第9期,第42~49页。

〔30〕Rowntree B. S. Poverty: A Study of Town Life〔M〕. Macmillan, 1902.

〔31〕Glick P. C. The Family Cycle〔J〕. American Sociological Review, 1947, 12（2）: 164-174.

〔32〕于洪彦、刘艳彬:《中国家庭生命周期模型的构建及实证研究》,《管理科学》2007年第6期,第45~53页。

〔33〕王跃生:《当代中国城乡家庭结构变动比较》,《社会》2006年第3期,第118~136、208页。

〔34〕何鹏杨、龚岳、李贵才:《基于空间视角的农业转移人口市民化文献综述》,《农业经济》2021年第1期,第76~78页。

〔35〕张心洁、周绿林、曾益:《农业转移人口市民化水平的测量与评价》,《中国软科学》2016年第10期,第37~49页。

〔36〕蔡昉:《劳动力迁移的两个过程及其制度障碍》,《社会学研究》

2001 年第 4 期，第 44~51 页。

[37] 刘传江：《中国农民工市民化研究》，《理论月刊》2006 年第 10 期，第 5~12 页。

[38] 刘小年：《人的现代化视角下的农民工市民化：过程、角色与矛盾》，《四川行政学院学报》2021 年第 1 期，第 49~59 页。

[39] 宋国恺、陈欣蕾：《农民工城镇化转变：从"乡—城"到"乡—县—城"——以农民工落户城市层级选择意愿为视角》，《西安交通大学学报》（社会科学版）2021 年第 5 期，第 1~15 页，http：//kns. cnki. net/kcms/detail/61. 1329. c. 20210817. 0900. 002. html，2021-08-30。

[40] 周晓虹：《流动与城市体验对中国农民现代性的影响》，《社会学研究》1998 年第 5 期，第 43~46 页。

[41] 杨菊华：《从隔离、选择融入到融合：流动人口社会融入问题的理论思考》，《人口研究》2009 年第 1 期，第 17~29 页。

[42] 李春华、赵凯、张晓莉：《功能认知对农户宅基地退出补偿期望的影响——基于家庭生命周期视角》，《农业现代化研究》2021 年第 4 期，第 1~13 页，https：//doi. org/10. 13872/j. 1000-0275. 2021. 0051，2021-08-3。

[43] 韩俊：《中国城乡关系演变 60 年：回顾与展望》，《改革》2009 年第 11 期，第 5~14 页。

[44] 熊景维、钟涨宝：《农民工家庭化迁移中的社会理性》，《中国农村观察》2016 年第 4 期，第 40~55、95~96 页。

[45] 国务院发展研究中心课题组：《农民工市民化：制度创新与顶层政策设计》，《中国经济时报》2011 年 9 月 16 日，第 5 版。

[46] 王子成、赵忠：《农民工迁移模式的动态选择：外出、回流还是再迁移》，《管理世界》2013 年第 1 期，第 78~88 页。

[47] 刘于琪、刘晔、李志刚：《中国城市新移民的定居意愿及其影响机制》，《地理科学》2014 年第 7 期，第 780~787 页。

[48] 陈映芳：《"农民工"：制度安排与身份认同》，《社会学研究》2005 年第 3 期，第 119~132、244 页。

[49] 梁玉成、周文、郝令昕、刘河庆：《流出地调查法：农村流动人口调查的理论与实践》，《华中科技大学学报》（社会科学版）2015 年第 4

期，第 113~123 页。

[50] 盖庆恩、程名望、朱喜、史清华：《土地流转能够影响农地资源配置效率吗？——来自农村固定观察点的证据》，《经济学（季刊）》2020年第 5 期，第 321~340 页。

[51] 胡雪枝、钟甫宁：《农村人口老龄化对粮食生产的影响——基于农村固定观察点数据的分析》，《中国农村经济》2012 年第 7 期，第 29~39 页。

[52] Ravenstein E. G. The Laws of Migration [J]. Journal of the Statistical Society of London, 1885, 48 (2): 167-235.

[53] Heberle R. The Causes of Rural-urban Migration a Survey of German Theories [J]. American Journal of Sociology, 1938, 43 (6): 932-950.

[54] Bogue D. J. Principles of Demography [R]. New York. John Wiley and Sons. 1969: 917-918.

[55] Lee E. S. A Theory of Migration [J]. Demography, 1966, 3 (1): 47-57.

[56] 苏芳、徐中民、尚海洋：《可持续生计分析研究综述》，《地球科学进展》2009 年第 1 期，第 61~69 页。

[57] 杨云彦、赵锋：《可持续生计分析框架下农户生计资本的调查与分析——以南水北调（中线）工程库区为例》，《农业经济问题》2009 年第 3 期，第 58~65、111 页。

[58] 黎洁、李亚莉、邰秀军、李聪：《可持续生计分析框架下西部贫困退耕山区农户生计状况分析》，《中国农村观察》2009 年第 5 期，第 29~38、96 页。

[59] 肖云、郭峰：《女性农民工"可持续生计"问题研究——以重庆市女性农民工为个案》，《农村经济》2006 年第 3 期，第 100~104 页。

[60] 李荣彬：《生计资本视角下农民工社会融合的现状及其影响因素——基于 2014 年流动人口动态监测数据的实证研究》，《人口与发展》2016 年第 6 期，第 47~54、64 页。

[61] Ellis F. Rural Livelihoods and Diversity in Developing Countries [M]. Oxford: Oxford University Press, 2000.

［62］ Scoones I. Sustainable Rural Livelihoods: a Framework for Analysis ［R］. Institute of Development Studies, Brighton, 1998.

［63］ McSweeney K. Forest Product Sale as Natural Insurance: the Effects of Household Characteristics and the Nature of Shock in Eastern Honduras ［J］. Society and Natural Resources, 2004, 17（1）: 39-56.

［64］ Stark O. The Migration of Labor ［M］. Cambridge: Basil Blackwell. 1991: 26.

［65］ Stark O., Levhari D. On Migration and Risk in LDCs ［J］. Economic Development and Cultural Change, 1982, 31（1）: 191-196.

［66］ Stark O., Bloom D. E. The New Economics of Labor Migration ［J］. The American Economic Review, 1985, 75（2）: 173-178.

［67］ Stark O., Taylor J. E. Relative Deprivation and International Migration ［J］. Demography, 1989, 26（1）: 1-14.

［68］ Stark O., Taylor J. E. Migration Incentives, Migration Types: The Role of Relative Deprivation ［J］. The Economic Journal, 1991, 101（408）: 1163-1178.

［69］ Schultz T. P. Human Capital, Family Planning, and Their Effects on Population Growth ［J］. The American Economic Review, 1994, 84（2）: 255-260.

［70］ Stark O., Lucas R. E. B. Migration, Remittances, and the Family ［J］. Economic Development and Cultural Change, 1988, 36（3）: 465-481.

［71］ Cassarino J. P. Theorising Return Migration: The Conceptual Approach to Return Migrants Revisited ［J］. International Journal on Multicultural Societies, 2004, 6（2）: 253-279.

［72］ O' Rand A. M., Krecker M. L. Concepts of the Life Cycle: Their History, Meanings, and Uses in the Social Sciences ［J］. Annual Review of Sociology, 1990, 16（1）: 241-262.

［73］ 李强、邓建伟、晓筝：《社会变迁与个人发展：生命历程研究的范式与方法》，《社会学研究》1999年第6期，第1~18页。

［74］ Murphy P. E., Staples W. A. A Modernized Family Life Cycle ［J］.

Journal of Consumer Research, 1979, 6 (1): 12-22.

[75] Sorokin P. A. Sociology as a Science [J]. Social Forces, 1931, 10 (1): 21-27.

[76] Loomis C. P. The Study of the Life Cycle of Families [J]. Rural Sociology, 1936, 1 (2): 180.

[77] Wells W. D., Gubar G. Life Cycle Concept in Marketing Research [J]. Journal of Marketing Research, 1966, 3 (4): 355-363.

[78] Gilly M. C., Enis B. M. Recycling the Family Life Cycle: A Proposal for Redefinition [J]. ACR North American Advances, 1982.

[79] 吴帆、李建民:《家庭发展能力建设的政策路径分析》,《人口研究》2012 年第 4 期, 第 37~44 页。

[80] Massey D. S., Denton N. A. American Apartheid: Segregation and the Making of the Underclass [M]. Harvard University Press, 1993.

[81] Massey D. S. Social Structure, Household Strategies, and the Cumulative Causation of Migration [J]. Population Index, 1990, 56 (1): 3-26.

[82] Martin P. The Migration Issue in the New Geography of European Migrations [M]. Jackson: Belhaven, 1993.

[83] Massey D. S., Arango J., Hugo G., et al. Worlds in Motion: Understanding International Migration at the End of the Millennium [M]. Oxford: Clarendon Press, 1999.

[84] Borjas G. J. Economic Theory and International Migration [J]. International Migration Review, 1989, 23 (3): 457-485.

[85] Massey D. S. Why does Immigration Occur? a Theoretical Synthesis [M]. New York: Russell Sage Foundation, 1999: 34-52.

[86] Todaro M. P., Maruszko L. Illegal Migration, and US Immigration Reform: A Conceptual Framework [J]. Population and Development Review, 1987: 101-114.

[87] Tilly C. Social Movements and National Politics [M]. MI: University of Michigan Press, 1979.

[88] Thomas W. I., Znaniecki F. The Polish Peasant in Europe and America:

A Classic Work in Immigration History [M]. Champaign: University of Illinois Press, 1996.

[89] Kearney M. From the Invisible Hand to Visible Feet: Anthropological Studies of Migration and Development [J]. Annual Review of Anthropology, 1986: 331-361.

[90] Bourdieu P. The Forms of Capital [M]. London: Routledge, 2018.

[91] Meillassoux C. The Slave Trade and Development [J]. Diogenes, 1997, 45 (179): 23-29.

[92] Mines R. Developing a Community Tradition of Migration: A Field Study in Rural Zacatecas, Mexico, and California Settlement Areas [J]. 1981.

[93] Massey D. S., Denton N. A. The Dimensions of Residential Segregation [J]. Social Forces, 1988, 67 (2): 281-315.

[94] Goldring L. P. Diversity and Community in Transnational Migration: A Comparative Study of Two Mexico-US Migrant Circuits [D]. Cornell University, 1992.

[95] Zolberg A. Matters of State [J]. The Handbook of International Migration: the American Experience. New York: Russell Sage foundation, 1999: 71-93.

[96] Meyers E. Theories of International Immigration Policy-A Comparative Analysis [J]. International Migration Review, 2000, 34 (4): 1245-1282.

[97] Brochmann G., Tomas H., eds. Mechanisms of Immigration Control: A Comparative Analysis of European Regulation Policies [M]. London: Routledge, 2020.

[98] Hollifield J. F. The Politics of International Migration [J] // Migration Theory: Talking Across Disciplines, 2000: 137-186.

[99] Portes A. Immigration Theory for a New Century: Some Problems and Opportunities [J]. International Migration Review, 1997, 31 (4): 799-825.

[100] Smith M. E. Peasant Mobility, Local Migration and Premodern Urbanization [J]. World Archaeology, 2014, 46 (4): 516-533.

［101］ Harvey D. The Right to the City ［J］. The City Reader，2008，6（1）：23-40.

［102］ 顾益康、黄祖辉、徐加：《对乡镇企业—小城镇道路的历史评判——兼论中国农村城市化道路问题》，《农业经济问题》1989 年第 3 期，第 13~18 页。

［103］ 李通屏：《中国城镇化四十年：关键事实与未来选择》，《人口研究》2018 年第 6 期，第 15~24 页。

［104］ 柯淑娥：《中国城市化道路的选择》，《中国农村经济》1996 年第 9 期，第 67~70 页。

［105］ 李克强：《协调推进城镇化是实现现代化的重大战略选择》，《行政管理改革》2012 年第 11 期，第 4~10 页。

［106］ 贺雪峰：《大国之基：中国乡村振兴诸问题》，东方出版社，2019。

［107］ 邹一南：《户籍制度改革的内生逻辑与政策选择》，《经济学家》2015 年第 4 期，第 48~53 页。

［108］ Chan K. W.，Zhang L. The Hukou System and Rural-urban Migration in China：Processes and Changes ［J］. The China Quarterly，1999，（160）：818-855.

［109］ 彭希哲、赵德余、郭秀云：《户籍制度改革的政治经济学思考》，《复旦学报》（社会科学版）2009 年第 1 期。

［110］ 袁媛：《我国户籍制度改革中的路径依赖研究》，《农村经济》2015 年第 1 期，第 19~23 页。

［111］ 叶建亮：《公共产品歧视性分配政策与城市人口控制》，《经济研究》2006 年第 11 期，第 27~36 页。

［112］ 张红霞、何俊芳：《制度赋权与行动选择：新生代农民工户籍转换的行动逻辑与情境分析》，《理论月刊》2019 年第 12 期，第 136~142 页。

［113］ 魏后凯：《中国城镇化进程中两极化倾向与规模格局重构》，《中国工业经济》2014 年第 3 期，第 18~30 页。

［114］ 年猛、王垚：《行政等级与大城市拥挤之困——冲破户籍限制的城市人口增长》，《财贸经济》2016 年第 11 期，第 126~145 页。

［115］Chan K. W. Crossing the 50 Percent Population Rubicon：Can China Urbanize to Prosperity？［J］. Eurasian Geography and Economics，2012，53（1）：63-86.

［116］Goldstein A.，Goldstein S. Migration in China：Methodological and Policy Challenges［J］. Social Science History，1987，11（1）：85-104.

［117］Woon Y. Circulatory Mobility in Post-Mao China：Temporary Migrants in Kaiping County，Pearl River Delta region［J］. International Migration Review，1993，27（3）：578-604.

［118］薛德升、曾献君：《中国人口城镇化质量评价及省际差异分析》，《地理学报》2016 年第 2 期，第 194~204 页。

［119］庞明礼、张凤：《被动式城镇化的社会稳定风险：一个政治经济学分析框架》，《经济社会体制比较》2015 年第 4 期，第 68~75 页。

［120］胡小武：《人口"就近城镇化"：人口迁移新方向》，《西北人口》2011 年第 1 期，第 1~5 页。

［121］宋艳姣：《中国农民工返乡决策与就地城镇化路径探析》，《兰州学刊》2017 年第 2 期，第 185~192 页。

［122］夏柱智、贺雪峰：《半工半耕与中国渐进城镇化模式》，《中国社会科学》2017 年第 12 期，第 117~137 页。

［123］魏万青：《从个体稳定性到家庭迁移：文化认同与农民工稳定城市化》，《西南大学学报》（社会科学版）2020 年第 5 期，第 1~11、191 页。

［124］刘程：《流动人口的永久迁移意愿及其决定机制》，《华南农业大学学报》（社会科学版）2018 年第 3 期，第 62~72 页。

［125］王小章：《从"生存"到"承认"：公民权视野下的农民工问题》，《社会学研究》2009 年第 1 期，第 121~138 页。

［126］袁方、史清华：《不平等之再检验：可行能力和收入不平等与农民工福利》，《管理世界》2013 年第 10 期，第 49~61 页。

［127］王春玲：《境遇、态度与社会转型：80 后青年的社会学研究》，社会科学文献出版社，2013，第 17~21 页。

［128］叶鹏飞：《农民工的城市定居意愿研究——基于七省（区）调

查数据的实证分析》,《社会》2011 年第 2 期, 第 153~169 页。

[129] 李飞、杜云素:《阶层分化与农民乡城永久迁移——基于
CGSS2010 数据分析》,《人口与经济》2017 年第 3 期, 第 66~76 页。

[130] 王春蕊、杨江澜、刘家强:《禀赋异质、偏好集成与农民工居
住的稳定性分析》,《人口研究》2015 年第 4 期, 第 66~77 页。

[131] 陈扬乐:《中国农村城市化动力机制探讨——兼论中西部加速
农村城市化的战略选择》,《城市问题》2000 年第 3 期, 第 2~5 页。

[132] 蔡昉、都阳:《劳动力流动的政治经济学》, 上海人民出版社,
2003。

[133] 蔡禾、王进:《"农民工"永久迁移意愿研究》,《社会学研究》
2007 年第 6 期, 第 86~113 页。

[134] 李恩平:《不一致的城乡利益分享与不同步的城镇化进程》,
《中国人口科学》2019 年第 4 期, 第 66~78、127 页。

[135] 叶敬忠:《农村留守人口研究: 基本立场、认识误区与理论转
向》,《人口研究》2019 年第 2 期, 第 21~31 页。

[136] Piore M. J. Birds of Passage: Migrant Labor and Industrial Societies.
[M]. New York: Cambridge University Press, 1979.

[137] Zelinsky W. The Hypothesis of Mobility Transition. [J]. Geographical
Review, 1971, 61 (2): 219–249.

[138] Sheldon R. Population Mobility in Developing Countries: A Reinter-
pretation. [M]. London: Belhaven Press, 1990: 278.

[139] 朱灵艳、曹锦清:《社会转型期的中国式城市化基本单元》,
《华南农业大学学报》(社会科学版) 2019 年第 2 期, 第 130~140 页。

[140] 卢青青:《家庭自主性与农民城市化的实践类型》,《农业经济
问题》2020 年第 10 期, 第 135~144 页。

[141] Mohamed M. A., Abdul-Talib A. N. Push-pull Factors Influencing
International Return Migration Intentions: a Systematic Literature Review [J].
Journal of Enterprising Communities: People and Places in the Global Economy,
2020.

[142] Porumbescu A. Defining the New Economics of Labor Migration

Theory Boundaries: a Sociological-level Analysis of International Migration [J]. Revista de stiinte Politice. Revue des Sciences Politiques, 2015, (45): 55-64.

[143] 杜鹏、李永萍：《新三代家庭：农民家庭的市场嵌入与转型路径——兼论中国农村的发展型结构》，《中共杭州市委党校学报》2018 年第 1 期，第 56~67 页。

[144] 李永萍：《新家庭主义与农民家庭伦理的现代适应》，《华南农业大学学报》（社会科学版）2021 年第 3 期，第 41~51 页。

[145] 包蕾萍：《生命历程理论的时间观探析》，《社会学研究》2005 年第 4 期，第 120~133、244~245 页。

[146] 唐灿：《家庭现代化理论及其发展的回顾与评述》，《社会学研究》2010 年第 3 期，第 199~222、246 页。

[147] 彭继权、吴海涛、汪为：《家庭生命周期视角下农户多维贫困测度及分解》，《统计与决策》2019 年第 12 期，第 45~49 页。

[148] 汪为、吴海涛：《家庭生命周期视角下农村劳动力非农转移的影响因素分析——基于湖北省的调查数据》，《中国农村观察》2017 年第 6 期，第 57~70 页。

[149] 郑杭生：《农民市民化：当代中国社会学的重要研究主题》，《甘肃社会科学》2005 年第 4 期，第 4~8 页。

[150] 董莉、董玉整：《农业转移人口市民化进程的层次跃进》，《学术研究》2017 年第 6 期，第 63~67 页。

[151] 王桂新、沈建法、刘建波：《中国城市农民工市民化研究——以上海为例》，《人口与发展》2008 年第 1 期，第 3~23 页。

[152] Schaafsma J., Sweetman A. Immigrant Earnings: Age at Immigration Matters [J]. Canadian journal of Economics, 2001: 1066-1099.

[153] 郭志刚：《我国人口城镇化现状的剖析——基于 2010 年人口普查数据》，《社会学研究》2014 年第 1 期，第 10~24、241~242 页。

[154] Woon Y. F. Labor Migration in the 1990s: Homeward Orientation of Migrants in the Pearl River Delta Region and Its Implications for Interior China [J]. Modern China, 1999, 25 (4): 475-512.

[155] Goldstein S. Urbanization in China, 1982-87: Effects of Migration and

Reclassification [J]. Population and Development Review, 1990: 673-701.

[156] Hugo G. J. Circular Migration in Indonesia [J]. Population and Development Review, 1982: 59-83.

[157] Chapman M. On the Cross-cultural Study of Circulation [J]. International Migration Review, 1978, 12 (4): 559-569.

[158] 李停:《农地产权对劳动力迁移模式的影响机理及实证检验》,《中国土地科学》2016 年第 11 期, 第 13~21 页。

[159] 齐红倩、席旭文、徐曼:《农业转移人口福利与市民化倾向的理论构建和实证解释》,《经济评论》2017 年第 6 期, 第 66~79 页。

[160] 刘涛、陈思创、曹广忠:《流动人口的居留和落户意愿及其影响因素》,《中国人口科学》2019 年第 3 期, 第 80~91 页。

[161] 张翼:《农民工"进城落户"意愿与中国近期城镇化道路的选择》,《中国人口科学》2011 年第 2 期, 第 14~26、111 页。

[162] 胡安宁:《主观变量解释主观变量:方法论辨析》,《社会》2019 年第 3 期, 第 183~209 页。

[163] 乌尔里希·贝克:《风险社会》, 译林出版社, 2004。

[164] 杜巍、牛静坤、车蕾:《农业转移人口市民化意愿:生计恢复力与土地政策的双重影响》,《公共管理学报》2018 年第 3 期, 第 66~77、157 页。

[165] 郭忠华、谢涵冰:《农民如何变成新市民?——基于农民市民化研究的文献评估》,《中国行政管理》2017 年第 9 期, 第 93~100 页。

[166] 王春光:《农村流动人口的"半城市化"问题研究》,《社会学研究》2006 年第 7 期, 第 107~122 页。

[167] Schultz T. W. Investment in Human Capital [J]. The American Economic Review, 1961, 51 (1): 1-17.

[168] Sjaastad L. A. The Costs and Returns of Human Migration [J]. Journal of Political Economy, 1962, 70 (5, Part 2): 80-93.

[169] Zhu Y. China's Floating Population and Their Settlement Intention in the Cities: Beyond the Hukou Reform [J]. Habitat International, 2007, 31 (1): 65-76.

[170] 石智雷、杨云彦:《外出务工对农村劳动力能力发展的影响及政策含义》,《管理世界》2011年第12期,第40~54页。

[171] 吴介民:《永远的异乡客?公民身份差序与中国农民工阶级》,《台湾社会学》,2011,第21页。

[172] Simonsen K. Towards an Understanding of the Contextuality of Mode of Life [J]. Environment and Planning D: Society and Space, 1991, 9 (4): 417-431.

[173] Cao G., Li M., Ma Y., et al. Self-employment and Intention of Permanent Urban Settlement: Evidence from a Survey of Migrants in China's Four Major Urbanising Areas [J]. Urban Studies, 2015, 52 (4): 639-664.

[174] 谭浩俊:《解决第一代农民工养老问题影响深远》,2017-05-16/2020-09-03, http://news.ifeng.com/a/20170516/51098173_0.shtml。

[175] 肖源:《郑州全面放开户籍政策8个月叫停 专家:要从长计议》,2013-03-13/2020-12-22. https://www.chinanews.com/gn/2013/03-13/4638201.shtml。

[176]《发展改革委关于印发〈2019年新型城镇化建设重点任务〉的通知》,2019-04-08/2021-03-31. http://www.gov.cn/xinwen/2019-04/08/content_5380457.htm。

[177] 黄璜、杨贵庆、菲利普·米塞尔维茨、汉内斯·朗古特:《"后乡村城镇化"与乡村振兴——当代德国乡村规划探索及对中国的启示》,《城市规划》2017年第11期,第111~119页。

[178] 王振波、方创琳、王婧:《城乡建设用地增减挂钩政策观察与思考》,《中国人口·资源与环境》2012年第1期,第96~102页。

[179] 赵民、游猎、陈晨:《论农村人居空间的"精明收缩"导向和规划策略》,《城市规划》2015年第7期,第9~18、24页。

[180] 杨菊华、陈传波:《流动人口家庭化的现状与特点:流动过程特征分析》,《人口与发展》2013年第3期,第2~13、71页。

[181] 周飞舟:《以利为利:财政关系与地方政府行为》,上海三联出版社,2012。

［182］高飞：《流动的社会与固化的管理：属地管理限度及其呈现》，《中国农业大学学报》（社会科学版）2020年第5期，第52~61页。

［183］朱要龙、刘培培、王树：《农地制度、土地依附效应与半城镇化问题研究——基于人口农村退出视角》，《人口与经济》2020年第2期，第47~62页。

［184］邹一南：《特大城镇户籍管制的自增强机制研究》，《人口与经济》2017年第2期，第55~65页。

［185］汪远忠：《农民工、土地制度与城市化》，《学习与探索》2009年第2期，第50~53页。

［186］邹一南：《城镇化的双重失衡与户籍制度改革》，《经济理论与经济管理》2014年第2期，第39~49页。

［187］Henderson V. Urbanization in Developing Countries ［J］. The World Bank Research Observer, 2002, 17（1）：89–112.

［188］于潇、徐英东：《流入城市对流动人口居留意愿的影响——基于家庭生命周期理论的分解》，《人口研究》2021年第1期，第50~67页。

［189］周颖刚、蒙莉娜、卢琪：《高房价挤出了谁？——基于中国流动人口的微观视角》，《经济研究》2019年第9期，第106~122页。

［190］齐慧峰、王伟强：《基于人口流动的住房保障制度改善》，《城市规划》2015年第2期，第31~37页。

［191］李勇辉、李小琴、沈波澜：《安居才能团聚？——保障性住房对流动人口家庭化迁移的推动效应研究》，《财经研究》2019年第12期，第32~45页。

［192］王春超、张呈磊：《子女随迁与农民工的城市融入感》，《社会学研究》2017年第2期，第199~224、245~246页。

［193］辜胜阻、郑超、曹誉波：《大力发展中小城市推进均衡城镇化的战略思考》，《人口研究》2014年第4期，第19~26页。

［194］汪建华、范璐璐、张书琬：《工业化模式与农民工问题的区域差异——基于珠三角与长三角地区的比较研究》，《社会学研究》2018年第4期，第109~136、244页。

［195］彭希哲、胡湛：《当代中国家庭变迁与家庭政策重构》，《中国

社会科学》2015 年第 12 期，第 113~132 页。

［196］王跃生：《家庭建设提高个体生存质量》，《中国社会科学报》2016 年 5 月 18 日，第 6 版。

［197］盛亦男：《中国流动人口家庭化迁居》，《人口研究》2013 年第 4 期，第 66~79 页。

［198］吴波：《基于户籍新政解构下农业转移人口市民化推进路径的重构》，《华东经济管理》2015 年第 3 期，第 97~103 页。

［199］吴小英：《家庭政策背后的主义之争》，《妇女研究论丛》2015 年第 2 期，第 17~25 页。

［200］胡湛、彭希哲：《家庭变迁背景下的中国家庭政策》，《人口研究》2012 年第 2 期，第 3~10 页。

［201］李永萍：《家庭发展能力：农村家庭策略的比较分析》，《华南农业大学学报》（社会科学版）2019 年第 1 期，第 108~120 页。

［202］De Singly, Francois. 1996. Le Soi, le Couple et la Famille. Paris：Nathan. 7-14.

［203］吴真：《"个体化"之困：当代法国家庭研究的疑义与论争》，《社会》2021 年第 2 期，第 1~26 页。

［204］De Singly F. Libres ensemble：l'individualisme dans la viecommune ［J］. Paris：Nathan，2000.

［205］周毅：《城市化理论的发展与演变》，《城市问题》2009 年第 11 期，第 27~30、97 页。

［206］项飙：《跨越边界的社区》，生活·读书·新知三联书店，2000，第 79~82 页。

［207］张亮：《反思家庭政策研究中的"家庭视角"》，《中国社会科学报》2015 年 8 月 19 日，第 6 版。

［208］阎云翔：《私人生活的变革：一个中国村庄里的爱情、家庭与亲密关系》，龚小夏译，上海书店出版社，2006。

［209］王跃生：《改革开放以来中国农村家庭结构变动分析》，《社会科学研究》2019 年第 4 期，第 95~104 页。

［210］黄宗智：《中国的现代家庭：来自经济史和法律史的视角》，

《开放时代》2011 年第 5 期，第 82～105 页。

　　[211] 杨菊华、李路路：《代际互动与家庭凝聚力——东亚国家和地区比较研究》，《社会学研究》2009 年第 3 期，第 26～53、243 页。

　　[212] 国家卫生计生委家庭司：《中国家庭发展报告 2016》，中国人口出版社，2016，第 9～10 页。

　　[213] 熊波、石人炳：《农民工永久性迁移意愿影响因素分析——以理性选择理论为视角》，《人口与发展》2009 年第 2 期，第 20～26 页。

　　[214] 熊波、石人炳：《农民工定居城市意愿影响因素——基于武汉市的实证分析》，《南方人口》2007 年第 2 期，第 52～57 页。

　　[215] 姚俊：《农民工定居城市意愿调查——基于苏南三市的实证分析》，《城市问题》2009 年第 9 期，第 96～101 页。

　　[216] 张建雷：《接力式进城：代际支持与农民城镇化的成本分担机制研究——基于皖东溪水镇的调查》，《南京农业大学学报》（社会科学版）2017 年第 5 期，第 10～20、150 页。

　　[217] 夏柱智：《半工半耕：一个农村社会学的中层概念——与兼业概念相比较》，《南京农业大学学报》（社会科学版）2016 年第 6 期，第 41～48、153 页。

　　[218] Kapinus C. A., Johnson M. P. The Utility of Family Life Cycle as a Theoretical and Empirical Tool: Commitment and Family Life-cycle Stage [J]. Journal of Family Issues, 2003, 24 (2): 155-184.

　　[219] Sandell S. H. Women and the Economics of Family Migration [J]. The Review of Economics and Statistics, 1977: 406-414.

　　[220] Cadwallader M. T. Migration and Residential Mobility: Macro and Micro Approaches [M]. Madison: University of Wisconsin Press, 1992.

　　[221] Wei Y. Leaving Children Behind: a Win-win Household Strategy or a Path to Pauperization? [J]. Eurasian Geography and Economics, 2018, 59 (1): 1-20.

　　[222] 贺硕怡：《新型城镇化背景下农村劳动力家庭化迁徙问题研究》，博士学位论文，天津财经大学，2019。

　　[223] 李强：《关于"农民工"家庭模式问题的研究》，《浙江学刊》

1996 年第 1 期，第 77~81 页。

　　［224］都阳、蔡昉、屈小博、程杰：《延续中国奇迹：从户籍制度改革中收获红利》，《经济研究》2014 年第 8 期，第 4~13、78 页。

　　［225］吴晓华、张克克：《家庭生命周期视角下中国城乡人口流动问题研究》，《宏观经济研究》2019 年第 3 期，第 5~13 页。

　　［226］张启春、冀红梅：《农业转移人口对流入地财政影响的成本-收益研究——基于个体生命周期的财政净现值测算》，《大连理工大学学报》（社会科学版）2021 年第 4 期，第 37~46 页。

　　［227］范叙春：《生命周期假说与中国居民消费及储蓄行为》，博士学位论文，上海交通大学，2016。

　　［228］孙战文、杨学成：《市民化进程中农民工家庭迁移决策的静态分析——基于成本—收入的数理模型与实证检验》，《农业技术经济》2014 年第 7 期，第 36~48 页。

　　［229］Skoufias E. Labor Market Opportunities and Intrafamily Time Allocation in Rural Households in South Asia ［J］. Journal of Development Economics，1993，40（2）：277-310.

　　［230］艾春荣、汪伟：《非农就业与持久收入假说：理论和实证》，《管理世界》2010 年第 1 期，第 8~22、187 页。

　　［231］盛亦男：《流动人口家庭迁居的经济决策》，《人口学刊》2016 年第 1 期，第 49~60 页。

　　［232］新华网：《发展县域经济，畅通城乡经济循环——2021 年中央一号文件解读》，（2021-02-22）［2021-02-03］. https：//baijiahao. baidu. com/s？ id=16923651965562778438&wfr=spider&for=pc。

　　［233］余吉祥、周光霞、段玉彬：《中国城市规模分布的演进趋势研究——基于全国人口普查数据》，《人口与经济》2013 年第 2 期，第 44~52 页。

　　［234］邹一南：《户籍制度改革：路径冲突与政策选择》，人民出版社，2019，第 240~241 页。

　　［235］段成荣、马学阳：《当前我国新生代农民工的"新"状况》，《人口与经济》2011 年第 4 期，第 16~22 页。

［236］林坤、林李月、朱宇：《流动时代中的流动世代：二代流动人口的多维特征分析》，《南方人口》2020 年第 6 期，第 53~65 页。

［237］Drachman D. A Stage-of-Migration Framework for Service to Immigrant Populations ［J］. Social Work, 1992, 37（1）: 68-72.

［238］宁光杰：《中国大城市的工资高吗？——来自农村外出劳动力的收入证据》，《经济学（季刊）》2014 年第 3 期，第 1021~1046 页。

［239］洪俊杰、倪超军：《城市公共服务供给质量与农民工定居选址行为》，《中国人口科学》2020 年第 6 期，第 54~65、127 页。

［240］杨菊华、张娇娇、吴敏：《此心安处是吾乡——流动人口身份认同的区域差异研究》，《人口与经济》2016 年第 4 期，第 21~33 页。

［241］蔡昉：《中国城市限制外地民工就业的政治经济学分析》，《中国人口科学》2000 年第 4 期，第 1~10 页。

［242］汪立鑫、王彬彬、黄文佳：《中国城市政府户籍限制政策的一个解释模型：增长与民生的权衡》，《经济研究》2010 年第 11 期，第 115~126 页。

［243］童玉芬：《中国特大城市的人口调控：理论分析与思考》，《人口研究》2018 年第 4 期，第 3~13 页。

［244］但俊、阴劼：《流动人口迁移距离与其城镇化影响的区域差异》，《北京大学学报》（自然科学版）2017 年第 3 期，第 487~496 页。

［245］杨传开：《中国多尺度城镇化的人口集聚与动力机制》，博士学位论文，华东师范大学，2016。

［246］Dallinger U. Public Support for Redistribution: What Explains Cross-National Differences? ［J］. Journal of European Social Policy, 2010, 20（4）: 333-349.

［247］Janmaat J. G. Subjective Inequality: a Review of International Comparative Studies on People's Views about Inequality ［J］. European Journal of Sociology, 2013, 54（3）: 357-389.

［248］胡安宁：《倾向值匹配与因果推论：方法论述评》，《社会学研究》2012 年第 1 期，第 221~242、246 页。

［249］张吉鹏、黄金、王军辉、黄勔：《城市落户门槛与劳动力回

流》,《经济研究》2020年第7期,第175~190页。

[250] Rosenbaum P. R., Rubin D. B. The Central Role of the Propensity Score in Observational Studies for Causal Effects [J]. Biometrika, 1983, 70 (1): 41-55.

[251] 晁钢令、万广圣:《农民工家庭生命周期变异及对其家庭消费结构的影响》,《管理世界》2016年第11期,第96~109页。

[252] Glick P. C. Updating the Life Cycle of the Family [M]. Berlin: K. G. Saur, 2012.

[253] 李中建、袁璐璐:《务工距离对农民工就业质量的影响分析》,《中国农村经济》2017年第6期,第70~83页。

[254] 罗恩立:《就业能力对农民工城市居留意愿的影响——以上海市为例》,《城市问题》2012年第7期,第96~102页。

[255] 王春蕊:《禀赋、有限理性与农村劳动力迁移行为研究》,博士学位论文,西南财经大学,2010。

[256] 孔祥智、方松海、庞晓鹏、马九杰:《西部地区农户禀赋对农业技术采纳的影响分析》,《经济研究》2004年第12期,第85~95、122页。

[257] 孙三百、黄薇、洪俊杰:《劳动力自由迁移为何如此重要?——基于代际收入流动的视角》,《经济研究》2012年第5期,第147~159页。

[258] 何伟:《经济发展、劳动力市场转型与农民工分化》,《经济学动态》2021年第3期,第93~112页。

[259] 张熠、陶旭辉、宗庆庆:《去留之间:流动人口储蓄和劳动决策的分析》,《财经研究》2021年第5期,第94~108页。

[260] 祝仲坤、冷晨昕:《自雇行为如何影响农民工的市民化状态——来自中国流动人口动态监测调查的经验证据》,《南开经济研究》2020年第5期,第109~129页。

[261] 加里·贝克尔:《人力资本》,陈耿宣译,机械工业出版社,第21~35页。

[262] 杨菊华、张娇娇:《人力资本与流动人口的社会融入》,《人口研究》2016年第4期,第3~20页。

[263] 李成华、张文才、靳小怡:《金融危机背景下人力资本对返乡

农民工发展意愿的影响分析》，《西安交通大学学报》（社会科学版）2011
年第 2 期，第 8~13 页。

　　［264］Moretti E. Local Multipliers ［J］. American Economic Review，
2010，100（2）：373-77.

　　［265］赵立新：《城市农民工市民化问题研究》，《人口学刊》2006 年
第 4 期，第 40~45 页。

　　［266］魏万青：《从职业发展到家庭完整性：基于稳定城市化分析视
角的农民工入户意愿研究》，《社会》2015 年第 5 期，第 196~217 页。

　　［267］Boski P. A Psychology of Economic Migration ［J］. Journal of Cross-
Cultural Psychology，2013，44（7）：1067-1093.

　　［268］赵耀辉：《中国农村劳动力流动及教育在其中的作用——以四
川省为基础的研究》，《经济研究》1997 年第 2 期，第 37~42、73 页。

　　［269］Giles J.，Mu R. Elderly Parent Health and the Migration Decisions
of Adult Children：Evidence from Rural China ［J］. Demography，2007，44
（2）：265-288.

　　［270］Wang W. W.，Fan C. C. Success or Failure：Selectivity and Reasons
of Return Migration in Sichuan and Anhui，China ［J］. Environment and
Planning A，2006，38（5）：939-958.

　　［271］Vadean F.，Piracha M. Circular Migration or Permanent Return：
What Determines Different Forms of Migration？ ［M］ //Migration and
Culture. Emerald Group Publishing Limited，2010.

　　［272］齐燕：《新联合家庭：农村家庭的转型路径》，《华南农业大学
学报》（社会科学版）2019 年第 5 期，第 59~69 页。

　　［273］班涛：《经营家庭：现代化进程与中国农村家庭转型的能动路
径》，《北京社会科学》2020 年第 4 期，第 117~128 页。

　　［274］汪三贵、刘湘琳、史识洁等：《人力资本和社会资本对返乡农
民工创业的影响》，《农业技术经济》2010 年第 12 期，第 4~10 页。

　　［275］Grootaert C. Social Capital，Household Welfare，and Poverty in
Indonesia ［M］. The World Bank，1999.

　　［276］罗小锋、段成荣：《新生代农民工愿意留在打工城市吗——家

庭，户籍与人力资本的作用》，《农业经济问题》2013 年第 9 期，第 65~ 71 页。

［277］周蕾、谢勇、李放：《农民工城镇化的分层路径：基于意愿与能力匹配的研究》，《中国农村经济》2012 年第 9 期，第 50~60 页。

［278］Van Kempen R., Şule Özüekren A. Ethnic Segregation in Cities: New Forms and Explanations in a Dynamic World ［J］. Urban Studies, 1998, 35 (10): 1631-1656.

［279］李含伟、王贤斌、刘丽：《流动人口居住与住房视角下的社会融合问题研究》，《南方人口》2017 年第 5 期，第 38~47 页。

［280］魏万青、高伟：《经济发展特征、住房不平等与生活机会》，《社会学研究》2020 年第 4 期，第 81~103、243 页。

［281］边燕杰、刘勇利：《社会分层、住房产权与居住质量——对中国"五普"数据的分析》，《社会学研究》2005 年第 5 期，第 82~98 页。

［282］国务院：《国务院关于深入推进新型城镇化建设的若干意见》，(2016-02-06) ［2021-08-03］. http://www.gov.cn/zhengce/content/ 2016-02/06/content_5039947.htm。

［283］胡星斗：《弱势群体经济学及经济政策》，《首都经济贸易大学学报》2010 年第 2 期，第 96~102 页。

［284］李勇辉、英成金、罗蓉：《保障性住房有效推动了人口城镇化吗——基于土地财政的视角》，《广东财经大学学报》2017 年第 5 期，第 46~57 页。

［285］段成荣、程梦瑶：《深化新时代人口迁移流动研究》，《人口研究》2018 年第 1 期，第 27~30 页。

［286］Fan C. C., Sun M., Zheng S. Migration and Split Households: A Comparison of Sole, Couple, and Family Migrants in Beijing, China ［J］. Environment and Planning A, 2011, 43 (9): 2164-2185.

［287］商春荣、虞芹琴：《农民工的迁移模式研究》，《华南农业大学学报》(社会科学版) 2015 年第 1 期，第 68~78 页。

［288］段成荣、吕利丹、邹湘江：《当前我国流动人口面临的主要问题和对策——基于 2010 年第六次全国人口普查数据的分析》，《人口研究》

2013 年第 2 期，第 17~24 页。

　　[289] 郭玉聪：《福建省国际移民的移民网络探析——兼评移民网络理论》，《厦门大学学报》（哲学社会科学版）2009 年第 6 期，第 113~120 页。

　　[290] 朱金：《论城镇化进程中“理性经济家庭”的迁移抉择——解释框架及上海郊区的实证》，《上海城市规划》2016 年第 6 期，第 123~131 页。

　　[291] Li H., Rosenzweig M., Zhang J. Altruism, Favoritism, and Guilt in the Allocation of Family Resources: Sophie's Choice in Mao's Mass Send-down Movement [J]. Journal of Political Economy, 2010, 118 (1): 1-38.

　　[292] 王建顺、林李月、朱宇、柯文前：《典型城镇化地区流动人口流动模式转变及其影响因素——以福建省为例》，《南方人口》2018 年第 6 期，第 1~9 页。

　　[293] 李龙、宋月萍：《农地流转对家庭化流动的影响——来自流出地的证据》，《公共管理学报》2016 年第 2 期，第 76~83、156 页。

　　[294] 吴愈晓：《社会分层视野下的中国教育公平：宏观趋势与微观机制》，《南京师大学报》（社会科学版）2020 年第 4 期，第 18~35 页。

　　[295] 魏东霞、谌新民：《落户门槛、技能偏向与儿童留守——基于2014 年全国流动人口监测数据的实证研究》，《经济学（季刊）》2018 年第 2 期，第 549~578 页。

　　[296] Miles A., The (re) Genesis of Values: Examining the Importance of Values for Action [J]. American Sociological Review, 2015, 80 (4): 680-704.

　　[297] 李超、万海远、田志磊：《为教育而流动——随迁子女教育政策改革对农民工流动的影响》，《财贸经济》2018 年第 1 期，第 132~146 页。

　　[298] 宁光杰、李瑞：《城乡一体化进程中农民工流动范围与市民化差异》，《中国人口科学》2016 年第 4 期，第 37~47、126~127 页。

　　[299] 邹一南：《分类实施大城市非户籍人口落户的配套政策》，《宏观经济管理》2019 年第 11 期，第 42~48 页。

［300］林赛南、梁奇、李志刚、庞瑞秋：《"家庭式迁移"对中小城市流动人口定居意愿的影响——以温州为例》，《地理研究》2019 年第 7 期，第 1640~1650 页。

［301］刘涛、齐元静、曹广忠：《中国流动人口空间格局演变机制及城镇化效应——基于 2000 和 2010 年人口普查分县数据的分析》，《地理学报》2015 年第 4 期，第 567~581 页。

［302］孙文凯、白重恩、谢沛初：《户籍制度改革对中国农村劳动力流动的影响》，《经济研究》2011 年第 1 期，第 28~41 页。

［303］项继权：《农民工子女教育：政策选择与制度保障——关于农民工子女教育问题的调查分析及政策建议》，《华中师范大学学报》（人文社会科学版）2005 年第 3 期，第 2~11 页。

［304］陆文荣、段瑶：《居住的政治：农民工居住隔离的形成机制与社会后果》，《中国农业大学学报》（社会科学版）2019 年第 2 期，第 44~58 页。

［305］杨菊华、段成荣：《农村地区流动儿童、留守儿童和其他儿童教育机会比较研究》，《人口研究》2008 年第 1 期，第 11~21 页。

［306］刘静、张锦华、沈亚芳：《迁移特征与农村劳动力子女教育决策——基于全国流动人口动态监测数据的分析》，《复旦教育论坛》2017 年第 2 期，第 87~93 页。

［307］李强：《农民工举家迁移决策的理论分析及检验》，《中国人口·资源与环境》2014 年第 6 期，第 65~70 页。

［308］Gardner K., Osella F. Migration, Modernity, and Social Transformation in South Asia: An Overview ［J］. Contributions to Indian Sociology, 2003, 37 (1-2): 5-27.

［309］英格尔斯：《人的现代化：心理、思想、态度、行为》，殷陆君译，四川人民出版，1985。

［310］金一虹：《流动的父权：流动农民家庭的变迁》，《中国社会科学》2010 年第 4 期，第 151~165、223 页。

［311］Démurger S., Xu H. Return Migrants: The Rise of New Entrepreneurs in Rural China ［J］. World Development, 2011, 39 (10): 1847-1861.

［312］郭郡郡：《流动人口城市居留意愿的影响因素分析——基于居留时限的视角》，《福建农林大学学报》（哲学社会科学版）2018 年第 5 期，第 40~48 页。

［313］Employment and Social Developments in Europe Annual Review 2017. ［R］UE，Employment and Social Developments in Europe 2017：21-25.

［314］李晓梅：《新型城镇化进程中的农民工稳定就业影响因素研究》，《农村经济》2014 年第 12 期，第 100~104 页。

［315］韩雪、张广胜：《进城务工人口就业稳定性研究》，《人口学刊》2014 年第 6 期，第 62~74 页。

［316］陈连磊：《流动人口就业选择、家庭收入及居留意愿研究》，博士学位论文，北京工业大学，2018。

［317］王定校：《我国居民储蓄率与负债率双高现象研究》，博士学位论文，西南民族大学，2020。

［318］洪岩璧、刘精明：《早期健康与阶层再生产》，《社会学研究》2019 年第 1 期，第 156~182、245 页。

［319］Ganzeboom H. B. G.，De Graaf P. M.，Treiman D. J. A Standard International Socio-economic Index of Occupational Status ［J］. Social Science Research，1992，21（1）：1-56.

［320］Erikson R.，Goldthorpe J. H.，Portocarero L. Intergenerational Class Mobility in Three Western European societies：England，France and Sweden ［J］. The British Journal of Sociology，1979，30（4）：415-441.

［321］Ganzeboom H. B. G.，Treiman D. J. Internationally Comparable Measures of Occupational Status for the 1988 International Standard Classification of Occupations ［J］. Social Science Research，1996，25（3）：201-239.

［322］王孝莹、王目文：《新生代农民工市民化的微观影响因素及其结构——基于人力资本因素的中介效应分析》，《人口与经济》2020 年第 1 期，第 113~126 页。

［323］陆铭、李爽：《社会资本、非正式制度与经济发展》，《管理世界》2008 年第 9 期，第 161~165、179 页。

[324] 李勇辉、刘南南、李小琴：《农地流转、住房选择与农民工市民化意愿》，《经济地理》2019 年第 11 期，第 165~174 页。

[325] 杨中燕、朱宇、林李月等：《核心家庭人口流动模式及其影响因素》，《西北人口》2015 年第 3 期，第 18~22 页。

[326] 潘泽瀚、王桂新：《中国人口就近与远程城镇化的区域发展及其影响因素》，《中国人口科学》2020 年第 5 期，第 41~52、127 页。

[327] 林善浪、张作雄、林玉妹：《家庭生命周期对农村劳动力回流的影响分析——基于福建农村的调查问卷》，《公共管理学报》2011 年第 4 期，第 76~84、126 页。

[328] 王成利、王洪娜：《城市长期居留流动人口的落户意愿及影响因素——基于差别化落户政策》，《中南财经政法大学学报》2020 年第 5 期，第 64~72 页。

[329] 张春泥：《农民工为何频繁变换工作 户籍制度下农民工的工作流动研究》，《社会》2011 年第 6 期，第 153~177 页。

[330] 田北海、桑潇：《城市务工经历、现代性体验与农民政治效能感》，《甘肃行政学院学报》2019 年第 3 期，第 79~89、128 页。

[331] 阿马蒂亚·森：《以自由看待发展》，任赜、于真译，中国人民大学出版社，2012。

[332] 吴愈晓：《教育分流体制与中国的教育分层（1978-2008）》，《社会学研究》2013 年第 4 期，第 179~202、245~246 页。

[333] 宋勇超：《"一带一路"战略下中国企业对外直接投资模式研究——基于多元 Logit 模型的实证分析》，《软科学》2017 年第 5 期，第 66~69 页。

[334] 陈强：《高级计量经济学及 Stata 应用》（第二版），高等教育出版社，2014。

[335] Greene W. H. Econometric Analysis [M]：Pearson Education India, 2003.

[336] 李勇辉、温娇秀：《我国城镇居民预防性储蓄行为与支出的不确定性关系》，《管理世界》2005 年第 5 期，第 14~18 页。

[337] 沈红丽：《正规金融、非正规金融与经济增长关系研究》，《统

计与决策》2016 年第 14 期，第 138~141 页。

［338］李飞、钟涨宝：《人力资本、阶层地位、身份认同与农民工永久迁移意愿》，《人口研究》2017 年第 6 期，第 58~70 页。

［339］刘涛、卓云霞、王洁晶：《邻近性对人口再流动目的地选择的影响》，《地理学报》2020 年第 12 期，第 2716~2729 页。

［340］戚迪明、张广胜：《农民工流动与城市定居意愿分析——基于沈阳市农民工的调查》，《农业技术经济》2012 年第 4 期，第 44~51 页。

［341］De Janvry A. The Agrarian Question and Reformism in Latin America ［M］. Baltimore：Johns Hopkins University Press，1981.

［342］金烨、李宏彬：《非正规金融与农户借贷行为》，《金融研究》2009 年第 4 期，第 63~79 页。

［343］Yin J.，Huang X.，Li J.，et al. Reurbanisation in My Hometown？ Effect of Return Migration on Migrants' Urban Settlement Intention ［J］. Population，Space and Place，2021，27（3）：e2397.

［344］吴为玲：《就业流动对农民工市民化的影响：市民化悖论与经验验证》，中南财经政法大学，2020。

［345］邢敏慧、张航：《家庭生命周期对农户土地承包权退出意愿的影响研究》，《干旱区资源与环境》2020 年第 2 期，第 10~14 页。

［346］王小章、冯婷：《从身份壁垒到市场性门槛：农民工政策 40 年》，《浙江社会科学》2018 年第 1 期，第 4~9 页。

［347］盛亦男、侯佳伟：《政策规制、市场机制与流动人口的不确定性居留意愿》，《人口与经济》2020 年第 6 期，第 17~34 页。

［348］Cao S.，Yu N. N.，Wu Y.，et al. The Educational Level of Rural Labor，Population Urbanization，and Sustainable Economic Growth in China ［J］. Sustainability，2020，12（12）：4860.

［349］Holden S.，Yohannes H. Land Redistribution，Tenure Insecurity，and Intensity of Production：A Study of Farm Households in Southern Ethiopia ［J］. Land Economics，2002，78（4）：573-590.

［350］靳小怡、杨婷、韦娜：《新生代农民工的公共服务需求对户籍意愿的影响》，《西安交通大学学报》（社会科学版）2015 年第 4 期，第

80~86 页。

[351] Krugman P. Increasing Returns and Economic Geography [J]. Journal of Political Economy, 1991, 99 (3): 483-499.

[352] Combes P. P., Duranton G., Gobillon L., et al. Estimating Agglomeration Economies with History, Geology, and Worker Effects [M]. Chicago: University of Chicago Press, 2010.

[353] 魏后凯:《中国城市行政等级与规模增长》,《城市与环境研究》2014 年第 1 期, 第 4~17 页。

[354] Chen C., Fan C. C. China's Hukou Puzzle: Why don't Rural Migrants Want Urban Hukou? [J]. China Review, 2016, 16 (3): 9-39.

[355] 姚洋:《中国农地制度:一个分析框架》,《中国社会科学》2000 年第 2 期, 第 54~65、206 页。

[356] 李帆、冯虹:《土地资源禀赋对农业转移人口进城落户意愿的影响研究》,《农业现代化研究》2021 年第 3 期, 第 441~450 页。

[357] 吴方卫、康姣姣:《中国农村外出劳动力回流与再外出研究》,《中国人口科学》2020 年第 3 期, 第 47~60、127 页。

[358] 赖俊明:《农地处置意愿与农村劳动力转移——基于浙江省三地调查数据的分析》,《商业研究》2017 年第 1 期, 第 177~182 页。

[359] Hao P., Tang S. Floating or Settling Down: The Effect of Rural Landholdings on the Settlement Intention of Rural Migrants in Urban China [J]. Environment and Planning A, 2015, 47 (9): 1979-1999.

[360] 宋立:《劳动力与消费者"分离式"城镇化——劳动力过剩经济体的全球化现象还是中国特色问题?》,《经济学动态》2014 年第 5 期, 第 17~25 页。

[361] 庇古:《福利经济学》, 朱泱等译, 商务印书馆, 2006。

[362] 林永民、赵娜、陈琳:《新生代农民工住房供给模式的制度框架研究》,《华北理工大学学报》(社会科学版) 2019 年第 2 期, 第 35~40 页。

[363] 赵晔琴:《论农民工纳入城市住房保障体系之困境——基于准公共产品限域的讨论》,《吉林大学社会科学学报》2015 年第 6 期, 第 68~75 页。

［364］王桂新、胡健：《城市农民工社会保障与市民化意愿》，《人口学刊》2015 年第 6 期，第 45~55 页。

［365］Berger M. C., Blomquist G. C. Mobility and Destination in Migration Decisions：The Roles of Earnings, Quality of Life, and Housing Prices ［J］. Journal of Housing Economics, 1992, 2（1）：37-59.

［366］Plantinga J. A., Cecile D. D., Hunt G. L., et al. Housing Prices and Inter-urban Migration ［J］. Regional Science and Urban Economics, 2013, 43（2）：296 -306.

［367］李拓、李斌：《中国跨地区人口流动的影响因素——基于 286 个城市面板数据的空间计量检验》，《中国人口科学》2015 年第 2 期，第 73~83、127 页。

［368］范剑勇、莫家伟、张吉鹏：《居住模式与中国城镇化：基于土地供给视角的经验研究》，《中国社会科学》2015 年第 4 期，第 44~64 页。

［369］汪建华：《城市规模、公共服务与农民工的家庭同住趋势》，《青年研究》2017 年第 3 期，第 31~41、95 页。

［370］乔宝云、范剑勇、冯兴元：《中国的财政分权与小学义务教育》，《中国社会科学》2005 年第 6 期，第 37~46、206 页。

［371］Brasington D. M., Hite D. Demand for Environmental Quality：a Spatial Hedonic Analysis ［J］. Regional Science and Urban Economics, 2005, 35（1）：57-82.

［372］Day K. M. Interprovincial Migration and Local Public Goods ［J］. Canadian Journal of Economics, 1992, 25（1）：123-144.

［373］张丽、吕康银、王文静：《地方财政支出对中国省际人口迁移影响的实证研究》，《税务与经济》2011 年第 4 期，第 13~19 页。

［374］徐冬梅、刘豪、高岚：《论意愿强度差异视角的林地流转行为决策过程——基于农户层面解析》，《林业经济》2019 年第 4 期，第 19~24 页。

［375］江激宇、张士云、李博伟、丁志超：《种粮大户扩大农地规模意愿存在盲目性吗?》，《中国人口·资源与环境》2016 年第 8 期，第 97~104 页。

[376] 欧阳慧、胡杰成、刘保奎、邹一南：《如何增强农民工在城镇的落户意愿？——基于对农民工分区域分群体的调查》，《城市发展研究》2019 年第 6 期，第 52~60 页。

[377] Cai F. Hukou System Reform and Unification of Rural-Urban Social Welfare [J]. China & World Economy, 2011, 19 (3): 33-48.

[378] 陆万军、张彬斌：《户籍门槛、发展型政府与人口城镇化政策——基于大中城市面板数据的经验研究》，《南方经济》2016 年第 2 期，第 28~42 页。

[379] Kinnan C., Wang S. Y., Wang Y. Access to Migration for Rural Households [J]. American Economic Journal: Applied Economics, 2018, 10 (4): 79-119.

[380] Zhang L., Tao L. Barriers to the Acquisition of Urban Hukou in Chinese Cities [J]. Environment and Planning A, 2012, 44 (12): 2883-2900.

[381] 蔡昉、都阳、王美艳：《户籍制度与劳动力市场保护》，《经济研究》2001 年第 12 期，第 41~49、91 页。

[382] 金菊良、汪淑娟、魏一鸣：《动态多指标决策问题的投影寻踪模型》，《中国管理科学》2004 年第 1 期，第 65~68 页。

[383] 金菊良、刘东平、周戎星、张礼兵、崔毅、吴成国：《基于投影寻踪权重优化的水资源承载力评价模型》，《水资源保护》2021 年第 3 期，第 1~6 页。

[384] Friedman J. H., Stuetzle W. Projection Pursuit Methods for Data Analysis [M] //Modern Data Analysis. Academic Press, 1982: 123-147.

[385] 王春峰、李汶华：《商业银行信用风险评估：投影寻踪判别分析模型》，《管理工程学报》2000 年第 2 期，第 43~46+1 页。

[386] 张目、周宗放：《基于投影寻踪和最优分割的企业信用评级模型》，《运筹与管理》2011 年第 6 期，第 226~231 页。

[387] 杨杰：《基于投影寻踪综合评价的中国人口竞争力分析》，《中国人口科学》2008 年第 2 期，第 50~56、95~96 页。

[388] 曹霞、于娟：《绿色低碳视角下中国区域创新效率研究》，《中

国人口·资源与环境》2015 年第 5 期，第 10~19 页。

[389] 王顺久、杨志峰、丁晶：《关中平原地下水资源承载力综合评价的投影寻踪方法》，《资源科学》2004 年第 6 期，第 104~110 页。

[390] Friedman J. H., Tukey J. W. A Projection Pursuit Algorithm for Exploratory Data Analysis [J]. IEEE Transactions on Computers, 1974, 100 (9)：881-890.

[391] 张吉鹏、卢冲：《户籍制度改革与城市落户门槛的量化分析》，《经济学（季刊）》2019 年第 4 期，第 1509~1530 页。

[392] 付强、赵小勇：《投影寻踪模型原理及其应用》，科学出版社，2006，第 1~119 页。

[393] 金菊良、丁晶：《水资源系统工程》，四川科学技术出版社，2002，第 37~179 页。

[394] Gu H., Ling Y., Shen T., et al. How does Rural Homestead Influence the Hukou Transfer Intention of Rural-urban Migrants in China? [J]. Habitat Inte-rnational, 2020, 105：102267.

[395] 江荣灏、周晓艳、张苗苗：《土地财政依赖和土地供给结构对城镇保障性住房供应的影响——基于地级及以上城市的面板数据》，《华中师范大学学报》（自然科学版）2021 年第 3 期，第 432~441、452 页。

[396] 刘涛、刘嘉杰、曹广忠：《中国城市人口户籍迁移的估算及时空特征——新型城镇化的落户政策导向》，《地理科学》2021 年第 4 期，第 553~561 页。

[397] Muellbauer J., Murphy A. Housing Markets and the Economy：the Assessment [J]. Oxford Review of Economic Policy, 2008, 24 (1)：1-33.

[398] 李辉、王良健：《房价、房价收入比与流动人口长期居留意愿——来自流动人口的微观证据》，《经济地理》2019 年第 6 期，第 86~96 页。

[399] 梁若冰、汤韵：《地方公共品供给中的 Tiebout 模型：基于中国城市房价的经验研究》，《世界经济》2008 年第 10 期，第 71~83 页。

[400] Porell F. W. Intermetropolitan Migration and Quality of Life [J]. Journal of Regional Science, 1982, 22 (2)：137-158.

［401］ Gyourko J., Tracy J. The Importance of Local Fiscal Conditions in Analyzing Local Labor Markets ［J］. Journal of Political Economy, 1989, 97 (5): 1208-1231.

［402］ Quheng D., Gustafsson B. The Hukou Converters—China's Lesser Known Rural to Urban Migrants ［J］. Journal of Contemporary China, 2014, 23 (88): 657-679.

［403］ 李尧:《教育公共服务、户籍歧视与流动人口居留意愿》,《财政研究》2020 年第 6 期, 第 92~104 页。

［404］ 陈俊华、陈功、庞丽华:《从分层模型视角看出生人口质量的影响因素——以江苏省无锡市为例》,《中国人口科学》2006 年第 3 期, 第 52~60、95~96 页。

［405］ Heckman J. J. Sample Selection Bias as a Specification Error ［J］. Econometrica: Journal of the Econometric society, 1979: 153-161.

［406］ Roodman D. Fitting Fully Observed Recursive Mixed-process Models with Cmp ［J］. Stata Journal, 2011, 11 (2): p. 159-206.

［407］ Baum C., Schaffer M., Stillman S. IVENDOG: Stata Module to Calculate Durbin-Wu-Hausman Endogeneity Test after Ivreg ［EB/OL］. (2007-05-29) ［2021-09-17］. https://econpapers.repec.org/software/bocbocode/s429401.htm.

［408］ 光明网:《国家发改委: 深化户籍制度改革要坚持存量优先、带动增量》,(2021-03-08) ［2021-08-03］. https://m.gmw.cn/baijia/2021-03/08/1302153977.html。

［409］ Chan K. W., Buckingham W. Is China Abolishing the Hukou System? ［J］. The China Quarterly, 2008, 195: 582-606.

［410］ Chan K. W. The Household Registration System and Migrant Labor in China: Notes on a Debate ［J］. Population and Development Review, 2010, 36 (2): 357-364.

农村外出务工人员调查问卷（节选）

被访人姓名＿＿＿＿＿＿＿＿＿　　　　　问卷编码：□□□□□□□

调查时间：□□月　□□日　　如果调查未完成，原因是：＿＿＿＿＿＿＿

调查地点：＿＿＿＿省＿＿＿＿市＿＿＿县（区）＿＿＿＿＿（镇）乡＿＿＿＿村

调查员姓名＿＿＿＿＿＿＿＿（签名）　　　　审核员姓名＿＿＿＿＿＿＿＿（签名）

问卷是否合格（在方格内打"√"）：合格□　不合格□（原因）＿＿＿＿＿

　　　亲爱的朋友：您好！我们需要对 18～45 岁过去半年及以上时间在外务工的农村人口进行社会调查。本次调查收集到的信息将严格保密，谢谢您的支持和合作！

　　　　　　　　　　西安交通大学"新型城镇化与可持续发展"课题组

第一部分　基本情况

101 您的性别：　　　　　　1. 男　　　　　　2. 女　　　　　　□

102 您是什么时候出生的？　　　　　　　　　　　　　　　　□□□□年

103 您的受教育程度是：　　　　　　　　　　　　　　　　　　□

　　1. 不识字或很少识字　2. 小学　3. 初中　4. 高中　5. 技校/中专

　　6. 大专　7. 本科及以上

104 您的婚姻状况是：（说明："初婚"指只结过一次婚，且目前尚存在婚
　　姻关系）　　　　　　　　　　　　　　　　　　　　　　　□

　　1. 从未结过婚　2. 初婚　3. 再婚　4. 丧偶　5. 离婚

105 您现在的政治面貌是？　　　　　　　　　　　　　　　□

　　1. 共青团员　2. 共产党员（含预备党员）　3. 民主党派　4. 群众

106 您认为您的健康状况如何？　　　　　　　　　　　　　□

　　1. 非常好　2. 较好　3. 一般　4. 较差　5. 非常差

107 您过去一年主要在什么地方务工？　　　　　　　　　　□

　　1. 本镇　2. 本县　3. 外县　4. 外市　5. 外省：＿＿＿省＿＿＿市

107.1 您最近一次是什么时候开始在这个地方务工的？　　□□□□年

108 您家在农村老家是不是大姓？　　1. 是　2. 否　　　　□

109 在农村老家，谁与您共同居住（长期吃、住、生活在一起）？（请打√）

　　1. 配偶□　2. 母亲□　3. 父亲□　4. 岳母□　5. 岳父□

　　6. 兄弟□　7. 姐妹□　8. 儿媳□　9. 女婿□　10. 孙子女□

　　11. 其他亲属□　12. 其他无亲属关系的人□

　　13. 小于 16 岁的子女□　14. 16 岁及以上的子女□

110 您过去一年外出务工期间，谁与您长期吃、住、生活在一起？（请打√）

　　1. 配偶□　2. 母亲□　3. 父亲□　4. 岳母□　5. 岳父□

　　6. 兄弟□　7. 姐妹□　8. 儿媳□　9. 女婿□　10. 孙子女□

　　11. 其他亲属□　12. 其他无亲属关系的人□

　　13. 小于 16 岁的子女□　14. 16 岁及以上的子女□

第二部分　生计与就业

201 过去 12 个月里，您家的总收入约为＿＿＿＿＿＿＿＿＿＿元，总支出约

　　为＿＿＿＿＿＿＿＿＿＿元，总借贷约为＿＿＿＿＿＿＿＿＿元，总存款/投

　　资理财约为＿＿＿＿＿＿＿＿元。

202 您在城镇买房没？　　　　　　　　　　　　　　　　　□

　　1. 有　2. 没，计划买（跳问 203）　3. 没，不计划买（跳问 204）

202.1 您在城镇购买的房屋位于（多套住房答价值最高的住房情况）：□

　　1. 本镇　2. 本县　3. 外县　4. 外市　5. 外省

203 您购买城镇住房的最主要原因是　　　　　　　　　　　□

　　1. 工作需要　2. 结婚需要　3. 孩子上学　4. 父母养老　5. 投资

6. 大家都买了　　7. 移民搬迁　　8. 其他（请注明）_____

204 您在农村老家居住的房屋建于□□□□年，现在大约值_____元。

205 在农村老家，您住的房子是：　　　　　　　　　　　　　　　□

    1. 土坯房　2. 砖瓦结构平房　3. 楼房　4. 其他（请注明）_____

206 您第一次外出务工是什么时候？　　　　　　　　　　□□□□年

207 您第一次外出务工地为：　　　　　　　　　　　　　　　　　□

    1. 本镇　2. 本县　3. 外县　4. 外市　5. 外省：_____省_____市

208 您近一年外出务工是否因为以下原因？（请打√）

    1. 跟随家人在一起□　　　　2. 失去土地□

    3. 家里需要钱□　　　　　　4. 出去见世面□

    5. 想学习/增强技能□　　　　6. 不想读书□

    7. 不想务农□　　　　　　　8. 很多人都去□

    9. 家乡没有合适的工作□　　10. 结婚　□

209 近一年，以下这些人是否与您一起外出？（请打√）

    1. 配偶/情侣□　2. 父母□　3. 兄弟姐妹□　4. 子女□

    5. 同乡/朋友□　6. 其他亲戚□

210 近一年，您外出务工期间，农村家里的种地主要由谁负责？　□

    1. 父母　　　　2. 配偶　　　　3. 兄弟姐妹

    4. 配偶父母　　5. 转包他人　　6. 没人种

215 您觉得在务工地的生活怎么样　　　　　　　　　　　　　　□

    1. 很满意　2. 比较满意　3. 一般　4. 不太满意　5. 很不满

216 您觉得在务工地的工作怎么样　　　　　　　　　　　　　　□

    1. 很满意　2. 比较满意　3. 一般　4. 不太满意　5. 很不满

218 您在目前的工作中是否与单位签订了书面劳动合同？　　　　□

    1. 是　　　　2. 否

220 最近一年，您外出务工的平均月收入为_____元。

221 根据您和家人的工作情况，回答以下问题

    1. 党政机关/事业单位负责人

    2. 国有/集体企业负责人（如经理、厂长等）

    3. 私营企业主（雇员 8 人以上）　4. 专业技术人员

5. 普通公务员、办事人员　　　6. 个体工商户（雇员 8 人以下）

7. 商业服务业人员　　　　　　8. 技术工人

9. 非技术工人　　　　　　　　10. 农林牧渔业生产人员

11. 无业失业半失业者　　　　　12. 其他（请注明）＿＿＿＿＿

1. 您近一年从事的主要工作，属于哪种类型？	□□＿＿＿＿
2. 这是您的第一份工作吗？　　1 是（跳问 4）　　2 否	□
3. 您第一次外出务工时，从事的第一份工作属于哪种类型？	□□＿＿＿＿
4. 您外出务工前，在农村从事的工作属于哪种类型？收入最高的职业	□□＿＿＿＿
5. 您配偶/男女朋友目前做的工作，属于哪种类型？收入最高的职业	□□＿＿＿＿
6. 您父亲的职业是？（收入最高的职业）	□□＿＿＿＿
7. 您母亲的职业是？（收入最高的职业）	□□＿＿＿＿

222 您第一次外出务工至今，做过几份工作（包括换单位、换行业等）？
＿＿＿＿＿份

223 您是否参加过正式的职业技能培训？　　　　　　　□□

1. 是，务工前　2，是，务工期间　3. 否

第三部分　城镇化政策

306 如果您打算获得城市户口，希望未来□□年内获得？不打算获得城市户口者填"99"

307 您以后准备在哪里长期发展或者定居？□

1. 老家农村　2. 老家所在乡镇　3. 老家所在县城　4. 老家所在市区

5. 到其他大城市（地级及以上城市）　6. 到其他中小城镇（县/乡/镇）

7. 没考虑过，还没想法

309 您的家庭拥有的土地（包括承包耕地、承包林地、水塘等）每年收益
＿＿＿＿＿元。

318 过去 5 年您是否参与过以下选举？1. 是　2. 否，但希望参与　3. 否，也不想参与

1. 老家农村村委会/村支部选举□

2. 务工城镇的各级人大选举□

3. 务工城镇的社区居委会选举□

4. 务工城镇的党支部活动或党的宣传活动□

第四部分　社会融合与公共服务

401 根据您的第一反应，回答下面的问题：如果您可以自愿选择的话

　　1. 非常不愿意　2. 不愿意　3. 一般　4. 愿意　5. 非常愿意

401.1 您愿意与城镇居民（务工地）共同居住在一个社区吗？　　　　□

401.2 您愿意与城镇居民（务工地）做同事吗？　　　　　　　　　　□

401.3 您愿意与城镇居民（务工地）做邻居吗？　　　　　　　　　　□

401.4 您愿意与城镇居民（务工地）做朋友吗？　　　　　　　　　　□

401.5 您愿意您自己（或您的子女）与城镇居民（务工地）结婚吗？　□

404 您在务工地城镇是否参与过以下活动？（请打√）

　　1. 社区文体娱乐活动□　　2. 公益志愿活动□　　3. 卫生绿化活动□

　　4. 邻里互助活动□　　5. 社区选举□　　6. 社区事务决策□

第五部分　婚姻与家庭

U501-U505 请从未结婚者回答

U501 您现在有男/女朋友吗？　　1. 有　2. 没有（跳问至第六部分）　□

M501-M520 请已婚者回答

M501 您配偶的婚姻状况为：　1. 初婚　　2. 再婚　　　　　　　　　□

M502 您本次结婚的时间是　　　　　　　　　　□□□□年□□月

M503 您配偶是什么时候出生的？　　　　　　　　□□□□年□□月

M504 您配偶的受教育程度是：　　　　　　　　　　　　　　　　　　□

　　1. 不识字或很少识字　2. 小学　3. 初中　4. 高中　5. 技校/中专

　　6. 大专　7. 本科及以上

M505 您现在的配偶近半年的平均月收入：＿＿＿＿＿＿元

M506 您的配偶是什么地方的人？　　　　　　　　　　　　　　　　　□

　　1. 同村　2. 同镇（乡）　3. 同县　4. 同市　5. 同省　6. 外省

　　7. 国外（请注明）＿＿＿＿＿

M507 您配偶的户籍情况：

M507.1 结婚时的户籍：

    1. 农业　2. 非农业　3. 城乡统一户籍　4. 其他（请注明）_____□

M507.2 目前的户籍：

    1. 农业　2. 非农业　3. 城乡统一户籍　4. 其他（请注明）_____□

M508 您和现在的配偶有几个孩子？（没有孩子的填0）　　　　　　□

    （出生地是指：1. 户口所在地　2. 市内务工地　3. 市外/省内务工地 4. 省外务工地）

    （受教育程度：1. 学龄前/不识字或很少识　2. 小学　3. 初中　4. 高中　5. 技校/中专　6. 大专　7. 本科及以上）（是否在上学：如在读请在方框中打√）

	性别	出生年份	出生地	受教育程度	当前是否上学
老大	1A：1. 男 2. 女□	1B□□□□年	1C□	1D□	1E□
老二	2A：1. 男 2. 女□	2B□□□□年	2C□	2D□	2E□
老三	3A：1. 男 2. 女□	3B□□□□年	3C□	3D□	3E□
老四	4A：1. 男 2. 女□	4B □□□□年	4C□	4D□	4E□

M515 您外出务工期间，平均多久您与配偶联系一次？　　　　　　□

    1. 几乎每天　2. 每周至少一次　3. 每月至少一次

    4. 一年几次　5. 很少见面

M518 您配偶外出务工的情况如何？（正在外出者回答本次外出情况；曾经外出者回答最近一次外出情况）　　　　　　□

    1. 正在外出（含目前返乡探亲）

    2. 曾经外出（跳问至第六部分）

    3. 从未外出（跳问至第六部分）

M519 您配偶平均多久回老家（包括婆家和娘家）探亲一次？　　　□

    1. 每月至少1次　　2. 每半年至少1次

    3. 每年1次　　　　4. 更少

第六部分　养老与保障

父母双方健在或一方健在，请回答 604~620，双方均过世请跳答 621！

	父亲	母亲
604 您父亲/母亲的年龄是：（如不健在请填0）	岁	岁
605 您父亲/母亲的健康状况是： 　　1. 很好　2. 好　3. 一般　4. 不好　5. 很不好	☐	☐
606 您父亲/母亲的生活是否可以自理： 　　1. 完全不能自理　2. 部分不能自理　3. 完全自理	☐	☐
607 您父/母亲现在住在： 　　1. 本村　2. 本县　3. 本市　4. 本省　5. 外省（请注明）	☐	☐
608 近一年您父亲主要和谁居住？（请打√） 　　1. 您的配偶☐　2. 祖父☐　3. 祖母☐　4. 兄弟及其配偶☐　5. 姐妹及其配偶☐ 　　6. 小于16岁的兄弟☐　7. 小于16岁的姐妹☐　8. 小于16岁的孙子女☐ 　　9. 16岁及以上的孙子女☐　10. 其他亲属☐　11. 其他无亲属关系的人☐		
609 近一年您母亲主要和谁居住？（请打√） 　　1. 您的配偶☐　2. 祖父☐　3. 祖母　☐4. 兄弟及其配偶☐　5. 姐妹及其配偶☐ 　　6. 小于16岁的兄弟☐　7. 小于16岁的姐妹☐　8. 小于16岁的孙子女☐ 　　9. 16岁及以上的孙子女☐　10. 其他亲属☐　11. 其他无亲属关系的人☐		

610 您父母现在的生活来源主要靠什么？　　　　　　　　　☐

　　1. 养老金　　　　2. 劳动或工作所得　　3. 子女提供

　　4. 亲属提供　　5. 集体和政府补贴　　6. 其他

611 在过去一年里，您和父母多久联系一次？（包括电话、微信等）　☐

　　1. 每天都联系　2. 每周至少1次　　　3. 每月2~3次

　　4. 每月1次　　5. 半年2~5次　　　　6. 半年1次或更少

612 在过去一年里，您为父母提供的经济帮助（含现金和实物）共＿＿＿元。

613 在过去一年里，父母为您提供的经济帮助（含现金和实物）共＿＿＿元。

618 在过去一年里，您自己的父母是否帮您照顾子女：　　　　☐

　　1. 是　　　2. 否　　　3. 无子女

图书在版编目（CIP）数据

农业转移人口市民化意愿及其影响因素分析：家庭
生命周期视角 / 车蕾，杜海峰著. -- 北京：社会科学
文献出版社，2022.6
（新型城镇化与可持续发展）
ISBN 978-7-5228-0199-5

Ⅰ.①农… Ⅱ.①车… ②杜… Ⅲ.①农业人口-城
市化-研究-中国 Ⅳ.①C924.24

中国版本图书馆 CIP 数据核字（2022）第 102695 号

· 新型城镇化与可持续发展 ·
农业转移人口市民化意愿及其影响因素分析
—— 家庭生命周期视角

著　　者／车　蕾　杜海峰

出　版　人／王利民
组稿编辑／周　丽
责任编辑／徐崇阳
责任印制／王京美

出　　版／社会科学文献出版社·城市和绿色发展分社（010）59367143
　　　　　　地址：北京市北三环中路甲 29 号院华龙大厦　邮编：100029
　　　　　　网址：www.ssap.com.cn
发　　行／社会科学文献出版社（010）59367028
印　　装／三河市东方印刷有限公司

规　　格／开　本：787mm×1092mm　1/16
　　　　　　印　张：18　字　数：285 千字
版　　次／2022 年 6 月第 1 版　2022 年 6 月第 1 次印刷
书　　号／ISBN 978-7-5228-0199-5
定　　价／138.00 元

读者服务电话：4008918866